세계의 교양을 읽는다

4

윤리학편

세계의 교양을 읽는다

4
── 윤리학 편

최영주 엮음

Humanist

머리말

바칼로레아의 질문은 개인에 대한 무한한 존중

1

교양이란 사회적으로 자신을 돋보이게 하는 지적·문화적 소양인가? 혹은 우아함, 세련됨으로 표현되는 삶의 여유인가? 대부분의 사람들은 교양이 있고 없고를 말투나 말의 난해함, 클래식 음악과 추상 미술을 얼마나 아느냐로 판단한다. 그러나 소수만 누릴 수 있는 것, 있으면 좋지만 없어도 살아가는 데 큰 지장이 없는 것으로서의 교양은 매너·문화 기술, 지식에 불과하다. 보다 근본적인 의미에서의 교양인이란 '나는 무엇을 할 수 있고 무엇을 하여야 하는가'에 대해 끊임없이 질문하고 삶의 의미를 찾기 위해 '노력하는 자'의 유사어가 아닐까? 교양인에게서 공통적으로 느껴지는 것은 남을 이해할 줄 아는 마음의 풍요로움과 세상을 향한 지적 호기심이다. 말하자면 내게 있어 교양인이란 인간다움의 가치를 믿고 추구하며 작은 질문과 사물 앞에서 여전히 감동할 수 있는 사람을 의미한다.

'사는 게 다 그렇지', '인생 뭐 있나'라는 체념적 세계관이 마치 달관한 지혜처럼 통용되는 오늘날, 세상을 바라보며 어린아이처럼 놀랄 수 있다는 것은 대단한 행운이 아닐 수 없다. 놀라움으로부터 질문이 시작되고 질문을 받은 세상은 무한경쟁의 장과 회색빛 생존의 터전에 머물지 않고 의미 있는 세상이 된다. 그리고 세상은 의미가 있다고 생각함에 따라 질문자 역시 변화하게 된다. 프랑스 고등학교 시절 이 책에 실린 질문들을 처음 접한 이후 나는 수차례 답안을 작성하고 수정하고 변경했다. 시간의 흐름과 함께 현실과 세상에 대한 나의 인식도 많이 변화하였고 앞으로도 나는 계속 다른 답안을 작성하게 될 것이다. 그러나 분명한 것은 이 질문들을 모르고 지나쳤더라면 나의 현재 삶은 완전히 다른 모습이었을 것이라는 확신이다.

2

이 책에서 다루고 있는 질문들은 프랑스 수능이라 할 바칼로레아 철학시험 문제로 제시되었던 것이다. 사람들은 흔히 프랑스를 합리적이고 현실주의적인 나라로 이해하지만 '인권과 국익 중 무엇을 더 선호해야 하는가?', '나쁜 사람도 행복할 수 있는가?' 등의 질문을 제기하는 그들의 태도는 실용적이라기보다는 이상적이다. 세계에서 유일하게 존재하는 프랑스의 고등학교 철학교육에 대해 어떤 사람들은 실업 문제가 모든 사회의 발목을 잡는 신자본주의 시대에 이런 질문들이 과연 본질적인 것인가라는 의문을 제기하기도 한다. 실제로 프랑스 교육은 시대가 요구하는 인재, 유능한 사회인의 양성만을 목적으로 하지 않는 듯하다. 가끔은 도발적일 수도 반사회적일 수도 있는 이 질문들이 의미하는 바는 무엇일까? 나는 그것이 각 개인에 대한 무한한 존중이라고 생각한다. 오랫동안 개인은 전체에 있어 그리 중요한 존재가 아니었다. 기술의 승리라 할 피라미드의 건립을 위해, 국가의 이익을 위해 수많은 사람들이 희생되었다. 그러나 인간 개개인의 죽음은 별문제가 아니었다. 왜냐하면 인간은 얼마든지 있었기 때문이다. 이에 반해 프랑스 철학시험의 질문들은 인간이란 하나의 도구나 자본으로 전락될 수 있는 하찮은 개인이 아니라 세상의 중심에서 외쳐야 할 소중한 존재임을 일깨워준다. 질문을 한다는 것은 대화를 통한 변화를 도모한다는 뜻이다. 질문을 받은 세상이 새롭고 의미 있는 세상으로 변모하듯이 질문을 던지는 개인 역시 다른 누구와 비교할 수 없는 귀한 존재가 된다. 프랑스 학생들이 주어진 법과 질서를 수동적으로 따르는 것을 모범적 삶이라 생각하고 욕망의 충족을 행복이라 착각하는 단순한 소비자나 생산자로 성장하기보다는 진정한 행복과 자유를 누리는 정의로운 시민이 되기를 바라는 그곳 지식인들의 진심이 나는 프랑스 철학교육 제도를 유지하는 원동력이 되고 있다고 생각한다.

오늘날 우리나라의 원동력이 되고 있는 것은 무엇일까? 몸짱, 얼짱, 성공, 웰빙……. 건강보험을 드는 사람은 많아도 정신보험이라 할 교양과 문화에 신경쓰는 사람은 그리 많지 않은 듯하다. 지혜가 그 빛을 발하는 때는 어려운 순간이며 높은 정신은 가장 추운 곳에서도 살아 움직인다. 실패할 때나 고난을 겪을 때 인간을 동요와 절망에서 구원해 줄 수 있는 것은 그 사람이 가지고 있는 것이 아니라 그 사람이 누구인가 하는 것이다. 사고에 대비해서 보험을 들듯이 우리는 누구도 피할 수 없는 실존적 불행에 대비해서 지혜와 앎에 보험을 들어야 한다. 오늘날 지식과 정보는 넘쳐나지만 지혜로 연결되지 않는 지식이 얼마나 피상적인 것이며 실천적 덕으로 승화되지 않은 앎이 얼마나 위험한 것인지는 수많은 역사적 사례를 통해 증명되었다. 가령 2차대전 당시 세계 최고의 문명국가였으며 최고의 지식인들을 보유했던 독일에서 유대인 대학살이 벌어졌다는 사실은 우리에게 시사하는 바가 크다. 만약 현대인들이 과거의 경험을 잊고 기술발전과 현실적 쾌락에만 힘쓴다면 우리는 이보다 더한 재앙을 피할 수 있으리라고 장담할 수 없다. 현대사회는 더 많은 풍요와 편리를 향해 끝없이 전진하고 있다. 하지만 그 질주의 끝에 무엇이 있는지, 무한경쟁의 궁극적 목적이 무엇인지에 대해 질문을 던지는 사람들은 그리 많지 않다. 경쟁 자체가 이미 경쟁의 목적이 되어버린 것일까? 개인의 삶에 있어서도 어떻게 하면 행복해지는지에 대해서는 모든 사람들이 관심을 가져도 어떻게 하면 행복에 걸맞은 사람이 되는지에 대해 관심을 갖는 이는 몇 안 된다. 인간관계에서 중요한 것은 능력과 매너가 아니라 진실이라는 것을 더 이상 강조하지 않는 사회에서 인간은 과연 행복을 꿈꿀 수 있을까?

3

형태는 다르지만 이 책에서 끝없이 제기하는 질문은 현실과 이상, 실재와 당위 간의 갈등과 모순이다. 과연 인간적이라는 것은 무엇인가? 양을 잡아먹는 늑대를 탓하지 않듯이 항상 죽음의 불안에 떨어야 하는 인간이 이기적일 수밖에 없다는 사실 역시 적자생존, 약육강식의 논리에 따라 정당화해야 할까? 시인 르네 샤르(René Char)는 명철함이란 "태양으로부터 가장 가까이에 있는 상처"라고 말했다. 진리에 가까이 다가가면 갈수록 인간의 마음은 상처를 입는다는 뜻이다. 실제로 앎이 단지 기쁨만을 동반하는 것은 아니다. 그것은 우리가 부인하고 싶어하는 인간 현실의 추악하고 모순된 면마저 보게 하고 생에 대한 낙관적 이상을 접게 할 수도 있다. 그러나 진리와의 투쟁을 통해서만이 인간의 삶은 더욱 견고해질 수 있다. 진리의 문제를 배제한 평화로운 행복은 인간에게 결코 어울리지 않으며 그것은 향기 없는 조화(造花)와 같다. 생에 질문을 던지지 않는 동물과 생에 질문을 던질 필요가 없는 신이 경험할 수 없는 것이 바로 현실과 이상 사이에서의 인간의 방황일 것이다. 그러나 갈등 속에서 이상을 포기하지 않으려 노력하는 의지 속에서만이 인간적 삶의 의미가 발견되며, 그것은 신이 결코 경험할 수 없는 인간만의 위대함이다.

프랑스 철학 선생님들의 답안지를 참조하여 나 나름대로 질문들에 답하는 과정에서 다시 한번 나는 내가 혼자 사유하는 것이 아니라는 사실에 고마움을 느꼈다. 지금 내가 주장하고 있는 것들도 결국 나를 앞서간 수많은 사람들의 노력과 시간에 빚지고 있음을 깨닫는다는 것은 타인의 존재가 얼마나 소중한 것인지를 일깨워주는 계기가 된다. 세상에서 가장 귀한 것은 결국 누구에 의해서도 독점될 수 없으며 모두가 함께 나누고 공유할 수 있는 것이 아닌가 하는 생각도 하게 된다. 이 책은 내가 알아야 할 것들의 서론에 지나지 않으며 보다 많은 사람들이 질문과 대화의 작업에 동참해 이 미완성된 답안지를 좀더 완벽하게 작성해 주기를 바라는 것이 이 책을 쓴 동기이기도 하다.

4

이 책에서 우리가 다룰 중심 주제는 행복과 자유, 타자이다. 타인과 더불어 살아간다는 것은 무엇을 의미하며 행복과 덕은 공존할 수 있을까? 행복한 사람은 참으로 자유로운 사람이라고 철학자들은 누누이 강조해 왔다. 그러나 타인과의 투쟁을 전제로 하는 현실적 삶 속에서 인간은 과연 행복에 이를 수 있는 것일까? 스펜서(H. Spencer)는 모두가 행복해질 때까지 아무도 완벽하게 행복해질 수 없다고 말했다. 누구도 혼자서는 축복받을 수 없다는 사실은 인간이란 본질적으로 윤리적 존재임을 시사해 준다. 어떻게 하면 타자와 함께 행복해지고 자유로워질 수 있는지에 대해 고찰해 보자.

시를 저버리지 않는 세상을 생각하며 시인이 시를 쓰듯이 이 책을 쓰며 나는 질문을 저버리지 않는 세상을 생각했다. 질문을 한다는 것은 더 나은 삶을 위해 노력한다는 것이며 그것은 희망한다는 증거이다. 희망은 현실에 대한 인간의 마지막 저항이다. 희망을 통해서만이 현실은 정화될 수 있으며 인간은 '인간적인 삶'을 영위할 수 있다. 우리는 모두 생존 이상의 것을 추구한다. 이 '인간적 바람'이 지향하는 행복한 삶을 위한 끊임없는 질문과 사유가 얼어붙은 현대인의 내면을 가르는 새로운 희망이 되길 기대해 본다.

2005년 12월
최영주

차례

머리말　　　5

01　왜 불필요한 것을 욕망하는가?　　　15
02　타자에 대한 두려움을 극복할 수 있는가?　　　39
03　무지는 악인가?　　　55
04　자발적으로 자유를 포기할 수 있는가?　　　73
05　종교는 약자들을 위한 위로인가?　　　93
06　행복을 포기하고 의무만을 수행하라는 것이 도덕인가?　　　109
07　정열은 영원할 수 있는가?　　　127
08　행복하기 위해선 너무 많이 생각하는 것을 피해야 하는가?　　　147
09　이기적이지 않은 욕망이 존재하는가?　　　169

10	여성은 태어나는가 만들어지는가?	187
11	약자의 편에 서야 하는가?	209
12	인간은 더 자유로울 수도 덜 자유로울 수도 있는가?	229
13	나쁜 사람도 행복할 수 있는가?	247
14	우정은 가장 이상적인 인간관계인가?	263
15	도덕은 관습들의 총체에 불과한가?	281
16	환상을 배제한 행복이 가능한가?	299
17	타인을 이해할 수 있는가?	315

찾아보기 335

■ 일러두기

1. 1808년 나폴레옹에 의해 처음 실시된 바칼로레아(프랑스에서는 흔히 BAC라고 줄여 표시한다)는 프랑스 대입 자격시험으로 철학 논술은 '세계적 명성'을 얻고 있다. 바칼로레아 철학 논술 시험은 주어진 철학 텍스트 비평과 주제문에 대한 논술로 이루어지는데, 이 책에선 주제문에 대한 논술만을 다루었다. 학생들은 주어진 세 가지 질문 중 하나를 선택해 4시간 동안 답안지를 작성하게 되며 이때 고대 그리스부터 현대 철학, 문학과 역사에 등장하는 여러 사례와 문구를 적절하게 인용해야 한다.
2. 이 책에 게재된 주제들은 지금까지 프랑스 철학 논술에서 다루어진 수많은 문제들 중 공통주제(예술, 타인, 언어, 정치, 의식, 무의식, 욕망, 상상, 행복, 윤리, 과학, 역사, 사회, 종교, 자유, 권력, 법, 철학 등)를 함축적으로 담고 있으며, 자주 출제되는 문제들을 골라 실은 것이다.
3. 질문에 대한 답변은 각기 다른 여러 프랑스 철학 선생님들의 답안지들을 비교, 종합하여 부분적으로 편역한 것이며, 구성과 편집에 있어선 저자의 주관이 개입되었다.
4. 다소 추상적으로 여겨지는 주제들을 한국의 현실, 혹은 구체적 상황과의 관계에서 고찰해 보고자 '더 생각해 봅시다'라는 코너를 추가하였다. 현실적 문제를 이론적 논거를 바탕으로 살펴보는 것은 매우 흥미로운 작업으로 현실과 이론 사이를 오가며 그 둘 사이의 연관관계를 살펴보는 것은 문제의식을 고취시키는 계기가 될 것이라고 생각된다. 또한 제시된 문제와 연관된 주제들을 함께 살펴봄으로써 사고의 응용성과 창의성을 높일 수 있을 것으로 기대된다.

01

왜 불필요한 것을 욕망하는가?

Baccalauréat, 2004

욕망은 모든 것을 꽃피우지만, 소유는 모든 것을 시들게 한다.
마르셀 프루스트(Marcel Proust, 프랑스 소설가)

인간은 근본적으로 존재에 대한 욕망이다. …… 욕망의 의미는 궁극적으로 신으로서 존재하려는 계획이다.
사르트르(Jean-Paul Sartre, 프랑스 작가·사상가)

욕망은 매력이 있는 것을 창조하고, 계획은 목적을 제시한다.
시몬 드 보부아르(Simone de Beauvoir, 프랑스 여류소설가·사상가)

서론

우리는 장난감을 사달라고 조르는 아이를 향해 "너는 이미 너무 많은 장난감을 갖고 있지 않니? 이미 갖고 있는 것도 다 사용하지 못하는데 새 장난감이 왜 필요해"라며 부모가 야단치는 장면을 자주 목격한다. 그러나 부모도 자신이 끊임없이 새 자동차와 새 옷을 갖기를 원한다는 것을 잘 알고 있다. 왜 필요하지 않다는 것을 알면서도 새것을 욕망하는 것일까?

《메네세에게 보내는 편지》에서 고대 철학자 에피쿠로스(Epikouros)는 무한으로 증대되는 욕망 때문에 행복을 망각할 위험이 있으므로 본질적인 욕망에 전념하기 위해선 필요한 욕구와 불필요한 욕구를 구분해야 한다고 충고한다. 그에 따르면 불필요한 욕구를 포기함으로써만이 우리는 혼란이나 불안, 질투가 없는 평정의 상태, 아타락시아(ataraxia)에 이를 수 있다. 그렇지만 인간의 욕망이 그렇게 다루기 쉬운 것일까? 그리고 불필요한 욕구와 필요한 욕구를 구분할 수 있는 명확한 기준은 무엇인가? 물론 생존하기 위한 최소한의 것들로 만족한다면 인간은 그리 많은 것을 필요로 하지 않을 수 있다. 그러나 최소한의 의식주에 만족하기엔 인간의 삶은 미래에 대한 너무 많은 불안감을 동반한다. 게다가 한 욕망이 채워지자마자 다른 욕망이 서둘러 생겨나므로 결핍의 감정은 지속될 수밖에 없다. 단지 물질적인 욕망뿐 아니라 혁명이나 종교, 사랑, 예술에 대한 욕망 역시 인간에겐 필수적이다. 왜 인간은 생존에 반드시 필요치 않은 것들을 욕망하는 것일까?

이 질문은 우선 '필요하다'는 개념 자체에 대한 숙고를 요구한다.

이어 인간의 욕망이 과연 필요한 것을 대상으로 하는지 아니면 필요치 않은 것을 더 지향하는지에 대해 알아볼 필요가 있다. 에피쿠로스가 말했듯이 필요하지 않은 것을 욕망하는 것은 단지 어리석은 행동일까? 오히려 무한한 욕망은 인간의 본성에 기원을 둔 것이 아닐까? 욕망이 있기에 인간은 문화를 창조하고 스스로를 발전시킬 수 있는 것이 아닌지 욕망에 대한 여러 이론을 검토하면서 질문에 답해 보기로 하자.

욕구와 욕망

육체적·자연적 욕망에 사로잡혀 있을 때 우리는 자연의 법칙에 종속된다. 욕망의 존재로서 모든 생물체는 생물학적 결정론에 따르게 되고 인간도 예외는 아니다. 인간은 생존하기 위해 적당량의 음식물, 휴식, 운동, 그리고 종의 번식을 위한 성관계를 필요로 한다. 그러나 우리의 욕망이 이것에 한정된다면 인간과 동물 사이에 차이는 없을 것이다. 이러한 기본적 욕망은 욕구라고 불러야 옳다.

 사람들은 자주 욕구와 욕망을 혼동한다. 그리고 이 혼동에 의해 오로지 자신이 필요로 하는 것만을 욕망한다고 생각한다. 그러나 욕망은 사회적인 것으로 욕망의 충족이 반드시 생존과 직결되는 것은 아니다. 물론 욕구와 욕망은 부족함에서 발생한 심리적 상태라는 공통점을 지니고 있다. 가령 우리가 배가 고픈 것은 우리의 몸이 음식물을 요구하기 때문이다. 그러나 음식을 먹고 싶다는 욕구가 있음에도 되도록이면 특정한 음식을 먹고 싶어하는 성향은 욕망의 차원에서 고찰될 수 있다. 욕망은 기본 욕구의 충족에 만족하지 않고 그 이상을 요구할 때, 즉 더 질 좋고 세련된 음식, 위험하거나 협동성을 요구하는 단체 스포츠, 단순한 육체관계를 넘어선 감정과 지적 교류를 포함하는 타자와의 관계 등을 추구할 때 생겨난다. 〈피가로의 결혼〉에서 정원사 안토니오는 목마르지 않아도 마시고 아무 때나 사랑을 하는 것이 바로 인간과 동물의 차이라고 말한다. 즉, 갖고 있는 것 이상을 바라고 가질 수 없는 것마저 갈구하는 것이 바로 욕망이며, 이것은 인간만의 특징이다.

그렇다면 회사에 가고 집을 사기 위해 돈을 벌고 저축을 하고 매일 유사한 일상을 반복하는 것은 욕망에 의해서인가 욕구에 의해서인가? 사회적 효용성의 결정론적 논리에 따라 움직이는 것은 생존을 위해 강제된 것이므로 이것은 욕망이라기보다는 욕구라고 볼 수 있다. 그러나 단순히 돈을 벌기 위해 일을 하는 것이 아니라 자아실현을 꾀하고, 단순한 유흥과 오락을 즐기기보다는 타인과의 진정한 교류와 대화를 추구하고, 돈을 저축하기보다는 여행을 위해 번 돈을 과감히 투자하는 것 등은 욕구가 아닌 욕망을 실현하는 것이라고 볼 수 있다.

욕망은 상징적 질서를 따른다

욕망은 사물이 우리에게 얼마나 필요한가에 의해서 결정되는 것이 아니라 그것이 우리에게 무엇을 상징하는가와 연관된다. 즉, 욕망은 사물의 물질적인 면이나 사람의 신체적인 면과 관계하지 않는다. 욕망은 우리가 살아온 가정, 문화환경, 가족사, 경험 등과 직결된다. 성욕과 관련해서 생각해 볼 때 성행위를 하지 않는다면 인간이라는 종은 멸종되므로 성욕은 욕구라고 생각할 수 있다. 그러나 성행위를 하지 않는다고 죽는 것은 아니며, 성 파트너를 선택함에 있어 사랑이라는 문화적 코드를 사용하는 것은, 인간의 사랑이란 욕구나 욕망으로 단순하게 나누어질 수 없는 복잡한 심리상태임을 보여준다. 프로이트(S. Freud)는 개인의 성생활이 그의 어린 시절, 그가 속한 사회·문화와 얼마나 관련이 있는지를 설명했다. 그의 분석에 따르면 욕망은 언제나 다른 주체들의 감지된 욕망들과 변증법적인 관계를 유지한다. 즉, 욕망은 복잡한 주관성의 영역이므로 자연적이거나 순전히 사회적 필요에 의해 결정된 욕망이란 존재하지 않는다.

욕망이란 나와 타자, 나와 부모님 간의 관계에서 언어와 감정에 의해 생성되고 전달된다. 정신분석학자인 프랑수아즈 돌토(Françoise Dolto)는 《부모의 학교》라는 책에서 이에 대해 잘 설명하고 있다. 그녀는 아이가 부모에게 사탕을 달라고 요구하는 상황을 분석한다. 돌토에 따르면 아이가 자신의 욕망에 대해 잘 깨닫기 위해선 부모가 사탕을 즉시 주기보다는 그 욕망에 대해 아이와 이야기하고 그 욕망의 실현이 지연되게끔 하여야 한다. "아이가 원하는 것에 대한 대화에 들어감으로써 우리는 그에게 표상, 언어, 단어로 된, 그리고 기쁨을 약속하는 세계를 보여주게 된다. 아이가 사탕을 즉시 갖게 된다면 부모는 편하겠지만 아이는 말도 하지 않을 것이고 관찰도 하지 않을 것이며 다만 소화기에 관심을 기울이게 될 것이다." 다시 말해 아이가 갈등이나 욕망을 느낄 시간도 없이 욕구에 따라 사탕을 즉시 먹을 수 있다면 아이는 사탕의 맛을 즐길 뿐

자아에서 한 걸음 물러나 그 상황을 분석하거나 그 상황과 관련된 타자성을 경험할 기회를 갖지 못할 것이라는 것이다. 그러나 사탕을 나중에 주겠다고 말한 부모와 대화를 시작한 아이는 부모에게 자신이 먹고 싶은 사탕의 형태를 묘사하거나 어디서 그것을 살 수 있는지를 설명하기도 하면서 부모와 좀더 긴밀한 상호관계에 들어가게 된다. 이러한 대화를 통해 부모는 아이에게 사랑과 관심을 보일 것이며, 아이는 부모에게 아이만의 상상력을 보여줄 것이다. 연인에게 선물을 하는 경우에도 선물을 사는 사람은 연인이 즐거워할 모습을 상상하며 기뻐할 것이다. 이 경우 우리는 생산성이나 영리적인 효율성과 직결된 이기적인 욕구의 논리에서 벗어나게 된다.

조르주 바타유(Georges Bataille)가 《저주받은 부분》에서 설명했듯이 효율성이나 욕구에 의해 좌우되는 실용적인 인간행위 외에 사치, 애도, 전쟁, 숭앙, 화려한 기념비, 놀이, 공연, 예술, 출산과 상관없는 변태적 성행위 등 비생산적인 지출로 표현되는 욕망의 영역이 있다. 이런 비생산적인 욕망의 영역은 무한할뿐더러 다양해 욕망하는 대상의 성격에 따라 긍정적이거나 부정적인 성격을 띠게 된다. 이처럼 인간의 욕망은 단지 본능이나 생산성에 의해 좌우되는 것이 아닌 그 이상의 것이다. 우리는 경우에 따라 욕망을 위해 욕구의 만족을 포기하기도 한다. 말하자면 인간의 욕망은 즉각적인 바람과 얼마간의 거리를 두거나 그것을 미래로 연기하고 그 상황을 언어로 표현하는 과정에서 발생하게 된다. 이 모두는 상징화의 과정으로 미래에 대한 다양한 가능성을 창조하는 언어능력, 상상력, 추상화능력 등을 필요로 한다. 라캉(J. Lacan)은 욕망의 형성과정에서 언어가 얼마나 중요한 역할을 하는지를 강조하면서 사람의 욕망은 오직 그것이 발화(發話)로 표현되었을 때만이 인정된다고 말한 바 있다. "욕망은 그것이 어떠한 것이든 간에 구성되었을 때에만, 즉 다른 사람 앞에서 이름 붙여졌을 때에만 온전한 의미에서 인정된다."

불필요한 욕망은 어리석은 것일까?

욕망의 특징은 갈구하는 대상을 차지한다고 해서 사라지는 것이 아니라 더 강렬하게 되살아난다는 것이다. 이미 루크레티우스(Lucretius)는 기원전 1세기에 이러한 욕망의 모순을 지적했다. "우리가 욕망하는 대상을 취할 수 없을 때, 그것은 다른 어떤 것보다 우수해 보인다. 그러나 그것이 우리 것이 되자마자 우리는 다른 것을 원하고 갈증은 계속된다." 특히 오늘날 광고나 미디어, 소비문화에 의해 야기된 욕망은 결코 충족될 수 없는 것이다. 사회는 끊임없이 소비를 부추기고 나의 능력은 그것을 따라갈 수 없다. 결핍된 것을 채우면 진정되는 욕구와 달리 욕망은 만족을 모르고 끝없이 증가하는 경향이 있고 따라서 제지가 불가능해질 수 있다. 그렇다면 욕망을 제한하지 않을 경우 우리는 불만과 불행에 빠지게 될 것이다. 방탕하고 문란한 생활을 하게 될 수도 있다. 이러한 위험을 인지했기에 에피쿠로스는 바타유가 언급한 욕망의 영역에서 모험을 감행해서는 안 된다고 충고한다. 극단화된 욕망은 불행의 원천이 된다. 예를 들어 사치의 추구는 인간의 삶을 피상적이고 속물적으로 만들 수 있고, 피라미드, 성당, 박물관 등의 설립에 전념한 지도 자들은 나라의 재산을 그것에 모두 쏟아부어 국민경제를 어렵게 할 수 있다. 한편 게임이나 오락에 열중하다가 자신과 가족을 파멸시킨 사람의 일화 역시 무수히 많다.

스피노자(B. de Spinoza)는 이해를 통해 욕망을 제어할 것을 권고했다. 그에 따르면 우리는 우리가 무엇을 욕망하는지는 알지만 그 욕망을 초래한 것이 무엇인지는 모르는 경우가 많고, 그로부터 불행한 결과에 이르게 된다고 한다. 정신분석학자들 역시 우리가 피상적으로 욕망하는 것과 진정으로 원하는 것 사이엔 차이가 있으며, 스스로 무엇을 원하는지 자신도 모르고 있는 경우가 많다는 사실에 주목했다.

그러나 과연 욕망이 인간의 의지나 이성에 의해 조절될 수 있는 것일까? 욕망은 죽음에 의해서야 종식될 수 있으며 모순적이게도 욕망을 원하지 않는 것, 즉 자살마저도 욕망의 행위이다. 그렇다면 욕망은 인간의 실존조건이자 인간이 행복에 이르는 것을 방해하는 주원인이라고 볼 수 있다. 욕망한다는 것은 부족하다는 것이며, 부족하다는 것은 고통을 받고 있다는 것을 의미하기 때문이다.

쇼펜하우어(A. Schopenhauer)는 욕망에 대해 이야기하면서 인간이 불행을 피할 수 없는 이유는 욕망이 무한한 데 비해 만족은 극히 보잘것없고 하나의 만족에 도달하면 곧 새로운 욕망이 고개를 들기 때문이라고 설명한다. 쾌락이란 순간적이며 곧 권태로 이행되기에 인간은 참된 만족이나 행복을 누리지 못한다는 것이다. 그의 이론에 따르면 인간의 삶 자체는 고통과 권태 사이를 시계추처럼 왔다 갔다 하는 것에 불과하다. 앞에서도 언급했듯이 우리가 배가 고플

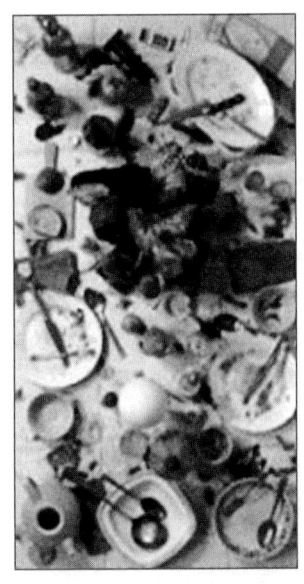

자본주의 사회에서 욕망의 과잉이라 할 과소비의 문제는 간과할 수 없는 문화 현상이다. TV를 비롯한 대중매체들은 여러 방식으로 유행을 미화하고 소비 심리를 부추긴다. 풍요함은 인간을 해방시키는가, 아니면 물질의 노예로 만드는가?

때 먹는 것은 우리를 채울 수 있는 데 반해 욕망은 그것이 채워지면 채워질수록 더욱더 많은 것을 요구하는 특징이 있다. 말하자면 욕망은 또 다른 욕망에의 초대와 같다.

　욕망이란 끊임없는 정복과정이며 한 사물에서 다른 사물로 정복 대상이 옮겨질 때에만 욕망의 주체는 만족을 느끼게 된다. 따라서 욕망은 전통적으로 결핍이나 부족 등 부정적인 개념으로 이해되었다. 플라톤(Platon)은 《향연》에서 어머니 빈곤(Penia)과 아버지 풍요(Poros)의 아들인 에로스(Eros) 탄생의 신화적 이야기를 통해 욕망의 기원을 설명한다. 빈곤과 풍요 사이에서 태어난 에로스는 그 둘 중 어디에도 속하지 않고 그 사이에서 끝없는 탐색을 벌이게 된다. 즉 욕망, 에로스의 이러한 방황은 신적이고 충만한 세계에 대한 향수를 표현한다고 할 수 있다. 낭만주의 시인 라마르틴(A. de Lamartine)은 현실과 이상 사이에서 갈등하는 인간의 모습을 다음과 같이 묘사했다. "본성에 의해 한계지어진 채 바람에 있어 무한한 인간은 하늘에서 떨어진 신이며 천상에 대해 기억한다." 프로이트나 라캉도 다른 형식으로 설명하기는 했지만 둘 다 욕망을 결핍, 부족, 부정성으로 이해했다. 홉스(T. Hobbes)는 욕망의 진정한 목표는 단지 쾌락이 아니라 미래의 욕망을 보장할 수 있는 가능성이라고 설명했다. 홉스에 따르면 사람들이 그토록 새로운 것을 욕망하는 것은 단지 더 큰 기쁨을 느끼기 위해서가 아니라, 그것이 바로 나와 같은 것을 욕망하는 자들로부터 이미 획득한 것을 보호할 수 있는 유일한 방법이기 때문이다. 그런데 내가 가진 것을 탐내고 질투하는 이들은 무수하기에 일단 권력을 쟁취하고 나면 그것을 잃지 않기 위해서라도 나는 더 많은 권력을 요구하게 된다. 말하자면 인간의 욕망은 최대한의 권력에로 향해 있고, 그렇기 때문에 결핍의 감정을 피할 수 없다는 것이다. 욕망에 관한 이런 해석은 삶에 대한 비관적인 시각을 전제로 한다. 욕망은 인간이 결코 다다를 수 없는 것을 지향하는가? 욕망은 '초월적이고 불멸적인 존재에 대한' 결핍일 뿐인가? 여기서 우리는 우리가 현실적으로 갈망하는 대상과 진정으로 갈구하는 대상 사이엔 차이가 있지 않은지 의심해 볼 필요가 있다. 우리가 무엇인가를 사랑한다고 할 때 그 대상을 사랑한다기보다는 내 안의 이상적 이미지를 좇고 있는 것은 아닐까? 사실상 내가 진정으로 갈구하는 것은 불가능 그 자체가 아닐까? 불가능으로 향한 욕망은 위험하고 불안하므로 그것을 욕망하지 않는 것이 낫다고 생각할 수도 있다. 현실 속에서의 불가능의 추구는 언제나 비극이나 실패로 끝났음을 우리는 충분히 알고 있다. 정열적으로 사랑하는 사람보다 적당히 좋아하고 조건이 좋은 사람과 결혼할 것을 결심할 수 있는 것도 바로 이런 현실적 모순을 인지하고 있기 때문이다. 그러나 과연 욕망을 포기하는 것만으로 우리는 행복에 이를 수 있을까?

전통적으로 철학은 욕망을 불신하고 경계했으며, 욕망을 인간의 생을 허무한 것으로 만드는 대표적 요인으로 간주했다. 플라톤은 《고르기아스》에서 욕망을 채우는데도 계속 비어 있는 물통, 즉 채우기 불가능한 구멍 난 물통에 비교한다. 아무리 채워도 채워지지 않는다면 이런 지속적인 결핍과 동요의 상태 속에서 어떻게 평정심과 행복에 도달할 수 있을까? 에피쿠로스는 세속적 욕망에 대한 억제와 무관심으로부터 행복을 추구하려 했으며, 스토아학파는 운명에 대한 순응과 이성의 힘으로 욕망을 제어하고자 했다. 고대의 유명한 현자 에픽테토스(Epiktētos)는 자신들이 어쩔 수 없는 것들—부, 건강, 사랑 등—을 욕망하기 때문에 사람들은 불행하다고 지적했다. 스토아학파 철학자들로부터 영감을 받은 데카르트(R. Descartes)는 다음의 생활법칙을 일상화했다. "내 세 번째 격률은 운명보다는 오히려 자신을 이겨내도록, 세계의 질서보다는 자신의 욕망을 바꾸도록 항상 힘쓰는 일이다. 그리고 전반적으로 생각을 바꾸는 것 이외에 우리의 능력으로 가능한 것은 사실상 존재하지 않는다는 사실에 친숙해지도록 노력하자는 것이다." 이처럼 많은 철학자들은 욕망을 제어하고 이성에 의해 삶을 이끄는 것이 지혜로운 삶의 척도라고 생각했다. 이들은 자연과 세계의 움직임은 인간의 힘으로 어쩔 수 없는 규칙을 따르고 있으며 인간의 자유는 그것에 대항하기보다는 그러한 흐름이 만들어낸 욕망에 무관심한 태도를 취하는 것이라고 설명했다. 만약 자신의 의식에 무심할 수 있다면 모든 사물은 평등한 가치를 지니게 된다는 것이다. 사실 자연적 관점에서 본다면 돌이 다이아몬드보다 못할 이유가 없다. 그러나 인간은 인간의 기준에 따라 자연을 평가하기에 다이아몬드를 더 좋은 것으로 평가하고 추구한다는 것이다.

소위 현자라고 불리는 사람들은 항상 정신적 가치를 높이 평가했으며, 사람들에게 불필요한 욕망에서 벗어날 것을 권고했다. 그러나 이상적으로 보이는 그들의 주장은 사실상 지극히 반사회적이지 않은가? 있는 그대로의 세상을 받아들이기보다는 세계를 변화시키는 것이야말로 올바른 시민의 자세가 아닐까? 불필요한 욕망을 포기하라는 현자들의 충고는 인간이 비교에 의해 자신의 정체성을 찾는 사회적인 존재라는 사실을 배제하고 있다. 인간은 동물이 아니기에 욕구에서 만족하지 못하고 욕망으로 향하는 것인데, 그들의 충고는 인간이 욕구에 머물기를 권고하기에 어떤 면에서 인간성 자체를 부인하고 있다고도 볼 수 있다. 사회적 징표가 되는 자동차, 학벌, 권력은 물론 경멸의 대상이 될 수 있다. 그러나 사회를 떠나지 않는 한 누구도 이것들로부터 완전히 자유로울 수 없는 것이 사실이다. 내가 마음을 비웠다고 해도 사회는 끊임없이 내게 그것들이 중요함을 일깨워줄 것이기 때문이다. 아리스토텔레스(Aristoteles)는 인간을 정치적 동물로 정의했다. 그렇다면 사회성과 함께 등장하는 욕망 역시 우리는 인정해야만 하지 않을까? 필요하지 않은 것을 욕망하는 데서 사회와 문화는 시작된다. 그것이 긍정적인지 부정적인지의 판단을 떠나 그 사실만큼은 부정할 수 없다.

욕망의 긍정성

욕망을 부정과 부족으로 이해하는 철학적 전통에 반하여 스피노자는 욕망을 가치의 생산자로 규정한다. 그는 욕망을 다음과 같이 정의한다. "욕망은 인간의 본질 그 자체이다. 그것은 인간이 자신의 존재를 유지하고자 하는 노력이다." 스피노자에 따르면 욕망에 앞서 이미 대상의 가치가 정해진 것이 아니라 욕망이 그 대상의 가치를 생산한다. 스피노자는 《윤리학》 제3부에서 다음과 같이 기술한다. "우리는 어떤 사물이 좋기(선하기) 때문에 욕망하는 것이 아니라, 우리가 그것을 욕망하기 때문에 좋다고 판단하는 것이다."

들뢰즈(G. Deleuze) 역시 욕망의 긍정성을 강조한다. 현실을 완전성의 결핍으로 이해하는 형이상학적 관점을 거부하는 들뢰즈는 욕망을 결핍으로부터 파악하지 않고 결핍과 무관한 에너지의 능동적 흐름으로 이해한다. 그에 의하면 욕망은 본성을 생산하는 실재성이다. 《앙티 오이디푸스》에서 들뢰즈와 가타리(F. Guattari)는 정신분석학이 욕망을 환영들을 생산하는 파괴적 병리현상으로 이해했음을 비판한다. 들뢰즈는 욕망이야말로 건설적·생산적 창조성의 원천이며 그것은 모든 생산의 근원이 된다고 주장한다. 욕망은 상실된 대상이나 결핍에 기인한 부정적 운동이 아니고 능동적이고 생산적인 리비도(Libido)의 흐름이라는 것이다. 그러나 이 흐름은 분열적이기 때문에 그대로 방치하면 사회질서를 와해시킬 수 있다. 따라서 각 사회는 욕망을 통제하고 조직화하는 시스템을 보유하게 되는데, 이는 사회의 유지를 위해 필수적이다. 그렇다면 어느 한도까지 욕망을 있는 그대로 방치할 수 있는가?

데카르트는 우리를 불행하게 하는 것은 불가능한 욕망이 아니라 우리가 그것을 얻기 위해 최선을 다하지 않은 가능한 욕망이라고 말하면서, 가능한 욕망만을 추구하라고 권고한다. 물론 이것은 지혜로운 경구일 수 있다. 우리가 불가능을 항상 갈구한다면 우리는 결코 행복할 수도 편안할 수도 없을 것이기 때문이다. 50살이 된 요리사가 느닷없이 의사가 되길 원한다거나, 정치를 한번도 해본 적이 없는 사람이 60살에 대통령이 되겠다고 희망하는 것, 백인인데 흑인이 되고자 하는 것 등은 허무하고 실망스런 결과에 이를 가능성이 높다.

그러나 대부분의 사람들이 믿는 정치관에 반대하여 독자적인 정치이념을 옹호하고, 가난한 집에서 태어났지만 자신의 성공을 확신하고, 경제적 어려움을 겪게 될 것임이 분명하며 성공 여부도 불투명한 예술가가 되기를 희망하는 것 등을 제지하는 것이 과연 옳은 일일까? 불가능에 도전하지 않는 것, 그것은 나보다 뛰어나 보이는 사람을 짝사랑하면서 나는 그를 사랑할 자격이 없으므로 사랑해선 안 된다고 스스로에게 암시를 주는 것과 다를 바 없다. 욕망은 위험을 포괄하고 따라서 두려움을 안겨주지만 보다 큰 대상을 향하고 있기에 동시에 사람에게 스스로를 초월할 힘을 준다. 즉, 단지 생존하는 것이 아니라 살아 있음의 희열을 안겨주는 것이 바로 욕망이다. 욕망이 없는 인간은 삶에 대한 의지가 없는 우울하고 불행한 인간일 뿐이다. 그러므로 생존에 불필요한 불가능을 욕망하는 것은 위험할지언정 나쁜 것이라고 할 수는 없다.

사람들은 인간이 할 수 있는 것과 할 수 없는 것을 구분하여 불가능한 것을 욕망하는 것을 그만두어야 한다고 충고한다. 그러나 최선을 다하지 않고 무엇이 불가능한지 어떻게 알 수 있단 말인가? 지금 불가능한 것이 미래에도 불가능하리라고 장담할 수는 없다. 만약 새들처럼 날고 싶다는 욕망을 접었더라면 비행기는 창조되지 않았을 것이다. "현실적인 사람이 돼라. 그러나 불가능을 꿈꿔라"라는 체 게바라(Ché Guevara)의 말 역시 불가능을 꿈꾸는 것이 중요하다는 것을 보여준다. 세상을 발전시키고 더 좋은 곳으로 만들기 위해서라도 불안을 감수하고 불가능을 욕망하는 것은 의미가 있다.

어떤 욕망은 너무도 강렬해서 욕구처럼 느껴지기도 한다. 기본 욕구를 무시할 만큼 강렬한 욕망도 있다. 가령 이상을 위해 단식에 들어간다거나 사랑을 위해 자살을 결심하는 경우 등이 그것이다. 실제로 예술과 과학적 앎의 진보는 인간이 끊임없이 불가능을 추구해 왔기 때문에 가능했다. 68혁명 때 벽에 쓰여 있던 구호, "가능한 것은 우리가 지금 할 수 있는 것이고 불가능은 우리가 후에 할 것이다"를 상기해 보자. 프로이트는 "에너지에 가득 찬 성공하는 인간은 욕망의 환상들을 현실로 변형시킬 수 있는 자이다"라고 말했다. 실제로 인류는 불필요한 것에 도전함으로써 스스로를 발전시켜 왔다. 혁명은 사회를 바꾸고자 하는 욕망에 기초하고 있으며, 예술은 인간과 세계를 일상적이고 평범한 시각에서 벗어나 새롭게 보고 들으려는 의지에 근거한다. 그리고 사랑은 일상의 권태, 여러 경제적 난국과 병, 늙음 등에 굴복하지 않으려는 연인들의 집념에 의해 지속될 수 있다. 즉, 욕망은 이미 존재하거나 주어진 사물이나 사람과 관계된 것이 아니다. 욕망은 스스로의 대상을 산출해 낸다. 들뢰즈는 예술가와 혁명가에 대해 《앙티 오이디푸스》에서 다음과 같이 말한다. "그들은 욕망이 생산적 힘으로 생을 껴안으며 욕구가 적은 만큼 더 강렬한 방식으로 재생산된다는 것을 안다." 들뢰즈는 여기서 한정되어야 할 것은 우리의 기본 욕구이지 욕망이 아님을 지적하고 있다. 인간의 삶에서 진정 중요한 것은 생존의 욕구가 아니라 더 나은 삶을 향한 욕망이 아닐까? 물론 나의 욕망을 실현함에 있어 타자의 행복 역시 고려해야 한다. 또 원한다 해서 모든 것을 즉시 실현할 수 있는 것도 아니다. 그러나 시도하기도 전에 무엇이 가능하며 불가능한지를 확정할 수는 없다. 욕망은 단순한 비이성적 움직임이 아니다. 욕망은 아직 존재하지 않는 것, 필수적이지 않은 것, 초월적인 것을 대상으로 하며, 더 나은 선을 향한 생산적이고 창조적인 비상이다.

욕망은 타자에 대한 욕망이다

루소(J. J. Rousseau)는《사회계약론》에서 사회가 어떻게 인간으로 하여금 새로운 욕망을 낳게 하는지, 왜 그것이 투쟁과 충돌의 원인이 되는지를 설명한다. 자연상태에서 인간은 경쟁관계에 있지 않았기에 서로를 의식하거나 질투할 필요가 없었다. 그러나 문화적·사회적 삶을 시작하면서 인간은 서로 비교하게 된다. 즉, 욕망은 타자와의 관계, 문화·역사에 대한 인식 속에서 생산된다. 다시 말해 내 욕망의 끝에는 항상 소유할 수 없는 타자가 여러 형태로 존재한다. 연인, 관객, 청취자, 어린이들, 인류, 혹은 절대적 타자인 신이 바로 그들이다.《헤겔 독해 입문》에서 코제브(A. Kojève)는 동물의 욕구와 인간의 욕망의 차이를 다음과 같이 설명한다. "인간이 산출하는 욕망은 그것이 단지 현실적인, 실재하는 주어진 대상과만 관계하는 것이 아니라 또 다른 욕망과 관계한다는 점에서 동물의 욕구와 구별된다. 가령 남자와 여자의 관계에 있어 육체가 아닌 타자의 욕망을 욕망할 때 그 욕망은 인간적이다."

'사람이 육체를 욕망하는 것이 아니라 타자의 욕망을 욕망할 때에만 그 욕망은 인간적이다'라는 말은 결국 인간의 궁극적인 욕망은 타인으로부터 인정받기 위한 욕망이라는 것을 의미한다. "인간의 욕구는 대타자의 욕망이다"라는 라캉의 말 역시 인간의 욕망은 다른 사람의 대상이 되려는 욕망이자 다른 사람으로부터 인정받으려는 욕망임을 의미한다. 그런데 내가 욕망하고 나를 인정할 수 있는 타자는 소유되지 않는 절대타자로서의 타자여야 한다. 다시 말해 내가 욕망하는 타자는 자유로워야 하고 따라서 나는 나의 욕망에도 불구하고 타자를 소유할 수가 없다. 사르트르(J. P. Sartre)는 《존재와 무》에서 이 같은 사랑의 모순을 잘 설명하고 있다. "사랑에 있어 우리는 타인의 사랑을 소유하고자 한다. 그러나 그 사랑이 우리가 소유할 수 없는 타인의 자유로운 사랑의 선물일 경우에만 그러하다."

그렇다면 욕망은 항상 초월적인 것을 목표로 하고 있다고 말할 수 있다. 바로 그렇기 때문에 욕망은 채워질 수 없는 것이다. 우리가 진정으로 추구하는 자유, 사랑, 불멸을 소유할 수 없기 때문에 인간은 끝없이 불가능, 즉 완전히 다른 타자성을 염원한다. 《전체성과 무한》이라는 책에서 엠마누엘 레비나스(Emmanuel Levinas)는 타자를 향한 인간 욕망의 긴장된 성격을 잘 묘사한다. "분명 이 움직임의 끝(욕망의 끝)은 다른 곳, 타자이다. 어떤 여행이나 날씨, 겉모양의 변화도 타자를 향한 욕망을 만족시킬 수 없다." 무한한 신비를 상징하는 타자를 향한 노력은 정열적으로 실험을 하는 과학자나 작품을 쓰는 예술가의 자세이다. 그들은 끝없이 불가능에 도전하고 실패하겠지만 그것이 실망이나 불만의 원인이 되지는 않을 것이다. 그보다 그들의 욕망은 스스로를 초월하게 하고 그들을 예상치 못한 방향으로 발전시키는 긍정적인 힘이 될 것이다.

결론

'왜 불필요한 것을 욕망하는가'라는 질문에 우리는 다음과 같이 답할 수 있다. 첫째, 바로 욕망 자체의 논리에 의해 우리는 필요 없는 것을 욕망하게 된다. 욕망이란 생존을 위해 필수적인 것들, 생물적·사회적 강제로부터 벗어나는 순간부터 발생한다. 둘째, 바로 욕망에 의해서만 우리는 진정으로 인간적일 수 있기 때문이다. 이상과 타자성을 추구함으로써 인간은 이기적이고 거의 동물적인 자아에서 벗어날 수 있다. 욕망은 무한을 지향하기 때문에 인간은 그것을 실현하는 과정에서 좌절할 수밖에 없지만 바로 이 욕망의 비효율적인 성격이야말로 인간의 삶을 진정 인간답게 하는 원동력이 된다.

채워지면 사라지는 욕구와 달리 욕망은 절대로 채워질 수 없다는 특징을 지닌다. 만족시켰다고 생각하는 동시에 욕망은 다른 대상을 찾아나서며 끊임없이 인간을 부족의 상태에 놓아둔다. 그렇다면 욕망의 궁극적 대상이 무엇인지를 명확히 인지하는 것이 중요하다. 그 목표의 달성과 함께 인간을 불행과 권태로 몰아넣는 욕망은 허무하다. 반면 진정한 사랑의 추구나 예술적 정열과 같은 욕망은 실망을 안겨주지 않고 인간을 보다 높은 경지로 이끌 것이다.

우리가 단지 주어진 필연적인 것에만 만족한다면 우리는 자연의 질서를 벗어날 수 없다. 우리는 보다 완벽한 동물에 불과할 것이며 세상은 이미 모든 것이 들어선 즉각적이고 기계적인 공간, 꿈을 결여한 건조한 곳이 될 것이다. 부족함을 동반하는 욕망이 인간에게 생김으로써 인간은 새롭고 무한한 가능성을 꿈꾸게 된다. 필수적인 것을 욕구하는 것으로부터 시작해 인간은 점차 보다 덜 필수적인 것을 추구하게 될 것이며 결국 가장 본질적인 것을 갈구하게 될 것이다. 즉, 이상과 영원을 향한 인간의 욕망은 인간이 이기적인 본성에서 벗어나 보다 가치 있고 아름다운 행동을 할 수 있도록 도와줄 것이다.

바칼로레아의 질문들

- 진정한 욕망과 거짓 욕망을 구분할 수 있는가? (1982)
- 자신의 모든 욕망을 실현하는 것은 좋은 삶의 태도인가? (1996)
- 불멸하기를 바랄 수 있는가? (1994)
- 욕망한다는 것과 원한다는 것의 차이는 무엇인가? (1987)
- 욕망은 인간의 초라함을 보여주는 표시인가? (1983)
- 현명하다는 것은 자신의 욕망을 포기하는 것을 의미하는가? (1990)
- '나는 원한다. 그러므로 존재한다'라는 말이 있다. 이 말의 뜻을 설명해 보라.

더 생각해 봅시다 ❶

인생을 즐겨라

아버지가 아들에게 인생을 즐기면서 살라고 권하는 내용의 한 카드회사 광고 노래가 화제다. 인생에 대한 전통적인 자녀교육법과는 상반되는 가사 내용 때문이다. 일부에선 인생을 너무 가볍게 여기도록 부추긴다고 비판하지만 지나친 경쟁의 중압감에 시달리는 젊은이들에게 위안을 준다는 긍정적인 평가도 있다.

이 광고에 대해 비판적인 사람들은 신용카드가 부적절하게 사용될 수 있음을 우려한다. 현대인의 경제생활을 대표하는 것 중의 하나인 신용카드는 양면성을 지니고 있다. 편리하긴 하지만 욕망을 즉각적으로 처리할 수 있어 수많은 신용불량자를 양성할 수 있기 때문이다. '사고하지 않고 느끼고 인내하지 않고 즐기는 삶, 과연 바람직한 삶일까?' 또 인생을 즐기는 것이 반드시 카드, 즉 돈과 연관되는지에 대해서도 의문을 제기할 수 있다. 산책이나 대화, 독서 등을 통해 인간은 충분한 기쁨과 휴식을 취할 수 있기 때문이다.

반면 인생을 즐기라는 구호에 공감하는 사람들은 추상적 이념이나 일에 인생을 저당 잡히는 것보다는 순간순간 즐겁게 사는 것이 좋다고 주장한다. 자신의 개성을 물질적인 것으로든 또 다른 방식으로든 맘껏 표현하고 욕망을 발산하는 것이 정신건강에 유익하다고 말하는 이도 있다. 현실에 비중을 두는 삶의 방식과 삶에 대해 진지하고 심각한 자세를 취하며 미래를 위해 최선을 다해야 한다는 삶의 방식 중 어떤 삶이 더 바람직하다고 생각하는가?

더 생각해 봅시다 ❷

자본주의 시대의 과소비와 욕망에 대해

자본주의 사회에서 욕망의 과잉이라 할 과소비의 문제는 간과할 수 없는 문화현상이다. 과소비는 과잉소비와 과시소비를 뜻한다. 현재 우리나라에서 사용되고 있는 과소비의 개념은 개인뿐만 아니라 사회 전체적인 맥락에서 논의되고 있다. 개인적인 차원에서 과소비는 개인소득 또는 가계소득에 비해 소비가 도에 넘치는 것을 말하며, 사회적 차원에서 과소비는 국가의 경제수준 및 국민소득과 관련해서 소비가 지나치다는 것을 뜻한다. 우리 사회의 과소비는 일부 부유층에

한하여 이루어지는 것이 아니라 어느 사이에 구조적으로 거의 모든 사람들에 의해 이루어질 정도로 만연되어 있다는 사실에서 그 심각성을 찾을 수 있다. 물질만능주의와 과소비는 이제 어른들만의 문제가 아니라 어린 학생들에게까지도 만연되어 있다. 《사물의 체계》라는 책에서 현대철학자 보드리야르(J. Baudrillard)는 현대인의 욕망은 스스로를 허망한 방식으로 채우려 드는 부족함의 표현이라고 말했다. 자본주의 사회에서의 소비지향주의는 당연한 것으로 받아들여야 할까? 그러나 소비가 인간의 행복에 궁극적으로 기여하지 않고 불만과 갈등만을 남긴다면 우리는 소비의 미덕에 대해 숙고해 볼 필요가 있다.

  소비는 욕망의 표현이다. 또는 다른 말로, 본성을 만족시키기 위한 행위이다. 그러나 욕망의 대상이 과연 물질에 국한되어야 하는지에 대해 우리는 의문을 제기할 수 있다. 사회개혁에 대한 욕망, 인류의 기아를 해결하고자 하는 욕망도 분명한 욕망이기 때문이다. 자본주의 사회는 노동자의 욕망을 끊임없이 물질적 욕망으로 전환시키고 가족주의와 소비주의 등의 사적인 소우주 속에 가두고자 하는 경향이 있다. 그런데 들뢰즈와 가타리에 의하면, 이러한 사적 욕망은 사회적 억압에 의해 욕망이 왜곡되고 변질된 것과 다름없다.

  들뢰즈와 가타리는 자본주의 사회의 특징을 더 이상 대중의 욕망을 가두려 하지 않는 데서 발견한다. 자본주의는 욕망을 두려워하고 막기보다는 오히려 그 물길을 교묘하게 트고 또 조작함으로써 대중의 욕망을 상품화한다. 이처럼 자본주의는 언뜻 대중의 욕망을 긍정하고 해소시켜 주는 듯하지만 사실상 생생한 욕망을 임금이나 화폐, 상품소비 등을 통한 이익 문제로 환원시켜 그것을 추한 욕망으로 상품화시키고 탈코드화 대신 재코드화의 그물로 대중들을 교묘하게 억압한다. 들뢰즈와 가타리는 자본주의를 가족제도와 비교하면서 다음과 같이 설명한다. 내 욕망이 아버지 아래에서 억압과 금지를 통해 가책의 고통에 시달려야 하는 것이 당연한 일이라면, 마찬가지로 노동자(아이)로서 나는 영원히 자본주의 체제(아버지) 아래에서 각종 억압과 금지를 통해 가책을 겪어야만 하는 운명에 놓여 있다. 나아가 아버지를 죽여서는 안 되는 것이 내 욕망이 감내해야 하는 숙명이라면 자본주의에 반대해서는 안 되는 것도 마찬가지로 내 욕망의 숙명이다. 이런 방식으로 노동자의 욕망은 오이디푸스 콤플렉스를 키우고 그 아래에서 자본주의에 순응하도록 길들여진다. 즉, 욕망의 본성을 억압하고 변질시키는 오이디푸스는 단지 프로이트가 고안해 낸 정신분석학적 개념이기 이전에 자본주의 체제의 근본 특성이기도 하다. 들뢰즈와 가타리는 현대인의 정신병이 자본주의라는 기계장치에 의해 만들어진다고 설명했다. 자본주의는 모든 관념의 코드를 수량화해서 결국 돈으로 바꾸었기 때문에 개인의 욕망도 대상을 돈으로 만들고 그 욕망이 좌절될 때 정신병이 양산된다는 것이다. 자본주의와 소비주의의 문제점을 파악한 후 들뢰즈는 생생한 욕망의 흐름을 억제하고 살아 있는 신체의 운동을 양적으로 계산하는 자본주의 논리의 예속에서 벗어날 것을 독려했다.

물질적 풍요를 포기하지 않으면서도 물질만능주의에 빠지지 않을 수 있는 방법이 과연 존재할까? 자본주의의 억압을 가능케 하는 근본적 요인은 우리 자신의 왜곡된 욕망이 아닐까? 레닌이나 로베스피에르 등의 혁명가들은 물질적 욕망을 퇴폐의 원인으로 보았으며 절제할 수 있는 이성, 덕, 힘이야말로 혁명적인 가치이며 자유의 표현이라고 주장했다. 마르크스는 "사치는 가난에 못지않게 나쁘며, 우리의 목적은 많이 소유하는 것이 아니고 많이 존재하는 것이어야 한다"고 말하면서 물질적 굴레에서 벗어나 심신의 자유를 찾을 것을 독려했다. 풍요함은 인간을 해방시키는가 아니면 물질의 노예로 만드는가? 자본주의 시대에도 거짓 욕망, 피상적인 욕망에 대해 이야기할 수 있는지 생각해 보자.

더 생각해 봅시다 ❸

욕망은 정신적인 결핍을 반영하는가? (1983)

정신분석학자들은 욕망이 내적인 불안, 결핍, 부재 등을 반영한다고 말한다. 우리가 무엇을 욕망하는 것은 그것을 우리 내부에 지니고 있지 않기 때문이라는 것이다. 욕망이라는 단어는 라틴어 desiderare에서 유래하는데 이 단어는 점성언어에서 기원한다. 별을 관망하며 사라진 별을 그리워하듯이, 욕망한다는 것은 멀리 있는 무엇인가를 아쉬워함을 뜻한다.

플라톤은《향연》에서 아리스토파네스의 전설을 통해 욕망과 결핍의 관계를 설명한다. 이 신화에 따르면 사랑이란 아주 오묘하고 무의식적인 욕망인데 이 오래된 욕망의 근원은 제우스 신의 벌에서 비롯된다. 제우스는 여성성과 남성성을 다 갖춘 존재의 오만함을 벌하기 위해 인간을 둘로 나누었고 그 이후 사람들은 자신의 반쪽을 찾아 방황하게 된다. 요컨대 욕망한다는 것은 내게 무엇인가가 결핍되어 있다는 것, 내게 결핍된 것을 채워줄 사랑하는 존재와 하나가 되고 싶은 마음을 의미하며, 인간은 이 만족할 줄 모르는 욕망 때문에 고통받게 된다.

만약 원하는 대상을 갖게 되더라도 욕망이 사라지는 것은 아니다. 그 즉시 우리는 새로운 욕망의 대상을 만들어내고 그것을 차지하기 위해 새로운 고통을 겪게 된다. 쇼펜하우어가 말했듯이 인간은 욕망하던 것을 차지한 후의 권태와 욕망하는 것을 찾기 전까지의 부족함 상태를 왔다 갔다 하면서 영원히 방황해야 하는 존재인가? 과연 인간에게 완벽한 만족을 안겨주는 욕망의 대상은 현실에서 존재하지 않는 것인가? 불가능을 꿈꾸기에 우리는 현실의 것에서 결코 만족할 수 없는가? 스피노자는 초월적인 이상으로부터 욕망을 정의하기 때문에 욕망이 결핍으로 여겨진다는 것을 비판하면서 "우리는 무엇인가를 좋다고 판단하기에 그것을 욕망하는 것이 아니라 그것을 욕망하기에 그것을 좋다고 평가한다"는 욕망에 대한 새로운 해석을 내놓았다. 과연 우리가 진심으로 욕망하는 것은 무엇인지에 대해서 생각해 보자.

02

타자에 대한 두려움을 극복할 수 있는가?

Baccalauréat, 1997

만일 네가 나와 다르다면, 너는 나를 해치는 것이 아니라, 나를 풍요롭게 하는 것이다.
생텍쥐페리(Saint-Exupéry, 프랑스 소설가)

우리는 타인의 죽음으로 우리의 삶을 만든다.
레오나르도 다빈치(Leonardo da Vinci, 이탈리아 화가·과학자·사상가)

만약 인간이 웃는다면 그것은 타인에 관해서이다. 만약 인간이 운다면 그것은 자신 때문일 것이다.
힌두스타니 속담

서론

어두운 밤길을 걸을 때 내 등 뒤에서 들리는 발자국 소리는 공포감을 안겨준다. 그 발자국 소리는 친한 이웃이나 가족의 발자국 소리일 수도, 혹은 나와 무관한 지나가는 행인의 발자국 소리일 수도 있다. 그럼에도 왜 나는 미리 그 발자국 소리의 주인을 의심하고 경계하는 것일까? 우리가 끊임없이 사랑과 평화에 대해 강조하는 것은 그만큼 나와 타자의 관계가 원만치 못하다는 것을 역설적으로 보여주는 것이 아닐까? 많은 철학자들은 타자를 부정적으로 묘사했다. 사르트르는 타자의 시선을 지옥이라고 정의했고, 홉스는 인간은 인간의 늑대라고 말했다. 인류의 역사를 뒤돌아보아도 얼마나 많은 배신과 폭력이 인간 사이에 존재했는지는 쉽게 확인된다. 과연 타자는 본질적으로 나와 충돌할 수밖에 없는 존재인가?

　인간은 자기의 생명을 보존하고 증진시키기 위해 타자와 경쟁할 수밖에 없는 운명을 지니고 태어났다. 타자를 자신처럼 사랑하라는 것은 기독교의 이상이지만 현실적으로 나의 이기심을 극복할 수 없다는 것이 자명한 인간의 한계이다. 타자란 내가 승리하기 위해 물리쳐야 할 이 지상에서의 악을 상징하며, 동시에 내가 본질적으로 선할 수 없음을 의미하는 인류의 존재론적인 실패를 의미하는가? '타자에 대한 두려움을 극복할 수 있는가' 하는 문제는 실존적 문제로 인간의 본능과 사회성에 대한 수많은 질문을 제기한다.

우리는 타인에 대한 공포를 극복할 수 없다

타인에 대한 나의 본능은 결코 호의적이지 않다. 왜 나는 타자에 대해 본능적인 두려움을 느끼는 것일까? 타인에게 적대감을 느끼는 이유는 우선 타인이 나와 다르다는 것, 이질적이라는 사실로부터 연유한다. 타인의 진심과 의도를 알 수 없다는 사실과 미지에 대한 막연한 불안감은 부인할 수 없는 두려움을 유발한다. 프로이트는 이미 인간에게는 낯선 것에 대한 본능적 두려움과 공격성이 존재한다고 지적한 바 있다. 인간의 본능이라 할 이 공격성은 도둑질, 폭력, 강간 등을 통해 직접적으로 나타날 수도, 사회적 성공이나 권력 추구 등 좀더 문명화된 모습을 취할 수도 있지만 어떤 경우든 사라질 수 있는 것은 아니다.

자연적인 관점에서 볼 때 타자란 나의 동일성을 해체할 수 있는 위협이다. 인간은 죽음에의 본능을 피할 수 없으므로 나를 위협하는 타자에 대한 적대감은 늘 존재하고, 전쟁의 발생도 같은 논리로 설명될 수 있다. 이러한 성향은 습관화되지 않은 물체에 대한 신체의 반응과도 유사하다. 이미 형성된 신체적·사회적 유기체는 자신에게 친숙한 것을 긍정적인 것으로 받아들이는 데 반해 낯선 외부의 접근은 위기상황으로 인지하여 적대적인 반응을 취함으로써 자신을 지켜내고자 하는 경향이 있다. 타인에 대한 공포는 생존을 위한 이 본질적인 생물학적 방어에 근거하고 있는가?

불안을 안겨준다는 이유만으로 우리는 타자를 악, 약함, 이상한 것으로 묘사한다. 야만인이란 표현도 결국 나와 다른 문명에 속한 자를 비하하는 표현이다. 야만족이라고 간주된 사람들의 언어는 새들의 소리에 비유되었고 세례를 받지 않은 유색인종은 겉모습만 인간이라는 평가를 받았다. 북아메리카 원주민과 에스파냐 사람이 처음 만났을 때 이 둘 모두 서로를 야만인으로 지칭한 것은 나와 관련된 것은 무조건 문화적이고 세련된 것이고 타인과 관련된 것은 원시적이고 비정상적인 것으로 간주하는 자기중심적 성향을 보여주는 한 좋은 예이다. 그리스인들이 자신들, 즉 헬레네스(Hellenes)를 제외한 다른 민족들을 '야만인들'이라고 부른 일화도 유명하다.

역사를 뒤돌아보면 인류가 얼마나 타자에게 적대적이었는지를 쉽게 알 수 있다. 종교전쟁, 인종차별 등에서 볼 수 있는 타인에 대한 폭력은 인류의 동질성에 대한 믿음을 무색하게 할 정도이다. 식민지를 개척하는 과정에서 서양인들은 아시아나 아프리카의 특성을 다른 것으로 묘사하기보다는 열등한 것으로 표현하였다. 오늘날 가난한 외국인을 대하는 우리의 태도를 보더라도 타자와 나의 차이를 다름으로 생각하기보다는 모멸과 무시의 이유로 삼으려는 경향이 지속되고 있음을 알 수 있다.

강자에게 있어 타자란 동등한 인격을 지니지 않았으므로 지배를 통해 보호하거나 수단으로 사용해야 할 도구적 존재이다. 반면 약자에게 있어 타자란 나의 자유와 소유권을 침해하는 악한 자이다. 그는 내가 지니고 있는 것(땅, 재산, 가족, 생명)을 빼앗을 수 있는 위협적 존재이며 따라서 그의 출현은 내게 방어심과 경계심을 불러일으킨다. 또 타자의 독특한 문화와 성격은 내가 지금까지 절대적이라고 믿고 있던 신념과 가치관을 뒤흔들고 내 개인적 성향과 세계관을 상대화하도록 강요하기에 걱정과 불안을 안겨준다. 그렇기 때문에 처음 만난 사람 앞에서 우리의 표정은 굳고 긴장감을 느끼게 되는 것이다.

사르트르가 설명했듯이 타인의 시선은 나를 즉자적 사물로 변형시킨다. 타인의 시선은 공격적이다. 그의 시선은 나를 벗기고 분석한다. 마치 과학자가 사물을 관찰하듯 그는 나를 사물의 위치에 놓고 관찰한다. 만약 그가 나의 본질을 파악하는 데 성공한다면 나는 그에게 종속된 채 상황을 주도하는 주체가 아닌 그의 시선과 의견에 좌우되는 물체가 되는 모욕을 감수하게 될 것이다. 이처럼 언제라도 타인의 시선에 의해 분석되고 노출되어 자유를 잃을 수 있기에 사회생활을 하는 사람들은 거짓말과 위선, 예절을 통해 스스로를 보호한다.

사르트르에 의하면 타인 없이 살 수도 없지만 타인과 함께 사는 것이 반드시 행복을 의미하는 것은 아니다. 왜냐하면 타인은 나의 자유를 앗아가는 존재이기 때문이다. 홀로 있을 때는 누구보다 강직하고 성실했던 사람이 자신보다 강한 자를 만남으로써 비굴해질 수도 있고 질투에 사로잡힐 수도 있다. 프로이트는 성욕에 대해 설명하면서 타자는 나를 유혹하고 내게 잠재된 악을 불러일으킨다고 말하기까지 했다. 그러나 타인이 내 곁에 존재한다는 이유만으로 그의 시선에 의해 주도되고 분열된 채 살 수는 없다. 타자에 대한 두려움에서 벗어나기 위해선 어떻게 해야 할까?

인정을 통한 극복

우리는 타자의 인정을 받음으로써 타자에 대한 공포에서 벗어날 수 있다고 생각하는 경향이 있다. 타인의 주인이 된다면 나는 그의 공격에 대한 두려움에서 벗어날 수 있지 않을까? 목숨을 내걸고 필사

"바람이 물결을 일으키는 광활한 바다 위에서 타인이 죽어가는 광경을 굳건한 땅 위에서 바라보는 것은 얼마나 감미로운가?"라는 루크레티우스(Lucretius)의 문장은 인간의 근본적인 이기심을 냉소적으로 풍자하고 있다. 나와 타인은 같은 배에서 다른 곳을 바라보는 이방인에 불과한가?

적으로 타인과 싸워 이긴다면, 즉 타인으로부터 나의 우월성을 인정받게 된다면 나는 타인에 대한 두려움을 극복할 수 있게 되어 나의 독립성을 주장할 수 있게 되지 않을까? 나의 우수성과 우월성을 인정하여 자발적으로 나의 노예가 된 자를 두려워할 필요는 없기 때문이다.

헤겔(G. W. F. Hegel)은 유명한 주인과 노예의 변증법을 통해 어떻게 타인을 지배함으로써 두려움에서 벗어날 수 있는지를 잘 보여주었다. 헤겔에 따르면 우리의 의식은 타인의 인정을 간절히 갈구한다. 그렇기 때문에 우리는 명성과 인정을 얻기 위한 치열한 경쟁에 들어가게 되며, 항상 남을 굴복시키고자 하는 유혹에 사로잡히게 된다. 우리는 전통적으로 목숨을 건 (상징적) 결투를 통해 항상 나와 타자를 구분해 왔다. 그 과정에서 주인과 노예가 생기고 정복자와 그에 복종하는 자가 생겼다. 특히 서구인들은 서구중심주의를 통해 서구의 문화에 일치하지 않는 모든 것을 열등하고 야만적인 것으로 간주함으로써 타자에 대한 공포심을 극복하고자 했다. 식민주의 사업이나 인종주의 문제에 있어 서구인들이 큰 가책을 느끼지 않을 수 있었던 것도 바로 정복당한 타인은 같은 인간이 아니라고 생각했기 때문이다.

그러나 주인이 되기 위한 전쟁은 끝이 없는 전쟁이다. 일상적인 삶 속에서 나를 둘러싼 모든 것은 나와 다른 것이기에 만약 절대 주인이 되길 원한다면 나는 항상 그들과의 싸움을 준비하고 있어야 한다. 또한 타인이란 현재 노예상태에 놓여 있다 하더라도 언제라도 그 상태에서 해방되어 주인의 자리를 빼앗을 수 있는 근본적으로 나와 동등한 인간이기에 나는 한시도 긴장을 놓을 수 없다. 더욱이 문제가 되는 것은 하인도 누군가의 주인일 것이므로 이 인정을 위한 싸움은 무한정 확장된다는 것이다.

인간은 타자가 강할 때는 그 힘에 굴복해 노예로서 비굴하게 복종하다가 그 반대의 경우가 될 때 자신도 타자 정복에 나서게 된다. 그렇다면 타자와의 관계는 나르시시즘들 간의 투쟁으로 특징지어진다고 볼 수 있다. 남보다 더 우수하다는 것을 인정받기 위한 싸움, 즉 자기애에 근거한 싸움은 외부적인 모든 다양성과 차이를 정복의 이유로 변화시키고 그것들을 억압하고자 하는 폭력의 논리에 종속된다. 근대 이후의 인간들은 자연과 나를 완전히 분리시켜 자연을 착취의 대상으로 삼았다. 인간은 자연을 두려워했기에 그것을 사물화했으며 존중하기보다는 정복하고자 했다. 마찬가지로 인간은 타인을 두려워하기 때문에 그들을 정복하고자 한다. 인간은 자신이 얼마나 이기적이고 폭력적인지를 알기에 자신과 같은 존재인 타인도 같을 것이라 예상하고 그러한 추측으로부터 타인에 대한 공격을 시도하는 것이다. 타인의 고유한 가치와 의식을 부인하고 타인을 내게 복종하는 노예로 만드는 것은 나의 두려움을 없애주는 한 방편일 수는 있겠지만 받아들이기에는 윤리적으로 너무 많은 문제점을 지니고 있다.

보편성의 인지를 통한 극복

헤겔이 제시한 지배-복종관계를 통한 인정보다는 보편성에 대한 가정이 보다 효율적으로 타인에 대한 공포를 다스리게 해줄 수 있다. 나의 성향과 타자의 성향은 결국 보편적 인간성에 속한다는 사실을 상기할 필요가 있다. 즉, 나와 타자의 표면적 차이에도 불구하고 둘 사이엔 공통점이 있다는 것을 인정함으로써 나는 타인에 대한 불안과 공포심을 극복할 수 있다.

인간은 본성적으로 타자와의 관계를 통해서만 스스로를 지키고 발전시킬 수 있다. 아리스토텔레스가 제시한 필리아(philia) 개념에 따르면 사람은 "자기 자신과 같은 생각을 갖고 같은 일을 바라는 사람"과 "자신과 함께 슬퍼하고 함께 기뻐하는 사람"을 사랑한다. 그렇다면 인간 모두의 근본에 자리한 보편적 본성을 발견함으로써 우리는 타자와의 화해를 모색할 수 있지 않을까? 고위간부, 지식인, 농부, 노동자 등 사회 안에서 각기 다른 모습을 보이던 사람들이 전쟁 등의 극한상황으로 내몰렸을 때 보여주는 유사성은 인간은 결국 다른 면보다는 비슷한 면을 더 많이 가지고 있다는 것을 증명한다. 그리고 이러한 관찰을 통해 우리는 인류애라는 감정을 지니게 된다. 말하자면 기본적으로 인간은 모두 비슷한 존재라는 것을 인정할 때 우리는 타자에 대한 두려움에서 벗어날 수 있다.

그러나 나와 남을 이어주는 공통성은 지극히 추상적이라 현실적으로는 많은 한계를 지닐 수 있다. 추상적 휴머니즘은 언어, 국가, 인종에 상관없이 모든 인간을 동등하게 대우할 것을 요구한다. 그리고 여기서 문제가 되는 것은 무엇이 추상적 휴머니즘의 기준이 되는가 하는 것이다. 서구는 서구의 가치관을 보편성으로 인식할 것이며, 이슬람교인은 이슬람 교의가 보편화되어야 한다고 생각할 것이다. 일상적인 삶 속에서 나는 여전히 나의 기준으로 남을 판단할 것이며 타인이 내게 그의 가치관에 동의할 것을 요구할 것이다. 즉, 보편성의 원리로 타자를 이해하려는 노력은 타자와 관계 맺는 것이 아니라 타자를 동일자로 환원하려는 노력일 수 있으므로 결국 나와 타자 사이의 근원적 갈등과 불안을 해소시킬 수 없다.

타자성의 인정을 통한 극복

같음과 다름은 우주를 이루는 중요한 원리이다. 타자에게서뿐 아니라 나 안에서도 같음과 다름은 존재한다. 그러므로 나는 내 안의 조화를 찾기 위해서라도 타자성에 대한 두려움을 다스려야 한다. 어떻게 타자에 대한 두려움을 극복할 수 있는가?

타자성을 극복하는 보다 근본적인 방법은 타자성을 있는 그대로 인정하는 것이다. 레비나스에 따르면 서양 전통철학은 대부분 전체성의 철학 또는 전쟁의 철학이었다. 모든 것을 '자기' 또는 '자아'의 영역으로 환원하는 철학이었다는 것이다. 이 서양철학 전통에 따르면 타자는 나에게 필요한 사람이거나 내가 정복해야 할 사람에 불과하다. 이러한 전통에 반대하여 레비나스는 타인으로서의 타자는 어떤 경우에도 나에게로 통합시킬 수 없는 절대적인 다름(absolument autre), 절대적인 타자성을 지닌다고 주장한다. 타자를 타자로 인정할 때 나는 타자를 나에게 통합시키거나 동화시키고자 하는 욕망에서 벗어날 수 있다는 것이다.

그렇다면 자아와 타자 사이의 평화로운 윤리적 관계형성은 구체적 삶에서 어떻게 나타나는가? 레비나스는 얼굴의 윤리학을 제시한다. 사르트르는 타인의 시선에서 적대감과 위험을 감지했지만,

레비나스는 보호해야 할 타자의 연약함을 인지한다. "타자는 나의 힘에 노출되어 있다. 나의 모든 책략과 범죄에 굴복한다. 그러나 그는 온 힘을 다하여 나에게 저항하고, 자신의 자유의 예측할 수 없는 방책으로 나에게 저항한다. 그는 그의 시선의 절대적 솔직함, 직접성, 무방비한 눈의 벌거벗음을 가지고 모든 척도를 넘어서 나에게 대항한다. 진정한 외재성은 나의 정복을 금하는 시선 속에 있다. 타자의 외재성에서 나는 타자를 정복함으로써 나의 약함을 극복해 가는 것이 아니라, '더 이상 힘을 행사할 수 없는 것이다(Je ne peux plus pouvoir ; I am no longer able to have power)'. 타자의 존재의 외재성은 절대적 저항으로 표명되어진다. 그것은 현현에 의해서 자아의 힘에 저항한다."

말하자면 타인에 대한 두려움은 그를 나를 억압할 자, 혹은 나와 경쟁할 상대가 아닌 나에 의해 억압당할 수 있는 약자로 인지할 때 궁극적으로 해결될 수 있다. 그리고 이러한 윤리는 동정심과 자비를 기본으로 하는 종교적 윤리와도 일치한다. 전쟁터에서 죽음을 기다리는 병사, 점심을 거르는 고아, 빈곤과 병고 속에 죽어가는 노인 등 모든 고통받는 사람들의 얼굴에서 우리는 두려움이 아닌 그들을 도와야 한다는 윤리적 사명감을 느끼게 된다. 즉, 다른 사람의 결핍과 부족을 이해할 때에야 비로소 우리는 '타인과의 공감'을 경험할 수 있다. 그리고 이로부터 정복과 복종의 관계를 떠난 인간과 인간 간의 진정한 대화가 시작될 수 있다. 루소는 동정심이 없었더라면 인류는 멸망했을 것이라고 평했다. 루소가 말한 동정심, 허치슨(F. Hutcheson)[1]이 언급한 동감은 모두 동일한 인간간의 교류가 가능함을 시사한다.

　더 나아가 나 자신 안의 타자성을 인정할 필요가 있다. 오랫동안 신체와 정신, 여자와 남자의 관계에 있어 타자는 신체성과 여성성을 의미했다. 그러나 사회가 열등하다고 평가하는 타자성을 우리는 모두 우리 내부에 갖고 있다. 나는 몸인 동시에 정신이며, 여성성과 남성성을 모두 지니고 있다. 진정한 자아를 실현하기 위해선 내 안의 타자성을 받아들여야 하듯이 타자를 나의 취향에 맞춰 평가하지 않고 그를 있는 그대로 받아들일 때 우리는 인간의 생존을 지배하고 있는 우열의 전쟁논리와 그로부터 연유되는 타인에 대한 두려움에서 해방될 수 있다.

결론

타자는 나의 자유와 행복을 언제라도 저해할 수 있기에 나는 타자를 정복하거나 나의 우월성을 증명함으로써 타자에 대한 근원적 두려움에서 벗어나고자 한다. 그러나 본질적이고 극한 상황에서 발견되는 사람들 간의 공통점은 우리로 하여금 보편적 인류애를 체험하

---

1) 허치슨(Francis Hutcheson, 1694~1747) : 영국의 사상가. 18세기 영국의 도덕감각파의 대표자이다. 글래스고대학을 졸업한 뒤 모교의 교수가 되었다. 그는 인간의 심성에는 이기적 경향과는 독립된 이타적(利他的) 경향이 있고 또한 미적(美的) 감각과 마찬가지로 정사(正邪)를 판단하는 자연스럽고 보편적인 도덕감각이 있다고 설파하였다. 그는 심리분석적 수법을 원용(援用)하여 자신의 주장을 체계화함으로써 후일의 공리주의자에게 커다란 영향을 주었다. 주요 저서로《미와 덕의 관념의 기원》(1725),《도덕철학체계》(2권, 1755) 등이 있다.

게 한다. 벌거벗은 부자와 빈자, 지식인과 노동자, 그 모두에게는 사랑, 안정, 자유, 평화에 대한 같은 욕망이 존재하며 이로부터 '이웃'이라는 개념이 도출된다.

아무리 타자를 적대시한다 해도, 아무리 수많은 전쟁과 갈등이 있었다 해도 타자는 나를 이해하고 도와줄 수 있는 유일한 존재이며 인간은 인간의 유일한 희망이다. 비록 근본적인 이기심에서 해방될 수 없고 사회계급간의 충돌을 해결할 수 없다 하더라도 우리는 무방비한 타자의 얼굴에 윤리적으로 답해야 할 의무가 있다. 같은 얼굴이 존재하지 않듯이 모든 사람은 다르다. 타자를 그 자체로 인정하고 그의 근본적 연약함에 공감할 때 우리는 폭력적 본성에서 벗어나 윤리적인 주체가 될 수 있다.

바칼로레아의 질문들

- 왜 인간은 비인간적일 수 있는가? (1992)
- 타자와의 관계는 반드시 충돌적이어야 하는가? (1996)
- 타자에게 의존한다는 것은 나의 자유를 훼손하는 것인가? (1994)

더 생각해 봅시다 ❶

타인의 시선을 두려워해야 하는가?

사르트르는 《닫힌 문》이란 희곡에서 타인의 시선을 지옥이라고 표현했다. 타인의 시선이 나에게 어떤 영향을 미치는지를 구체적으로 보여준 이 희곡의 내용은 다음과 같다. 죽어서 지옥에 간 세 주인공은 서로의 과거를 묻지만 타인에게 진실된 모습을 보이는 것을 꺼려한다. 그 과정에서 이들은 서로가 서로를 감시하며 타자의 시선을 두려워한다. 그럼에도 지옥의 문이 열렸을 때 누구도 그곳에서 빠져나갈 엄두를 내지 못한다. 그리고 그제야 서로의 희생자이며 가해자인 그들이 서로 떨어질 수 없는 관계임을, 즉 존재하기 위해 나는 타인이 필요하지만 진정한 관계를 맺기에는 타인의 시선이 너무도 위협적이라는 것을 깨닫는다. 진정한 지옥은 바로 이 모순적인 사실이었던 것이다.

    평소 우리가 타인의 시선을 두려워하는 것은 그가 날 평가 내지는 비판할 것이라고 가정하기 때문이다. 물론 우리가 잘못 행동할 경우에만 타인의 시선이 두렵고 그외에는 떳떳하다고 말할 수 있다. 예를 들어 도둑질을 한다거나 커닝을 하는 것을 친구에게 들켰을 때 우리는 본능적인 부끄러움을 느끼게 된다. 그러나 이런 비윤리적인 상황이 아니더라도 우리는 타인의 시선을 불편하게 여기는 성향을 갖고 있다. 성서의 〈창세기〉를 보면 아담과 이브는 나체를 서로 부끄러워했다고 쓰여 있다. 나체란 어찌 보면 가장 자연스러운 우리의 모습이 아닐까? 그런데도 왜 우리는 그 사실을 부끄러워하는가? 그외 생리적인 여러 현상을 남에게 보이는 것 역시 우리는 매우 꺼린다. 내가 남에게 보여주고 싶은 것은 나의 정돈되고 아름다운 모습이지 결코 있는 그대로의 내가 아니다. 타인의 시선을 의식하여 원하는 헤어스타일이나 옷차림을 하지 못하는 경우도 있다. 인간은 자기 자신이 누구인지를 타인의 평가에 의해 결정하는 경향이 있다. 따라서 타인이 내 곁에 있을 때 우리는 보다 도덕적이고 교양 있는 모습을 드러내 보이고자 한다. 인간은 모두 타인의 인정을 받고 싶어하고 그들의 비판을 두려워하기에 내 본연의 모습을 속이고 얼마간 남들이 원하는 모습을 연출하기도 한다. 그렇기 때문에 사회는 기만과 위선의 장이라고 말하는 자도 있다. 타인의 시선에 매여 우리 본연의 모습을 잃어가고 있는 것은 아닐까? 완전히 솔직하게 나의 모습을 내보일 수 있을까? 타인의 시선을 무시할 수 있을까? 사회 속 나의 모습에 대해 생각해 보자.

더 생각해 봅시다 ❷

함께 웃음으로써 타인과 더 가까워질 수 있는가?

우리는 특정한 사람이나 상황에 대해 이야기하며 웃곤 하는데 누군가 나와 같이 웃는다면 그것은 그가 나와 같은 생각을 공유한다는 것이기에 우리는 그 사람에 대해 친밀감을 느끼게 된다. 웃음은 건강한 정신과 행복의 상징이기에 그것을 누군가와 함께 나눈다는 것은 인생의 축복이라고까지 말할 수 있다. 웃을 수 있다는 것은 인간만의 고유한 특성이다. 우리를 웃게 하는 것도 인간뿐이다. 아무리 자연이 아름답고 놀라워도 그 앞에서 웃는 사람은 없다. 동물의 행동을 보고 웃는 것도 그 안에서 인간의 모습을 발견하기 때문이다. 함께 웃는다는 것은 같은 감정과 생각을 나눈다는 확실한 증표이므로 그것은 인간관계를 돈독히 하는 매개 역할을 수행한다.

그러나 웃음이 항상 긍정적인 것만은 아니다. 우리는 흔히 어수룩하거나 약한 자의 실수를 보고 웃는다. 그리고 이처럼 웃음이 비웃음이나 경멸을 내포할 경우 웃는 이들은 공동의 적을 소유한 것이기에 그들 사이에는 유대감이 강화된다. 가령 플라톤의 동굴의 예화를 보면 태양을 보고 다시 동굴로 돌아온 철학자를 동굴 안에 갇혀 있던 죄수들이 비웃는 장면이 나오는데 이 웃음은 바로 철학자가 그들과 같은 부류가 아님을 경계짓는 표시이다. 이 경우 웃음의 대상은 적이고 함께 웃는 사람들은 아군이다. 긍정적인 웃음과 비웃음을 구분하고 그 차이점에 대해 생각해 보자.

03

무지는 악인가?

Baccalauréat, 1993

이미 오래 전에 나는, 누구는 지능이 있고 누구는 지능이 없다는 말을 듣는 데에 진력이 났다. 사람은 누구나 자기가 원하는 만큼 지능적이다. 나는 이 말에서 많은 것을 배울 수 있었다. 왜냐하면 정확하게 말하면 바보는 허약한 자를 의미한다. 의지, 그리고 내가 더 좋아하는 말인 작업, 이것이 결여된 자이다.
알랭(Alain, 프랑스 철학자·평론가)

무식은 신의 저주이며 지식은 하늘에 이르는 날개다.
셰익스피어(Shakespeare, 영국 시인·극작가)

서론

어떤 사람을 비난할 때 우리는 자주 "그는 멍청하고 못됐다"라는 표현을 쓴다. '멍청하다'와 '못됐다'라는 두 개념 사이의 연관관계는 무엇인가? 오랫동안 우리는 순박함을 선의 상징으로 여겨왔고, 영리함은 악으로 변질될 위험이 있다고 경계하였다. 대체로 사람들은 무지에 대해서는 넓은 아량을 베푼다. 악의 경중을 따질 때에도 그 악이 의도되었는지 아니면 실수나 무지에 의한 것인지가 그 죄의 중량을 결정하는 데 중요한 기준이 된다. 우리는 병, 고통, 죽음 등 단순히 부정적인 것에 대해 '악'이라고 말하지 않는다. 그것이 누군가의 의도에 의해 타자에게 부과되었을 때에야 우리는 그것을 악이라고 말한다. 즉, 악한 행동 뒤에는 항상 악한 의도가 있다고 우리는 생각한다.

그러나 곰곰이 생각해 보면 역사상 발생한 많은 폭력과 악은 사실상 많은 부분 악을 행하고자 하는 의지보다는 잘못된 선을 추구한 사람들의 무지에 근거하고 있다. 캄보디아 인구의 4분의 1을 킬링필드로 보낸 폴포트(Pol Pot)를 만난 사람들은 그를 지적이면서도 온화한 사람으로 표현했다. 그러나 그는 자신이 꿈꾸는 공산주의 사회를 실현하기 위해 20세기 최악의 학살 중 하나로 평가되는 만행을 저질렀다. 자신의 정치적 이념을 숭고한 진리로 생각했기에 잔인한 학살을 감행할 수 있었던 것이다. 예수가 십자가에서 "신이여 그들을 용서해 주소서. 그들은 그들이 무엇을 하고 있는지를 모릅니다"라고 말했듯이 악은 자주 무지에 의해 발생한다. 마녀사냥은 종교인들의 잘못된 신심에서 그 원인을 찾을 수 있고, 나치의 만행도 인류를 개선하고자 했던 게르만의 민족주의적 의지에서 야기된 것이다. 그렇다면 어떤 사람이 못된 것은 본질적으로 그가 어리석기 때문이라고 말할 수 있지 않을까? 하지만 어리석음이 악함의 한 요소일 수 있다 해도 아주 영리한 사람 중에도 못된 사람은 많지 않은가? 무지와 악의 상호관계는 무엇이며 어떻게 무지가 악을 초래하는지 알아보기로 하자.

무지는 악이다

《젊은 히피아스》라는 대화록에서 소크라테스(Socrates)는 의도적으로 잘못을 저지른 이는 몰라서 저지른 이보다 더 나은 사람이라고 평한다. "히피아스, 죄를 짓고 정직하지 못하고 부정한 행동을 의도적으로 저지른 사람이 있다면 그는 좋은 사람일 것이다." 그런데 쉽게 받아들이기 어려운 이 같은 소크라테스의 주장은 우리에게 혼란을 안겨준다. 어떻게 악한 의도를 지닌 사람이 선한 의도를 지닌 자보다 더 좋은 사람이라는 것일까? 소크라테스가 여기서 말하고자 하는 바는 대부분의 사람들은 악이 무엇인지도 모를 만큼 깊은 무지의 상태에 빠져 있기 때문에 악을 인식하는 것만으로도 선을 지향할 수 있는 충분한 가능성이 있음을 시사한다는 것이다. 의도적으로 잘못을 저지른 이는 적어도 어떻게 행동해야 바른 행동인지도 아는 이이기 때문에 그 사실만으로 우리는 그의 본성이 악하지 않음을 알 수 있다.

요컨대 여기서 우리가 주목해야 할 문장은 "의도적으로 저지른 사람이 있다면"이라는 대목이다. 사실 악을 의도적으로 원하는 사람은 아무도 없다. 대부분의 사람들은 작은 악이라도 그것이 자신에게 유익할 것이라고, 즉 선일 것이라고 착각하기에 그것을 원한다. 나는 경쟁자를 저주하며 그의 불행을 바랄 수 있다. 그러나 그 저주의 결과가 내게 해를 입히지 않을 것이며, 더 나아가 내게 이득을 가져올 것임을 알기에 (적어도 그렇게 착각하기에) 개인적 차원에서 본다면 나는 결국 악이 아닌 선을 원하는 것이라고 할 수 있다. 실제로 어떤 누구도 악 그 자체를 원하는 이는 없다. 왜냐하면 누구도 불행하기를 원하지 않기 때문이다. 악을 행하는 것은 그것이 자신에게 어떤 혜택이나 이익을 가져다주기 때문이다. 말하자면 사람들은 내게 이익을 가져다주는 것을 선으로, 내게 해를 입히는 것을 악으로 파악한다. 문제는 '내게 선인 것이 보편적으로도 선인가' 하는 것이다. 단기적이고 개인적인 관점에서 선이라고 의도된 것도 전체적이고 장기적인 관점에선 이기주의나 악으로 해석될 것이 분명한데 어리석은 사람은 그 사실을 모르기 때문에 악을 저지르게 된다.

《피타고라스》에서 소크라테스는 "선을 모르는 자는 당연히 선을 행할 수 없으며 마찬가지로 윤리적 잘못이 무엇을 의미하는지도 알 수 없을 것이다"라고 말하면서 선을 행하기 위해서는 올바른 앎이 필수적임을 강조했다. 소크라테스와 마찬가지로 플라톤은 악은 의지의 선택이라기보다는 앎의 부족이라고 설명했다. 우리는 무엇인가 이익을 얻을 수 있다는 생각에서 악을 저지르게 되는데 바로 그 작은 이익을 얻고자 하는 마음이 수정해야 할 착각이라는 것이다. 마르쿠스 아우렐리우스(Marcus Aurelius)는 다음과 같이 악과 무지

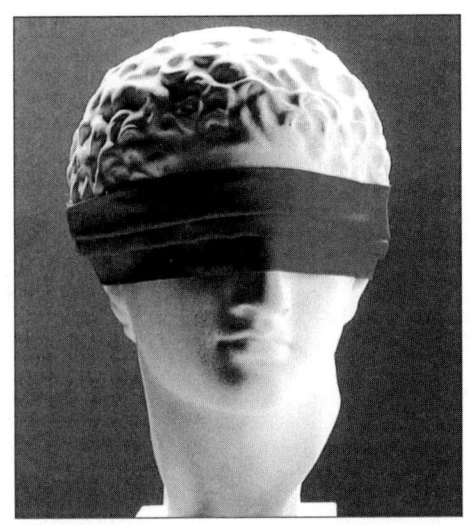

무지한 자의 대표적인 특징은 자신이 무지하다는 사실을 모른다는 것이다. 소크라테스의 유명한 문구 "내가 아는 유일한 사실은 내가 무지하다는 것을 안다는 것이다"가 보여주듯이 무지를 인정한다는 것 자체가 새로운 앎의 시작을 의미한다. 그렇다면 무지의 반대말은 진리가 아닌 착각이나 선입견일 수 있다.

의 관계를 규명했다. "아침에 눈을 뜨면 먼저 스스로에게 말하라. '오늘 나는 침착하지 못한 자, 배은망덕한 자, 사기 치는 자, 오만불손한 자, 제 이익에만 눈먼 자들과 만나게 될 것이다.' 그들의 그런 행동은 모두 선과 악에 대한 무지에서 비롯되는 것이다." 이외에도 무지를 악으로 규명하는 문구는 많다. 붓다는 "모든 악은 탐욕과 분노, 무지에서 나온다"고 말했고, 카뮈(A. Camus)는 "세상에 존재하는 모든 악은 대부분 무지에서 유래되는 것으로, 밝은 지식이 없으면 좋은 뜻도 나쁜 뜻과 마찬가지로 큰 피해를 초래할 수 있다"고 평했다. 무지란 진리를 결핍하고 있음을 의미한다. 진리의 깨달음이 최고선을 의미한다면 무지란 곧 선의 부족, 나아가 인간성의 실패로 간주될 수 있다.

무지와 책임

악이 무지에서 비롯된다는 것은 분명하다. 그러나 악을 무지의 측면에서만 고찰한다면 우리는 악인의 책임을 간과하게 되는 결과에 이르지 않을까? 사람들은 "내가 알았더라면", "나는 몰랐었다"라는 표현을 통해 자신의 잘못이 고의가 아니었음을 강조하는 경향이 있다. 그런데 아무도 의도적으로 악하지 않다면 악이 행해졌을 경우 누구에게 책임을 부과할 것인가? 어리석다는 이유만으로 처벌을 할 수는 없지 않은가? 게다가 "나는 그것이 금지되어 있는지 몰랐다"라는 변명이 진실인지 아닌지 어떻게 알 수 있는가? 과연 몰랐다는 것이 타인에게 입힌 피해를 정당화하는 변명이 될 수 있을까? 내가 악을 행했다면, 이는 곧 내가 현명하지 않았고 충분한 반성을 하지 않았기 때문이다. 나의 무지에 의해 타인이 사망했다 해도 나의 행동이 단순한 실수의 차원에서 용서될 것을 기대할 수 있는가? 만약 악의 동기를 악의가 아닌 무지로 해석한다면 우리는 일종의 운명론에 빠지게 될 위험이 있다.

인간이 동물과 다른 이유는 운명에 의해 결정되지 않는다는 사실에 있다. 또한 인간이 지속적으로 추구하는 자유는 책임을 전제로 한다. 말하자면 모든 자유로운 행동은 그 행동의 잠정적 결과에 대한 앎을 내포한다. 인간은 책임을 질 줄 아는 존재이기에 자신의 무지에 대해서도 책임을 져야 한다. 특히 앎의 기회가 있었음에도 개인적 나태함과 불성실 때문에 그 기회를 놓쳤다면 그 책임은 더욱 커진다.

잘못을 저지른 이는 자주 환경 탓을 하지만 루소는 환경에 저항하지 못했다는 것, 외부적 상황에 대처하는 법을 배우지 못한 것 자체가 죄라고 말한다. 그리고 이런 문제를 시정하기 위해 교육의 중요성을 강조한다. 루소에 따르면 교육의 목표는 "우리의 본성에 따라 선하고 현명하게 되는 것", "우리의 의무를 실행함으로써 행복해지는 것"이다. 즉, 인간의 약함과 무지를 교육을 통해 시정하는 것이 인간의 의무라고 루소는 강조한다.

긍정적인 무지

그러나 인간은 초인이 아니기에 아무리 현명한 자라도 무지를 피할 수 없고 무지가 무조건 나쁜 것만도 아니다. 약간 아는 것보다는 전혀 모르는 것이 더 낫다는 말이 있듯이 때론 무지가 안다고 생각하는 상태보다 더 나을 수 있다. 그런데 문제는 무지한 자는 자신이 무지하다는 사실을 모른다는 데 있다. 실제로 수많은 이데올로기의 문제점들은 사람들이 자신들이 믿는 이념을 진리로 착각하여 그것을 남들에게 강요한 데서 비롯되었고 독단론과 극단적인 종교적 광기도 무지를 앎으로 착각한 경우에 발생했다. 그렇다면 더 이상 절대이념이나 종교적 광기를 맹신하지 않는 현대인들은 과거에 비해 더 현명한가? 현대인들의 무지는 특수한 형태를 띠고 있다. 과거 문맹률이 높고 책이 보급되지 않았던 시대에는 많은 사람들이 자신의 무지를 인정했다. 그러나 오늘날엔 많은 사람들이 대중매체가 일방적으로 토해 내는 정보를 비판 없이 받아들이는 것만으로 무지에서 벗어났다고 믿는다. 그러나 자신의 사고와 비판이 없는 수동적인 정보의 수용은 이데올로기적 독선에 갇혀 있는 것과 다를 바 없다. 착각은 단순한 무지가 아니라, 플라톤의 말과 같이 이중의 무지이다. 정치인들이나 지식인들이 빠지기 쉬운 독선과 강요를 비판하는 소크라테스의 유명한 문구 "내가 아는 유일한 사실은 내가 무지하다는 것을 안다는 것이다"가 보여주듯이 무지를 인정한다는 것 자체가 새로운 앎의 시작을 의미한다. 무지는 텅 비어 있음, 교육이 채울 수 있는 공간인 데 반해 선입견과 착각은 욕망의 힘에 사로잡혀 어떤 것도 받아들일 수 없는 꽉 찬 공간이다. 요컨대 무지의 반대말은 진리가 아닌 착각이나 단순한 지식일 수 있다. 자신의 무지를 모르는 자는 위험하나 자신의 무지를 인정하는 자는 크게 발전할 수 있다.

우리는 보통 앎과 무지는 서로 대립된다고 생각하지만 무지와 앎

사이에는 보다 미묘한 관계가 존재한다. 아무리 똑똑한 사람이라 할지라도 무지한 영역이 있고 자신의 무지를 깨달아가는 것은 진리의 획득을 위한 기본 조건이다. 헤겔은 진리와 오류의 관계를 흑백논리의 관계가 아닌 진보와 발전으로 이해했다. 그에 따르면 철학적 진리는 오류를 조금씩 벗어남으로써 진보하는 것이다. 과학사를 살펴보아도 지난 시대의 오류와 무지를 수정함으로써 과학은 발전할 수 있었다. 만약 자신이 주장하는 과학적 진리가 절대적인 것이라고 주장한다면 더 이상의 발전은 기대할 수 없다. 이러한 현상은 한 인간의 역사에서도 발견된다. 심리학에 의하면 인간이건 동물이건 어떤 행동을 시작할 때 피할 수 없는 것이 시행착오와 오류이다. 즉, 모든 생물체는 구체적 상황에서 실패를 경험하고 그것을 시정함으로써 문제의 핵심에 다가갈 수 있다는 것이다. 오류를 거친 진리는 확고하고 견고하다. 물론 무지는 과정일 뿐 인간의 목표는 진리에 이르는 것이다. 다시 말해 무지는 출발점은 될 수 있을지언정 목적은 될 수 없다. 인간은 이성이라는 재능을 선물받은 특별한 존재이며 이 재능을 최대한 발휘하여 인간성을 발전시킬 의무가 있다. 만약 확실한 결정을 내리기 어렵다면 충분한 시간을 갖고 신중하게 상황을 검토하여 무지에 의해 악을 저지르지 않도록 최선을 다해야 한다. 또 하나 중요한 것은 단순히 지식을 받아들이는 것만으로는 앎을 선으로 발전시킬 수 없다는 사실이다. 외부로부터 받아들인 지식을 자기 것으로 만들어야만 행동은 개인의 자발적 결정에 따라 일관성을 지닐 수 있다. 즉, 사회가 명령한 도덕에 단순히 순종하는 것은 앎에 기초한 진정한 선이라고 볼 수 없다.

무지와 두려움

악은 일반적으로 두려움에서 야기되는데 두려움이란 자신이 이해할 수 없는 적대적인 현실에 대한 인간의 방어심리이다. 두려움에 휩싸였을 때 인간은 개를 늑대로, 아군을 적군으로 판단하는 오류를 범하게 된다. 그런데 바로 이 두려움은 무지와 밀접한 관계를 맺고 있다. 현실과 세상을 통찰력 있게 전체적으로 관망하지 못하기 때문에 우리는 분노나 두려움 속에 갇히게 되고 이러한 상태로부터 벗어나기 위해 상대방을 공격하게 되는 것이다. 따라서 많은 현자들은 앎과 지혜를 통해 두려움에서 벗어날 것을 권고하였다. 어둠과 죽음, 배후의 조작 등 내가 알지 못하는 것들은 두려움의 대상이 된다. 한밤중에 마주친 타인의 얼굴에서 느끼는 공포도 이런 낯섦과 타인에 대한 무지에 기인한 것이다. 만약 그 타인이 나와 같은 고향 사람이고 나와 같은 책을 좋아하는 친절한 사람이라는 것을 내가 알았더라면 나는 그를 반갑게 환대했을 것이다. 모든 두려움에서 폭력이 비롯된다는 사실은 이미 정신분석학에서 심도 깊게 연구된 바 있다. 즉, 무지 그 자체는 악이 아닐지라도 무지한 것이 많고 이해할 수 없는 것이 많은 자는 세상에 대해 보다 많은 두려움을 느낄 것이다. 이 경우 그는 스스로 평화를 찾을 수 없을뿐더러 타자에게도 악을 행하게 될 것임을 예상할 수 있다. 그러므로 정신분석학자들은 두려움을 느낄 때 그 원인을 논리적으로 분석함으로써, 즉 원인을 이해함으로써 두려움에서 벗어날 수 있다고 충고한다.

악과 광기

마지막으로 악과 광기의 관계에 대해 생각해 보자. 악은 일종의 죽음에의 충동인데, 인간은 가끔 삶보다는 죽음에의 충동에 더 강하게 이끌릴 때가 있다. 악을 위한 악, 즉 악 자체를 바란다는 것은 상식적으로는 이해 불가능한 것이다. 그러나 성적 향락을 즐기는 《위험한 관계》의 바르몽과 달리 쾌락을 찾기보다는 타인을 유혹하고 파멸시키는 것 자체에서 희열을 느꼈던 메데[2]나 돈 후안의 모습은 악의 충동이 실제로 존재함을 보여준다. 돈 후안은 끝까지 반성과 구원을 거부하고 지옥에 떨어지는 것을 선택한다. 어떻게 스스로를 파멸로 이끄는 메데나 돈 후안 같은 인물을 이성적으로 이해할 수 있겠는가? 메데의 살인은 복수심에 근거하며 돈 후안의 행동도 무지에 근거했다기보다는 악 자체에 대한 갈망을 담고 있다. 그는 순수했던 여인들이 자신에게 유혹당하고 버림받는 과정 자체에서 쾌감을 느낀다. 사드(D. A. F. de Sade) 소설의 주인공들은 이보다 더 잔인한 방식으로 타인을 성의 노예로 착취하고 괴롭히며 가학적 쾌락을 즐긴다. 인간이 오로지 이성적 존재라면 이러한 상황은 벌어지지 않겠지만, 인간은 이성을 갖춘 동물인 동시에 소포클레스(Sophocles)의 비극이 그리듯 광기에 사로잡힌 비이성적이고 비사회적인 존재이기도 하다. 소크라테스는 모든 인간이 선을 염두에

---

[2] 에우리피데스(Euripides)가 집필한 그리스 비극 《메데(*Médée*)》의 여주인공. 남편의 배신에 분노한 메데는 애인이 결혼하려는 공주와 그의 아버지를 살해하고 이어 남편에게 복수하기 위해 자신의 자식 둘마저 살해한다.

두고, 혹은 선이라 착각을 하면서 악을 저지른다고 했다. 그러나 인간은 반드시 선만을 지향하는 것이 아니라 가끔은 타인과 사회, 나아가 스스로의 파괴를 욕망할 수도 있는 흥미롭고 신비한 존재이다. 즉, 인간은 자신과 타자의 파괴를 동시에 욕망할 수 있고, 이 경우 악은 무지보다는 파괴적인 죽음에의 욕망에 더 근거하고 있다고 할 수 있다.

보다 넓은 의미에서 악은 무지를 비롯한 모든 의식적·무의식적 약함과 관련되는 것이 아닐까? 공격적 충동과 욕망을 이기지 못하는 상태는 정신적 허약함을 의미하며 어떤 의미에서 악한 자는 병자라고도 볼 수 있다. 사회적으로 공인된 악인이라 할 죄수에 대해 아도르노(T. W. Adorno)는 다음과 같이 설명했다. "죄수는 병자다. 그들의 나약함은 몸과 마음에 영향을 끼쳤고, 앞으로도 계속 끼칠 상황으로 그들을 몰고 갔다. 죄수들 중 대부분은 자신들을 감옥으로 이끈 행위를 저질렀을 때 이미 병들어 있었다. 체질적으로 인생의 여러 상황들 때문에 그들은 이미 병자였다. …… 죄수가 된 사람들은 맹목적인 처벌, 그들이 도저히 손쓸 수 없는 사건, 암에 걸리거나 집이 무너지는 것 같은 불행을 겪은 운 나쁜 사람들이다."

악은 에너지의 결핍과 본질적인 연관관계가 있다. 지혜롭고 행복한 자는 결코 악을 행하지 않는다. 자신의 삶에 의미를 부여하지 못하고 권태와 불안에 시달릴 때 인간은 타인을 통해 자신에게로 돌려진 공격성을 해소하고자 한다. 그렇다면 무지에 의한 악이란 게으름과 자유의지의 부재에 의한 결과라고도 볼 수 있다. 적극적인 방식으로 열심히 삶을 살며 정열적으로 자신과 이웃을 사랑하는 자에게 악이 자리할 공간은 없다. 그렇다면 자신에 대한 앎과 사랑을 통해 내 내부의 악을 제거하는 것이 타인에게 선을 행하기에 앞서 우선적으로 행해야 할 과제이다.

결론

사람들은 악이 반드시 거칠고 험악한 모습을 하고 있을 것이라고 생각하나 사실 세상에서 만나는 가장 대표적인 악의 형태는 바로 '무지함'이다. 무지함으로 인해 선택과 판단을 잘못하고 그 결과 자신과 타인을 고통 속으로 몰아넣는 경우를 우리는 흔히 볼 수 있다. 무지한 자는 주위 환경이나 외부적 조건에 의해 쉽게 좌우되며 비판 없이 현실을 수용한다. 무지한 그룹이 폭군을 간접적으로 옹호한 예는 히틀러가 민주주의적 투표를 통해 선출되었다는 씁쓸한 사실에서도 발견된다.

동물에게 못됐다라는 말을 할 수 없는 것은 동물은 선과 악을 판단할 수 있는 능력을 지니고 있지 않기 때문이다. 동물은 주어진 것을 그대로 수용하며 주어진 운명을 따른다. 그러나 인간은 이성을 지니고 있으며, 이성을 적극적으로 발전시켜 선을 행해야 할 의무를 갖는다. 무지로부터의 해방이야말로 자유의 필수 전제조건이며, 보다 큰 선과 덕을 향한 첫걸음이다.

바칼로레아의 질문들

- 무엇이 선인지 알면서도 악을 저지를 수 있는가? (1997)
- 결백하기 위해선 양심을 지키는 것만으로 충분한가? (1994)

더 생각해 봅시다 ❶

잘못된 자식사랑

자식에 대한 부모의 사랑은 절대적이고 무조건적인 사랑으로 이상화되어 왔다. 부모는 자식의 끊임없는 후원자이며, 지속적이고 온화한 사랑을 베푼다. 하지만 부모의 자식에 대한 맹목적인 사랑이 전부 옳다고는 할 수 없다.

    자식사랑이 각별한 우리나라 부모들의 경우 아이의 자율성을 존중하고 스스로 판단할 수 있도록 도움을 주는 것이 아니라, 부모가 먼저 길을 제시하고 그 길을 향해 나아가도록 종용하는 경우가 많다. 그런데 과잉보호와 칭찬, 기대 등은 아이들을 수동적이고 미성숙한 사람으로 만들 수 있다. 잘못된 교육관에 의해 자식의 정서와 장래를 망쳐놓은 후 사랑했기 때문이라는 변명을 할 수 있을까? 자신의 기준에 맞추어 타인을 사랑하기보다는 타인을 이해하고 자유롭게 해주는 것이 진정한 사랑이 아닐까? 상대방에 대한 무지가 가져올 수 있는 인간관계의 문제점들에 대해 생각해 보자.

더 생각해 봅시다 ❷

양심적으로 행동한 사람은 무조건 결백한가?

법정에 선 많은 죄인들 중에는 끝까지 자신이 양심에 어긋나지 않는 행동을 했다고 주장하는 사람들이 있다. 우리는 죄를 지으면 법과 처벌은 피할 수 있지만 양심은 속일 수 없다고 말하곤 한다. 루소는 《에밀》에서 양심을 선과 악을 가르는 엄격한 재판관으로 묘사했다. 그렇다면 죄를 짓고도 양심에 조금도 가책을 느끼지 않는 상황을 어떻게 받아들여야 할까? 남들 눈에는 악으로 비춰지는데 자신은 선한 일을 했다고 믿는다면 이것은 이성적 판단이 아닌 주관적 감정에 의거한 판단이라고 말할 수 있다. 그런데 감정의 특징은 언제나 우리를 속일 수 있다는 것이다. 사랑한다고 믿으면서도 증오할 수 있고, 너무 바라는 것을 우리는 현실이라고 착각하기도 한다.

한나 아렌트(Hannah Arendt)는 《악의 일반화》라는 책에서 예루살렘에서 열린 아이히만(Eichmann)의 재판에 대해 분석했다. 이 재판에서 SS장교로 수많은 유대인들을 가스실에 몰아넣은 아이히만은 자신은 명령에 따랐을 뿐이라고 주장했다. 자신이 나치에 동참한 것은 의무감, 공동체에 대한 도덕적 책임 때문이었으며 그렇게 행동하는 것이 옳았다고 믿었기에 유대인 학살에 동참했다는 것이다. 아이히만을 연구한 아렌트는 아이히만을 "잘못을 저지르고 있음을 느끼지 못하는 환경에서 범죄를 행한 범죄인"의 대표적 유형이라고 분석하면서, 인간은 이념이나 공동체를 위한다는 명목으로 수많은 악을 저지른다는 사실에 주목했다. 종교전쟁의 경우만 보아도 당시 전쟁에 참가했던 사람들은 그것이 신의 뜻을 받드는 성전이라고 생각했을 것이고 따라서 살인을 저지르는 것에 큰 가책을 느끼지 않았을 것임이 분명하다.

만약 우리의 신념이나 감정을 믿을 수 없다면 무엇이 선과 악을 나누는 기준이 될 것인가? 윤리에 있어 시대와 지역에 따라 변하지 않는 궁극적이고 보편적인 기준이 존재할까? 애국심이라는 명목으로 타국의 시민을 살해해야 할 경우 이것은 선인가 악인가? 신념과 감정을 배제한 냉정한 이성적 판단이 윤리에 있어 과연 가능할까? 어떤 행동을 도덕적이게 하는 것은 감정인가 이성인가에 대해 토론해 보자.

더 생각해 봅시다 ❸

도덕의식은 인간에게 자연스러운 것인가? (1997)

이 질문에 답하기 전에 우선 관습은 도덕과 구별되는 것임을 분명히 할 필요가 있다. 전통, 관습, 생활양식 등은 규범과 사회에 따라 다를 수 있다. 그러나 도덕의식은 인간이라면 태어날 때부터 모두가 잠재적으로 갖고 있는 보편적인 것이다. 만약 도덕이 절대적인 것이 아니고 단지 상대적인 것이라면 개인과 사회는 큰 혼란에 빠지게 될 것이다. 더 이상 우리는 어떤 것이 더 선한 것인지 어떤 것이 더 옳고 가치 있는 것인지 알 수 없게 될 것이며 결국 삶의 지표를 상실하게 될 것이기 때문이다.

그럼 단순한 관습이 아닌 보편적인 가치로서의 도덕의식에 대해 고찰해 보자. 도덕의식이 인간에게 자연스럽다는 것은 무엇을 뜻하는가? 분명한 것은 자연스럽다는 것이 '인간은 태어날 때부터 선천적으로 도덕적이다' 라는 것을 의미하지는 않는다는 것이다. 도덕은 그것이 개인의 노력과 의지, 자유에 의해 획득된 것이라는 점에서만 의미를 지닌다. 만약 개인의 교육, 노력과 상관없이 어릴 때부터 천성에 의해 어떤 자는 도덕적이고 어떤 자는 비도덕적인 자로 구분된다면 이는 도덕의 기본 원리에 어긋난다. 동물의 행동이 자연에 의해 결정되는 데 반해 인간의 행동은 개인의 노력과 교육에 의해 윤리적인 행동이 될 수도 있고 그렇지 않을 수도 있다. 즉, 주어진 것에 무조건 따르지 않을 수 있는 선택의 여지가 있기에 우리는 도덕의식을 자연에 반하는 것으로 정의할 수 있다. 그러나 '모든 인간은 다른 동물과 달리 이성과 자유를 지니고 태어났다. 모든 인간은 이성을 사용하여 도덕적인 행위를 한다'의 의미에서 자연스럽다를 이해한다면, 즉 자연스럽다를 '이성적이고 문화적인 인간에게 걸맞다'로 이해한다면 도덕의식은 인간에게 자연스러운 것이 된다. 말하자면 자연스럽다는 것을 어떻게 해석하느냐에 따라 우리는 두 가지 답을 제시할 수 있다. 만약 자연이 필연적으로 결정된 생물적·동물적 자연을 의미한다면 위 질문에 대한 우리의 답변은 부정적일 것이며, 자연스럽다는 것을 인간에게 '당연한 것이다, 적합하다'로 해석한다면 우리의 답변은 긍정적일 수 있다. 인간의 본성 안에 내재되어 있는 자연스러운 선과 악에 대해 생각해 보자.

04

자발적으로 자유를 포기할 수 있는가?

Baccalauréat, 1997

자유와 속박은 한 가지이면서 다른 것이 되어야 하는 똑같은 필요성의 양면이다.
생텍쥐페리(Saint-Exupéry, 프랑스 소설가)

노예가 되는 것은 너무나 감미로울 것이다! 자기 자신을 책임지지 않아도 되다니…… 자유의 상처를 잊어도 되다니……
이자벨 소렌트(Isabelle Sorente, 프랑스 여류물리학자·소설가)

남의 자유를 방해하지 않는 범위 내에서 자기의 자유를 확장하는 것, 이것이 자유의 법칙이다.
칸트(Immanuel Kant, 독일 철학자)

서론

자유 없는 삶을 상상할 수 있는가? 자유는 인간이 추구하는 가장 고귀한 가치 중의 하나로 추앙되어 왔다. 세계인권선언에도 자유는 인간성의 본질을 형성한다고 적혀 있다. 따라서 자유를 스스로 포기한다는 것은 언뜻 생각하기에 이해할 수 없는 행동으로 여겨진다. 그러나 현실적으로 인간이 스스로 자신의 자유를 포기하는 경우는 드물지 않다. 얼마나 많은 사람들이 폭군이 강요하는 정치적인 굴욕을 받아들였으며, 개인의 자유를 무시하는 선입견, 미신, 세뇌교육에 동조했는가?

물론 많은 경우 자유를 포기한 것은 어쩔 수 없는 이유 때문이었으며, 의식적·자발적으로 포기한 것은 아니라고 말할 수 있다. 인간에게 가장 중요한 것은 생존이므로 외부로부터의 위협이나 강압이 있을 때 우리는 자유를 포기하고 안전을 도모할 수 있다. 헤겔은 주인과 노예에 대해 논하면서 노예란 "자유 아니면 죽음을 달라"고 말할 수 없는 자라고 밀한다. 그러나 반드시 노예가 아닐지라도 우리 모두는 죽는 것보다는 복종하는 것을 더 원할 것임을 쉽게 가정할 수 있다. 자유의 향유는 생존이 보장된 후에야 가능하다. 자유란 힘의 표현이므로 누구나 갈망하지만 누구나 향유할 수 있는 것은 아니다. 자유를 스스로 포기한 사람들은 힘의 부족에 의해 어쩔 수 없이 복종을 받아들였을 뿐이다. 즉, 외적으로 자유를 포기한 듯 보인다 해도 자유에 대한 내적 열망까지 포기한 사람은 없다고 주장할 수 있다.

그러나 표현되지 않은 자유도 자유로 인정할 수 있을까? 더욱이 같은 억압적 상황에 놓여 있더라도 복종보다는 반항이나 이탈을 선택하는 사람도 있지 않은가? 인간은 삶의 과정에서 자유를 포기할 것을 수없이 강요당한다. 그러나 이런 외부로부터의 강요가 있기도 전에 스스로 자유를 포기한 경험은 없는가? 자유를 포기하기로 결심하는 것 역시 자유로운 선택일까?

자발적 복종에 대하여

"왜 우리는 자유를 포기하고 복종하는가?" 아이는 이런 질문을 하지 않는다. 아이에게 부모의 권위는 부인할 수 없는 당연함이기 때문이다. 그러나 만약 어른이 이런 질문을 한다면 우리는 그 원인을 사회구조에서 찾게 될 것이다. 베르그송(H. Bergson)에 따르면 인류의 시작은 '금지된 과일'로부터 시작된다. 성서에 나오는 원죄의 사과를 연상시키는 이 표현은 우리의 어린 시절을 떠오르게 한다. 부모는 아이들에게 수없이 많은 금지사항을 전하고 아이들은 그 명령에 복종한다. 실제로 아무런 금기 없는 어린 시절이란 상상할 수 없다. 아이들은 자기보다 우수하다고 생각되는 자, 가령 부모나 선생님에게 복종한다. 그들은 구체적 명령 뒤에 있는 추상적이고 미묘한 어떤 것으로부터 무거운 압력을 느끼고 어른이 되어서야 그것이 사회와 관련된 것임을 깨닫게 된다. 즉, 아이가 부모의 명령에 복종하는 것과 어른들이 사회의 법규에 복종하는 것 사이에는 분명한 연관관계가 있다. 물론 부모의 명령은 애정을 동반하기에 냉정한 사회법규와 근본적으로 성격이 다르다고 말할 수 있다. 그러나 약자가 외부적 강자의 명령에 굴복한다는 점에 있어 복종의 형태는 유사하다. 우리가 권력자에게 복종하는 것은 그가 우리보다 강하기 때문이다.

성인이 되어 우리가 경험하는 가장 큰 외부적 압력은 정치적이고 사회적인 것이다. 정치적 권력은 죽음과 병을 동반하는 운명과 마찬가지로 인간의 자유를 위협한다. 그리고 대부분의 사람들은 안전을 보장받기 위해 자신들의 자유를 저당 잡힌다. 대중은 자신들을 억압하는 폭군이나 소수의 지배자들보다 항상 수적으로 우세했지만 그럼에도 폭군에게 저항하거나 혁명을 일으키기보다는 자신들의 권리와 자유를 스스로 포기했다. 왜 대중은 저항하지 않고 독재자의 전제정치를 참고 견디는 것일까? 정신분석학자 에리히 호니(Erich Horney)는 인간의 안전에 대한 욕구가 사회적 순종에 대한 경향성으로 나타난다고 설명했다. 인간에게는 자유에의 욕구도 있지만 그보다 안전에의 욕구가 우선하기에 외부 공격으로부터 자신의 안전을 지키기 위해 자유로운 자연세계를 버리고 스스로의 자유를 얼마간 포기한 채 공동체를 선택하는 것이다.

법에 복종하는 경우에도 그 법을 진심으로 존중하기 때문이라기보다는 법을 어길 경우의 처벌을 두려워하기에 법을 지키는 경우가 더 많다. 그러나 악법에도 우리는 복종해야 하는가? 《자발적 복종》이라는 책에서 라보에시(E. de La Boétie)는 폭군의 권력은 결국 대중에 의해 동의된 권력이란 점을 강조한다. 그리고 폭력과 독재는 대중의 동의를 얻었기에, 즉 대중 스스로 그들의 자유를 포기했기에 가능했다고 설명한다. 물론 권력자는 그 권력을 유지하기 위해 다양한 억압 혹은 문화적 장치를 통해 대중을 세뇌한다. 자발적 복종을 지속시키기 위해 자주 사용되는 수단은 교육과 습관, 유희(문화), 훈장과 포상, 사창가와 술집, 도박장 등이다. 라보에시는 다음과 같이 말한다. "백성을 우둔하게 만드는 전제군주의 책략은 리디아 인민에 대한 키로스의 조치에서 분명히 드러난다. 그는 무력으로 리디아의 반란을 진압하는 대신 사창가와 술집, 그리고 도박장을 설치하게 했다. 리디아의 선량한 사람들은 속아넘어갔고 급기야는 그의 요구에 따라 방탕한 삶에 빠지게 되었다." 폭군들이 민중을 바보로 만들려 애쓰는 이유는 분명하다. 민중의 비판을 피할 수 있어야만 권력을 지속할 수 있기에 그들은 현명한 대중보다는 우매한 대중을 선호한다. 그리고 그 목적을 위해 온갖 문화적 제도와 장치를 동원한다. 그러나 과정이 어찌 되었건 이 경우 대중은 단순한 권력자의 희생양이 아닌 권력의 공범자, 동조자로 간주될 수 있다. 말하자면 독재자를 만드는 이는 바로 대중 자신인 것이다. 라보에시는 독재의 억압과 착취에서 벗어날 수 있는 방법은 대중의 자각뿐이며 스스로의 노예상태와 불행에 대한 책임을 느껴야 한다고 강조한다. 이처럼 언뜻 보기에 라보에시의 이론은 비관적으로 여겨질 수 있으나 그 이론을 끝까지 따라가다 보면 권력자를 변화시키지 않고도 스스로의 노력과 해방을 통해 대중은 즉시 자유로워질 수 있다는 긍정적인 이론을 만나게 된다. 라보에시는 다음과 같이 독려한다. "더 이상 시중들지 않기로 결심하라. 그러면 당신은 즉시 해방된다. 나는 당신에게 폭군을 넘어뜨리기 위해 그에게 손을 올려놓으라고 요구하는 것이 아니다. 단지 당신이 그를 더 이상 지탱하지 말라고 요구하는 것이다. 그러면 당신은 보게 될 것이다. 받침

대가 제거된 거대한 콜로서스 상(像)처럼, 자신의 무게에 짓눌려 산산조각 나는 그의 모습을."

자유의 어려움

그러나 폭군에게서 해방되었다고 해서 즉시 행복해지는 것은 아니다. 왜냐하면 우리는 폭군에 의해서만 지배당하는 것이 아니라 자연의 냉혹한 법칙, 돈과 물질에 의해서도 지배당하기 때문이다. 자유는 소중한 것이지만 때론 경제적·심리적 독립성을 지니지 못한 인간에게 무거운 짐이 되기도 한다. 내가 자유롭다는 것은 결국 나 자신을 스스로 책임져야 한다는 것을 의미한다. 부모의 보호를 받으며 부모의 감독하에 있는 어린아이는 자유로울 수 없다. 부모의 간섭에서 벗어날 수 있는 성년의 날을 맞이했을 때 청소년들은 해방감과 기쁨을 표현한다. 그러나 타인의 의견이나 도움 없이 스스로 결정하고 행동해야 한다는 것은 자부심과 함께 두려움을 안겨준다. 자유는 책임을 동반하며 스스로의 주인일 것을 요구하는데 미성숙한 인간에게 이러한 사항들은 부담일 수 있다. 《법의 정신》의 저자 몽테스키외(Montesquieu)는 소수의 지배자가 초월적 강권을 행사하는 전제정권은 이러한 인간의 약점을 이용하여 시민의 자유를 부인한다고 설명한다. 실제로 운명에 동의했기 때문이건 권력에 의해서였건 스스로 자유를 포기할 경우 우리는 책임에서 벗어날 수 있는 이익을 누리게 된다. 나치 간부나 르완다 학살을 담당했던 군인들은 그들 자신도 국가의 선전에 속아넘어간 희생자라고 주장하는데 그럼에도 그들은 그들이 행한 행동에 대한 책임, 즉 그러한 선전에 속아넘어간 무지의 과실에 대해 책임을 져야 하는 것일까? 만약 어떤 운명적 결정론이 나의 성격과 인생을 형성했고, 나의 불행의 원인이 나 자신이 아니라면 나는 도리어 무고한 희생자로 동정받을 권리가 있다. 즉, 나의 행동이 운명이나 전제군주에 의해 강요된 것이라면 행동의 결과가 나쁠 경우 나는 책임을 회피할 수 있다.

흥미로운 것은 그런 상황이 반드시 불행을 의미하는 것은 아니라는 것이다. 사르트르는 자유는 선물이라기보다는 부담스런 과제이며 인간에게 주어진 피할 수 없는 숙명과 같다고 피력했다. 사실 항상 이성적으로 생각하고 선택하고 자신의 삶에 책임을 져야 한다는 것은 얼마나 피곤한 일인가? 내가 괴로움을 느끼는 것은 선택권이 없기 때문이 아니라 너무 많은 선택의 가능성이 있기 때문이다. 갈등만큼 에너지를 소모시키는 것은 없다. 전쟁터에 나가 국가를 구할 것인가? 집에 남아 가족을 돌볼 것인가? 가난을 무릅쓰고라도 예술가의 삶을 살 것인가? 경제적인 성공을 꿈꿀 것인가? 인간은 매순간 선택의 기로에 놓여 있으며 누구도 대신 결정을 내려주거나 선택의 결과를 책임져 주지 않기에 자유 안에서 고독하다. 또 나의 결정은 언제라도 잘못된 것으로 판명될 수 있기에 자유는 무엇보다 두려움을 안겨준다. 그 결정이 나에게만 국한되지 않고 나의 가족, 나아가 국가 전체의 이익과 관련되었을 때 그 부담은 더욱 가중된다. 말하자면 자유란 해방인 동시에 안정과의 결별이다. 사르트르의 표현에 따르면 인간의 자유는 실이 끊어진 연과 같아 자유로운 신분이 되었으나 갈기갈기 찢겨 죽음을 맞이하기 전까지는 땅 위에서의 평화를 누릴 수 없다. 즉, 인간은 죽음이 오기 전까지 자유에서 탈출하지 못한다.

이처럼 자유는 엄청난 노력과 책임을 요구하므로 인간은 이로부터 도망가기 위해 종교적·정치적 미신에 현혹되거나 타인들의 생각에 쉽게 동조하는 경향이 있다. 자유롭기 위해선 스스로 생각해야 하는데 생각하는 것은 힘들고 피곤하기 때문에 우리는 믿음의 안일함을 선택하는 것이다. 양심을 속이고 스스로에게 거짓말을 하는 경우도 있다. 어쩔 수 없었다고 말하는 것도 바로 이런 경우로 사르트르는 "선택을 거부하는 것도 선택하지 않는 것을 선택하는 것이다"라는 문장을 통해 어쩔 수 없었다는 변명이 얼마나 부질없는 것인지를 강조했다. 사실 믿거나 복종한다는 것은 매우 간단하고 쉬운 일이다. 원인이나 과정에 대한 질문이나 이해 없이 그저 시키는 대로 따라하는 것은 특별한 지적 활동을 요구하지 않기 때문이다. 배운 것을 그대로 적용하는 복종적 자세는 종교적 윤리에서 자주 발견된다. 사실 종교나 정치이데올로기에 심취해 있는 것보다 더 황홀한 것은 없다. 복종을 정신분석학적으로 설명한다면 마조히슴의 경우 피학자는 가학자의 명령을 따를 때 쾌감을 느낀다. 정념과 믿음의 이름으로 우리는 비판, 의심, 독립성, 위험 등 모든 사고의 노력을 포기할 수도 있다. 생각하는 대신 느끼고, 결정하는 대신 따르고, 책임지는 대신 회피하는 삶은 사실 매우 안일하고 편안한 삶이다. 칸트(I. Kant)는《계몽주의란 무엇인가》에서 많은 사람이 약자의 상태에 머물러 있는 것은 지적 나태함과 미성숙 때문이라고 설명했다. 칸트에 따르면 미성숙이란 다른 사람의 도움 없이 이성을 사용할 수 없는 상태인데 모든 사람은 이성을 지니고 있으므로

빔 벤더스(Wim Wenders)의 영화 〈베를린 천사의 시〉(1987)의 한 장면. 천사인 주인공은 한 여자를 사랑하게 되어 천사이기를 포기하고 인간이 된다. 사랑은 나의 시간과 권리를 포기하면서까지 타인을 위하고 싶은 깊은 애정의 표현이다. 과연 사랑과 자유는 양립 가능한가?

이것은 지적 결함을 의미한다기보다는 의지와 용기의 결함으로 봐야 옳다. 칸트는 스스로 결정하는 자유로운 성인이 되기를 거부하고 미몽의 상태에 머물러 있으려는 이러한 인간의 욕망을 비판하고 이성을 통해 자유를 획득할 것을 촉구했다.

우리는 자유를 포기할 수 없다
인간의 자유가 운명과 환경에 의해 제약을 받는 것은 분명한 사실이다. 그러나 운명이 우리가 하는 일의 절반을 결정했다 하더라도 그 나머지 절반에 대한 자유는 우리에게 남아 있지 않을까? 만약 운명론을 절대적으로 신임한다면 우리는 점을 보러 가거나 기도를 할 생각조차도 하지 않을 것이다. 인간이 스스로의 자유를 포기한다는 것은 윤리적인 차원에서 너무 쉽고 무책임한 행동으로 비난받아야 마땅하지만 그에 앞서 현실적으로도 불가능하다. 우리는 매시간 움직여야 하고 말해야 하는데 이 모든 것이 결정되어 있다면 우리는 어떤 행동도 할 수 없는 극도의 무기력과 우울증에 빠지게 될 것이기 때문이다.

라보에시는 인간이 포기할 수 없는 진리가 있다면 그것은 바로 인간은 자연적으로 자유롭다는 사실, 즉 어디에서나 진정한 정치적 자유를 누릴 수 있도록 점지된 존재라는 사실이라고 명시한다. 실제로 자유를 잃은 인간은 스스로를 포기한 인간이라고 루소가 말했듯이 자유는 인간성을 의미하며 인간의 존엄성을 결정한다. 노예상태는 인간의 본성과 어긋나는 것이며 정치적 자유를 포기하는 것은 인간이기를 포기하는 것과 같다. 루소는 《사회계약론》에서 자유를

'인간의 가장 고상한 능력' 또는 '신이 준 가장 귀중한 선물'로 표현하고 자유가 인간성과 도덕성의 본질임을 다음과 같이 설명하였다. "자신의 자유를 포기하는 것은 인간으로서의 위상과 인간성의 권리 및 의무조차도 포기하는 것이다. 모든 것을 포기하는 사람에게는 어떠한 보상도 가능하지 않다. 이와 같은 포기는 인간 본성에 맞지 않는 것이며, 인간에게서 자유의지를 빼앗는 것은 그의 행동에서 도덕성을 빼앗는 것이다."

요컨대 우리가 자유를 포기할 수 없는 결정적인 이유는 도덕적 차원에서 발견된다. 개개인을 외적 결정론의 결정체로 보는 이론은 도덕적으로 매우 위험하다. 왜냐하면 이는 모든 인간을 무책임하게 만들고 모든 법적·도덕적 판단과 훈계를 허무한 환상으로 전환시켜 버리기 때문이다. 철학자들은 끊임없이 자유와 책임의 중요성을 강조해 왔다. 예를 들어 소크라테스는 《공화국》에서 인간 개개인은 자신의 발전과 해방을 위해 노력을 할지 안 할지를 결정할 수 있으므로 근본적으로 자유롭다고 말했다. 칸트는 의무감을 느끼는 것은 우리가 주어진 의무를 실천할 수 있는 능력과 힘을 인지하기 때문이라고 평가했다. 그가 남긴 유명한 문구 "나는 해야 한다. 그러므로 나는 할 수 있다"는 바로 이런 인간 의지에 대한 신임을 잘 보여 준다.

철학은 비판정신과 독립적 사고를 통해 모두가 지적으로 해방될 수 있다고 주장해 왔는데 이러한 주장은 인간이 사고할 수 있는 유일한 존재라는 사실에 근거한다. 칸트는 이성의 법에 의해 행동하는 한 인간이 자유로움을 겁내거나 짐으로 생각할 수 없으며 "어떠한 인간도 스스로 사고하고자 하는 소명에서 제외될 수 없다"고 주장했다. 요컨대 인간은 이성적 존재이기에 자신의 행동에 책임을 질 의무가 있다는 것이다.

그러나 인간은 항상 이성적으로 행동할 수 있는 존재가 아니라 욕망과 감정에 의해 이끌리는 수동적 존재이기도 하며 자유는 생각보다 훨씬 실행하기 어렵고 힘든 가치이다. 이 점을 염두에 둔 칸트는 인간이 인류의 첫 단계인 동물에서 인간으로 변화하게 된 것을 유감스럽게 생각할 수도 있었을 것이라고 평했다. 자연의 질서에 순응하는 것이 항상 스스로의 운명을 선택해야만 하는 의무보다 훨씬 쉽기 때문이다. 그러나 "한번 자유상태를 경험하고 난 뒤, 노예 상태로 다시 돌아가 본능의 논리에 스스로를 놓이게 한다는 것은 불가능해진다"는 문장을 통해 칸트는 자유의 가치를 재강조했다.

스피노자는 인간이 자유를 지녔다고 자랑하는 것은 자신의 욕망은 의식하면서 그 욕망을 결정짓는 원인에 대해선 알지 못하기 때문이라고 주장했다. 이와 유사하게 니체는 인간이 자신의 행동을 결정짓는 원인들을 모두 알 수 있는 절대이성을 갖추지 못했기 때문에 자유롭다는 착각을 한다고 말했다. 그러나 니체는 곧 이어 바로 이러한 사실로부터 인간 본연의 힘이 발생한다는 긍정적인 결론을 이끌어냈다. 니체의 이론에 따르면 만약 일어날 모든 것을 알고 있는 인간이 있다면 그는 신적 존재일 것이며 어떤 특별한 결정을 내리거나 행동을 할 필요를 못 느낄 것이다. 그러나 다른 동물과 달리 인간은 자유가 있다고 착각하기에 이로부터 구체적인 행동을 이끌어낼 수 있다는 것이다. 즉, 의욕을 갖고 행동하기 위해서 자유롭다는 생각은 필수적이라고 할 수 있다. 그리고 이 경우 자유롭다는 생각은 환상이라기보다는 주관적 확신이라고 볼 수 있다.

인간이 자신의 정체성을 확인하는 방법은 행동을 통해서이다. 그리고 행동을 하기 위해 자유는 반드시 필요하다. 자유를 통해 인간은 자신이 누구인지를 알게 되며 자신의 삶과 세계에 의미를 부여할 수 있다. 의미 없는 동물적 쾌락을 행복과 착각하지 않는 한, 누구도 자유를 단순한 편안함과 바꿀 수는 없을 것이다. 자유라는 토양 위에서만이 인간은 고도의 정신문화를 꽃피울 수 있으며 그것은 자연적 성향과 반대로 행위할 수 있는 인간만의 능력이다. 사르트르가 《존재와 무》에서 말했듯이 인간은 자유롭거나 자유롭지 않을 수 있는 것이 아니라 자유롭도록 운명지어졌다. 자유로운 선택을 통해 우리 스스로의 모습을 직접 형성하는 것이 인간의 사명이며 자유를 포기하고픈 유혹을 이겨냈을 때 인간은 진정한 인간성에 이르게 된다.

결론

자유란 단순히 자신이 원하는 것을 행하는 것이 아니라 이성적으로 가장 적합한 행동을 이끌어내는 지적 활동이며 자유로운 선택 뒤에는 책임의 의무가 뒤따른다. 그런데 인간은 절망할 수 있고 비겁할 수 있고 쉽게 꾀임에 빠질 수도 있기 때문에 자신의 행동에 대해 책임지는 것을 거부할 수 있다. 충분히 교육을 받지 못했기 때문에 그리고 노예상태에서 빠져나오고 싶은 마음이 들지 않을 만큼 완벽한 노예로 교육받았기 때문에 스스로 자유를 포기할 수도 있다. 그러나 이러한 복종에의 유혹에도 불구하고 자유란 인간의 본질에 속하기에 근본적 의미에서의 자유의 포기나 상실은 불가능하다. 한 사람이 자유를 스스로 포기했다고 생각하는 경우에도 그는 포기를 자유롭게 선택한 것이기에 그의 자유는 부정되지 않는다.

인간은 사유하는 동물로서 선택을 할 수 있고 의지를 통해 미래를 지향할 수 있다. 이러한 속성은 본능과 감각에 의해 움직이는 동물에게서는 찾아볼 수 없는 것이다. 자아와 선택의 무거움에 벗어나고자 하는 시도는 인간에게 있어 자신의 본능을 부정하는 행위에 지나지 않는다. 우리는 자유로울 권리가 있다. 그러나 동시에 지배자들이나 욕망의 도구가 되어 스스로에 대한 존중을 포기해서는 안 될, 자유에 대한 의무도 있다. 왜냐하면 루소가 《사회계약론》에서 말했듯이 자유를 포기한다는 것은 인간으로서의 가치, 권리, 그 의무마저도 포기하는 것이기 때문이다. 인간은 자유롭게 태어난 존재라기보다는 배움과 노력을 통해 스스로를 자유롭게 만들어가는 존재가 아닐까? 물론 책임과 투쟁의 의무가 있는 자유를 지키기보다는 권력에 복종하는 수동적 삶이 더 편하게 느껴질 수 있다. 우주론적 관점에서 볼 때 인간의 자유란 허망한 것일 수도 착각에 불과한 것일 수도 있다. 그러나 우리가 운명론에 굴복하여 자유를 포기할 수 없는 것은 자유야말로 인간을 인간이게끔 하는 최상의 가치이기 때문이다.

바칼로레아의 질문들

- 자유롭지 않고서도 행복할 수 있는가? (1995)
- '자유를 잃다'라는 표현은 의미가 있는가? (1993)
- 자유롭기를 원한다면 무엇이 그것을 방해하는가? (1992)

더 생각해 봅시다 ❶

사랑과 자유는 양립 가능한가?

사랑은 타인을 위해 나의 시간을 포기하면서까지 그와 함께 있고 싶은 깊은 애정의 표현이기에 사랑과 자유는 공존할 수 있는가 하는 질문은 모든 연인들에게 있어 근본적인 질문이다. 사랑은 시작부터 우리의 자유의지를 배제하는 경우가 많다. 우리는 운명적인 만남을 기대하며 만남이 나의 자발적 선택에 의한 것이 아니었기에 더욱 강렬하고 진실하다고 믿는 경향이 있다. 사랑에 깊이 빠진 사람에게 우리는 "그는 사랑의 포로가 되었다"는 표현을 쓰기도 한다. 현실감각이나 자신의 중심을 잃고 완전히 상대방에게 도취된 상태야말로 자발적인 노예상태라고 볼 수 있지 않을까? 우리가 사랑에 그토록 빠지고 싶어하는 것은 감당하기 어려운 자유를 잊고 운명의 노예가 되기를 무의식적으로 염원하기 때문인가? 사랑은 나를 포기하고 상대방에게 무조건 주는 것이라고 사람들은 강조하지만 이러한 자기희생의 결과가 반드시 아름다운 것만은 아니다. 헌신이 배신으로 돌아오는 비극을 수많은 연인들은 경험했을 것이다. 물론 모든 사랑이 이런 정열적 사랑의 형태를 취하는 것은 아니며 자유와 사랑이 양립되는 경우도 있다. 어떤 대가도 바라지 않는 약자나 이웃에 대한 순수한 사랑이나 친구간의 우애는 모두 개인의 자발적 의지와 선택에 의해 형성되며 그렇기에 보다 오래 지속될 수 있고 비극을 막을 수 있다. 자유를 잃은 연약한 모습으로서가 아닌 자유로운 강한 모습으로 사랑할 때, 자신에게서 도피하기 위해서가 아니라 자신을 찾기 위해 사랑할 때만이 우리는 자유와 사랑을 동시에 가질 수 있다. 이 문제와 관련해서 진정한 사랑의 조건에 대해 생각해 보자.

더 생각해 봅시다 ❷

왜 인간은 지배당하기를 원하는가?

이 질문은 상당히 도발적으로 보일 수 있다. 일반적으로 우리는 모든 사람은 지배하기를 원한다고 믿으며 노예나 착취당하는 민족은 반드시 불행할 것이라고 예측한다. 그리고 자유만이 인간을 행복하게 할 수 있을 것이라고 확신한다. 그러나 현실적으로 노예상태에서도 인간은 만족할 수 있다는 사실은 학자들에 의해 수없이 증명되었다. 루소의 《사회계약론》을 보면 율리시스의 동료들이 굴종상태에서도 기쁨을 느꼈다는 사실이 적혀 있고, 정신분석학자들도 성적 경향 연구에서 상당히 많은 사람들이 사도-마조의 관계에서 기쁨을 느낀다는 사실을 밝혀냈다. 노예를 대하는 주인의 태도가 용납하기 어려울 정도로 비인간적인데도 주인에게 반항하지 않고 인내하는 노예는 자유를 두려워하는 자인가? 주인을 떠나 혼자 외부에 버려졌을 때 자신에게 벌어질 또 다른 경제적·사회적 어려움을 알기에 그는 모욕을 견디는 것일까? 그러한 약점을 알기에 강자는 약자를 더욱더 괴롭힐 수 있는 것이 아닐까? 사르트르를 비롯한 많은 철학자들은 자유와 책임은 같은 무게로 공존함을 주장했다. 그렇다면 책임을 감당할 수 없는 자는, 즉 책임을 고통으로 여기는 자는 자유를 스스로 포기하고 굴종상태를 더 나은 행복으로 여길 수 있다는 결론이 도출된다. 우리가 유년시절을 그토록 그리워하는 것도 그때 우리는 우리에게 불안과 갈등을 안겨주는 자유와 책임의 '의무'를 지지 않아도 됐기 때문이 아닐까? 우리는 스스로의 욕망이 무한하며 위험하다는 것을 알기에 무의식적으로 나의 자유가 누군가에 의해 제약되기를 바랄 수도 있다. 알코올 중독자가 자발적으로 의료인들에게 복종하듯이 우리는 법 등 나보다 강력한 무엇에 의지하여 스스로의 욕망을 조절하기도 한다. 그러나 단순한 만족과 행복은 근본적으로 성격이 다른 것이다. 안전하고 평화로운 굴종 속에서 우리는 만족할 수는 있지만 인간을 인간이게끔 하고 스스로를 성장시키는 자유를 통해서만이 우리는 진정한 행복을 맛볼 수 있다. 어떤 경우에 우리는 자유를 거부하게 되는지 생각해 보자.

더 생각해 봅시다 ❸

우리는 자유로운가 아니면 자유롭다고 착각하는가?

우리가 일상적 삶 속에서 스스로의 자유에 대해 의심하는 경우는 드물다. 우리의 의지와 바람에 따라 우리는 어떤 사람을 만날 것인지, 어떤 물건을 살 것인지를 끊임없이 선택하고 결정한다. 즉, 동물이 단순히 행동하기만 하는 데 반해 인간은 자신이 특정한 의도에 따라 행동하고 있다는 사실을 깊이 인지하고 있으며 이러한 사실로부터 인간은 스스로가 자유롭다고 확신한다. 그러나 내가 자유라고 느끼는 것이 과연 진정한 자유일까? 독자적으로 선택했다고 생각되는 결정이 사실은 나의 환경과 문화에 의해 강요된 것이 아닐까? 다시 말해 자유롭다고 생각되는 감정은 환상에 불과한 것이 아닐까?

스피노자와 라플라스(P. S. de Laplace)는 각각의 사건은 수많은 원인들의 결과에 불과하며 우주적 관점에서 인간의 자유와 우연이라는 개념은 의미가 없다고 설명했다. 내가 우연히 결정했다고 생각하는 것도 거시적 관점에서는 필연적으로 결정된 것이라는 것이다. 스피노자는 이에 대해 다음과 같이 적고 있다. "인간은 자유를 지녔다고 자랑하는데 그런 생각은 인간이 자신의 욕망은 의식하면서 그 욕망을 결정짓는 원인에 대해선 알지 못하기 때문에 발생하는 것이다." 18세기의 무신론자 돌바크(P. H. D. d'Holbach)는 "인간이 앞으로 하는 바는, 자신이 과거에 했던 일, 현재에 하는 일, 행동을 하는 바로 그 순간까지 하고 있는 일의 연장선상에 있다. …… 우리의 삶은 필연적인 순간의 연속이다"라는 극단적인 주장까지 서슴지 않았다. 물론 우리는 이런 사실을 일상 속에서 느끼지 못한다. 자유의지가 좌절되었을 때, 즉 어찌할 수 없는 혼란의 시기를 보내고 있을 때라야 우리는 "이 세상의 일은 신과 운수에 의해 좌우된다"(마키아벨리)는 생각을 하게 된다.

 자연의 위력에 항상 위협을 느꼈던 미개인들은 자신이 미리 정해진 날에 죽도록 운명지어져 있으며, 사전에 어떠한 주의나 노력을 기울여도 그 재앙에서 벗어날 수 없다고 믿었다. 운명에 대한 과거 사람들의 이런 맹목적인 믿음은 상당히 보편적인 것이었으며 그리스 신화만 보더라도 모든 인간사를 결정짓는 비인격적 힘의 존재가 자주 등장한다. 그리스 비극은 부정할 수 없는 운명의 힘에 대해 이야기한다. 그 주인공들은 모든 것은 운명을 주관하는 신들의 손안에 있으며 운명이란 각자에게 주어진 이 세상에서의 '몫'에 지나지 않기 때문에 그것을 변경시킬 수도, 그것으로부터 벗어날 수도 없다는 듯이 행동한다. 그와 반대로 오늘날 대부분의 사람들은 미리 주어진 운명이란 존재하지 않는다고 생각한다. 하지만 천재지변으로 인한 희생자나 피할 수 없는 전쟁, 불치병 등을 경험할 때 우리는 다시금 운명의 강한 힘에 대해 생각하게 된다. 만약 인간에게 자유의지로 어찌할 수 없는, 거역할 수 없는 운명이 있다면 삶의 의미를 어디에서 찾아야 하는가?

 스토아학파 철학자들은 인간의 삶에 대한 운명론적 고찰로부터 만물은 절대적 이성의 법칙에 종속되므로, 운명의 필연성에 복종할 것을 권고했다. 그들은 특히 인간과 자연의 조화를 중시했는데 그들에게 있어 '자연과 조화롭게 산다'

는 것은 인간이 우주의 질서를 이해하고 승인하는 것을 의미했다. 그리고 이 우주의 질서와 운명에 대한 이해와 복종으로부터 현자는 평화를 얻게 된다고 믿었다. 그렇다면 이 경우 운명에의 복종과 자유는 상반되는 것이 아니라고 말할 수 있다. 스피노자도 자연의 원리를 이해함으로써만이 고통과 슬픔에서 벗어날 수 있다고 주장했다. 그에 따르면 심지어 죽음마저도 그것이 자연의 법칙에 따라 일어나는 피할 길 없는 운명임을 깨닫는다면, 우리는 그것을 두려워하지 않을 수 있다. 이와 관련해서 스피노자는 다음과 같이 말한다. "무지한 자는 외적 원인에 따라 여러 가지 방식으로 동요되어 결코 영혼의 참다운 만족을 누리지 못하며, 자신과 신과 사물을 거의 인식하지 않고 산다. 이에 비해 현자는 영혼이 흔들리지 않고 신과 사물을 영원한 필연성에 따라 인식하며, 영혼의 참다운 만족을 누린다." 스피노자에 의하면 인간은 자신이 진정으로 욕망하는 것이 무엇인지도 모르면서 자유롭다는 착각에 빠져 있다. 또한 타인도 자유롭게 행동한다고 믿기 때문에 그의 행동을 고의적이라고 비판하고 처벌한다. 즉, 대부분의 경우 인간이 자유롭다고 생각하는 것은 착각이라는 것이다.

과연 그러할까? 우리에게 자유란 허상에 불과한 것일까? 보다 근원적으로 이 문제를 파고들어가 보면 우리가 자유롭다고 생각한 행동의 근원에는 우리를 둘러싼 문화, 어린 시절, 무의식적 기억, 상처가 발견된다. 마르크스는 우리가 지닌 종교적·도덕적·정치적 관념이 우리가 어떤 사회·경제계급에 속해 있는지에 따라 결정된다고 설명했다. "인간의 의식이 사람들의 존재를 결정짓는 것이 아니라 그들의 사회적 존재가 그들의 의식을 결정짓는다." 프로이트는 어린 시절의 기억이 개개인의 삶에 미치는 영향에 대해 역설하였다. 실제로 우리는 사람들이 어린 시절의 상처 때문에 대인관계에서 어려움을 겪거나 평생 치유되지 않는 콤플렉스에 시달리는 것을 자주 목격한다. 부모님이 누구인지에 따라 아이의 취향이 달라지는 것도 흔히 볼 수 있는 일이다. 이 주장을 발전시킨다면 내가 지금 의사인 것, 내가 지금 재즈를 좋아하는 것 등 이 모두는 운명에 의해 어느 정도 정해진 것이지 나의 자발적인 결정 때문이 아니었다고 말할 수 있지 않을까? 예의 없는 타인 때문에 화가 났다고 가정해 보자. 이 경우에도 만약 내가 그가 살아온 과정을 모두 이해할 수 있다면, 그래서 그가 폭력적인 아버지 밑에서 어렵게 성장했다는 것을 안다면 나는 쓸모없는 분노나 미움에서 어느 정도 벗어날 수 있지 않을까? 마찬가지로 우리가 왜 어떤 특정 대상을 욕망하는지, 그 이유를 확실히 안다면 우리는 그 대상이 과연 욕망할 가치가 있는지 없는지를 명확히 판단할 수 있을 것이고 부질없는 욕망에 의한 괴로움에서 벗어날 수 있을 것이다. 요컨대 우리 욕망의 진정한 원인을 이해하고 세상의 흐름의 필연성을 이해함으로써, 즉 내가 세상의 중심이 아니라는 것을 이해함으로써 우리는 보다 자유로워질 수 있다.

프랑스 철학자 장 이폴리트(Jean Hyppolite)는 해탈에 가까운 절대적 자유 개념에 의해 인간은 "모든 우연성과 생의 결정론을 넘어서게 된다"고 말했다. 그러나 이 같은 '해탈자의 자유에 이를 수 있는 현자가 과연 얼마나 될까'라는 의문을 제기할 수 있다. 육체적 삶을 배제한 무관심에 가까운 자유가 과연 인간적인 시각에서 의미가 있는지에 대한 의문도 제기된다. 이성에 기초한 자유는 너무 형식적이라 현실의 구체적인 측면을 간과한다는 약점을 지닌다. 우선 가장 구체적인 인간의 현실이라 할 육체에 대해 생각해 보자. 아무리 사물의 원리를 이해하는 것이 중요하다 해도 육체적·사회적 억압을 받으면서도 진정한 자유를 누릴 수 있을까? 스토아 철학자들과 스피노자의 가설은 너무 이상에 치우친 추상적 해결책이 아닐까? 모든 자연현상이나 인간사는 인간의 힘으로 어쩔 수 없는 것이기 때문에 변경할 수 없다고 믿는 것, 즉 운명에 의해 지배를 받도록 내버려둔다는 것, 이러한 행동은 체념에 가깝다는 비판도 가능하다. 이 경우 세상에 대한 관망과 이해에 몰두하여 세상을 개혁-변화시키고자 하는 의지를 상실하게 되지 않을까 하는 염려도 배제할 수 없다. 니체는 초인적 운명애를 강조했지만 주어진 그대로의 운명, 즉 죽음과 고통으로 이어진 인간의 조건을 일말의 거부감도 없이 진심으로 받아들일 수 있을까? 특히 자신이 속한 사회의 부정과 부패 앞에서 단지 이해와 관망만을 요구하는 것은 마르크스가 비판했던 관념론적 철학자의 태도로 해석될 수 있다. 운명의 힘을 이해하고 그에 복종하는 것은 과연 해탈에 가까운 현자의 자유로운 행동인가? 아니면 현실을 외면한 비겁함일까?

05

종교는 약자들을 위한 위로인가?

Baccalauréat, 1997

신앙은 증명을 필요로 하는 것이 아니라 증명을 적으로 생각해야 한다.
키르케고르(Soren Aabye Kierkegaard, 덴마크 철학자)

종교는 성스러운 것(격리되고 금지된 것)과 관계된 신앙과 실천의 독특한 체계다. 신앙과 실천은 그것을 신봉하는 사람들을 교회라 불리는 유일한 공동체 속으로 통합한다.
뒤르켐(Emile Durkheim, 프랑스 사회학자)

종교는 인간공동체가 그들 삶의 궁극적 문제와 투쟁하는 수단인 신앙과 실천의 체계다.
잉거(John Milton Yinger, 미국 종교사회학자)

서론

대상이 반드시 초월적 신이 아니더라도 인간은 대부분 숭앙하는 대상을 갖고 있다. 모든 문명에서 발견되는 보편적이면서도 강렬한 종교적 믿음은 무엇으로부터 야기되는가? 그것은 단지 자신감을 결여한 약자들을 위한 위로인가? 이성적 증거 없이 초월적 진리를 믿는다는 것은 정신적 힘과 의지를 결여하고 있는 자들이 스스로의 고통을 덜기 위해 만들어낸 상상에 불과한가? 이 질문에 답하는 것은 결코 쉬운 일이 아니다. 왜냐하면 일반적으로 신앙은 이성적 차원을 넘어서는 신비롭고도 비밀스런 영역이기 때문이다.

종교에 대한 비판은 수없이 행해졌지만 종교에 대한 믿음은 여전히 세계 곳곳에서 지속되고 있다. 초월성에 대한 인간의 맹목적인 갈구가 보여주듯이 인간이란 존재는 전적으로 이성적이지만은 않다는 사실을 우리는 인정해야 한다. 종교는 그 독단과 편협성으로 인해 인류의 역사에 많은 오점을 남겼지만 동시에 인간에게 내적 평안을 안겨주고 이타적 덕목을 실천하게 하는 긍정적 역할도 수행한다. 그렇다면 마르크스가 주장하듯 종교를 단순한 민중의 아편, 즉 자신의 실존적 허약함을 위로하고 고통을 치료하는 심리적 치료제로 이해한다는 것은 너무 국한된 해석이 아닐까?

종교적 믿음은 위험하다

신앙을 단순히 기운을 북돋아주는 것으로 간주하는 것은 매우 순진한 태도이다. 어떤 면에서 믿는다는 것은 신과의 비극적인 대면을 경험한다는 것이기 때문이다. 종교는 기본적으로 절대자에게로 향한 복잡하고도 고통스런 과정이다. 천국에 대한 열정은 지옥에 대한 공포를 동반하고 육체를 탄압하며 신경증을 초래하기도 한다. 또한 절대자와의 만남은 항상 두려움, 떨림, 멜랑콜리 등의 감정을 야기한다. 종교적 믿음이 약자들을 위한 위로라면 그것은 우리의 두려움과 허약함을 완화시켜 주어야 옳다. 그런데 종교적 믿음이 반드시 평화를 가져다주는 것은 아님을 우리는 일상에서 확인할 수 있다.

종교의 대표적 특징은 성(聖)과 속(俗)의 구분에서 발견된다. 종교적 성스러움은 인간에게 경이감과 신비로움, 매혹을 안겨주기도 하지만 그것은 동시에 두려움의 원천이기도 하다. 성스러움의 압도적이고 강력한 힘은 인간을 전율케 하고, 성스러움과 일치하지 못하는 현실을 고뇌와 갈등의 장소로 변모시킨다. 기독교의 원죄사상이 잘 보여주듯이 근본적으로 종교는 현실적 삶과 성에 대한 비난을 내포하고 있다. 키르케고르(S. A. Kierkegaard)는 종교적 신앙을 자기 안의 고통스런 길로 묘사했다. 그는 신에 대한 강렬한 믿음을 지속적으로 피력하지만 그의 책 속에는 약자를 위한 위로라는 개념 자체를 제기할 수 없을 만큼의 강렬한 실존적 긴장과 불안이 발견된다. 특히 《두려움과 떨림》이란 책에서 그는 신앙이란 유한한 인간 실존의 드라마와 떼어놓을 수 없는 것이며 두려움과 떨림 속에서만 구원을 찾을 수 있다고 역설한다. 요컨대 그가 제시한 신앙의 길은 찢겨짐과 고통으로 가득하며 휴식과는 거리가 멀다.

물론 신을 믿는다는 것은 더 나은 영원한 삶을 기대하도록 한다. 그러나 이러한 믿음은 고통 속의 위로로서 자신과 현실의 삶을 부정하게 하므로 그 자체로 모순적이다. 종교적 몰입의 근원은 현세적인 삶과 자기 자신에 대한 증오에서 비롯되며 종교적 헌신은 유한하고 무력한 현실적 자아를 발견한 사람이 스스로를 거부하는 과정에서 발생한다. 무신론자들은 종교가 현세의 삶을 훗날의 보다 풍요로운 내세를 위한 준비로서만 인정하고 사실상 일종의 실패로 간주, 경시한다는 점을 맹렬히 비판한다. 그들의 주장이 맞다면 이토록 불안한 신앙이 어떻게 현실적 고통에 시달리면서 정신적 힘과 자제력을 잃은 약자들에게 위로가 될 수 있는가? 강렬한 종교적 믿음은 결국 현실적 비극에 대한 역설이 아닐까? 아무리 강하고 진지한 신앙심이라 해도 그 저변에 깔려 있는 현실에 대한 분노와 슬픔마저 제거할 수 있을까 하는 의문도 제기된다.

현실을 거부하는 종교에 대한 비판은 끊이지 않고 있다. 프로이트와 마르크스는 종교에 대한 강렬한 비판을 내놓은 대표적 인물이다. 프로이트는 종교를 보편적 강박 노이로제로 평했다. "신적 존재에 의탁하는 것은 미성숙의 표시로서 정신분열적 증세이며, 따라서 종교는 유아기적 강박 노이로제 현상의 표상화, 즉 망상에 불과하다." 한편 마르크스는 종교를 '인민의 아편'으로 정의했다. "종교는 인민의 아편이다. 인간이 종교를 만들지, 종교가 인간을 만들지 않는다. 종교는 아직 그 자신을 발견하지 못했거나 자신을 상실한 사람들의 자의식이며 자기감정이다. 그러나 인간은 세상 밖에서 웅크리고 있는 추상적인 존재가 아니다. 인간은 그 자신이 인간 세계요, 국가이며 사회다. 종교는 인간 본질의 환상적인 인식이다. 왜냐하면 인간은 참 실재라고 할 만한 것을 가지고 있지 않기 때문이다."

이들에 앞서 니체는 종교적 믿음에서 허약한 인간의 가슴속에 심어져 있는 증오를 발견했다. 종교의 기원에는 보상받고자 하는 욕망, 현실의 불행을 복수하고자 하는 약함이 발견된다. 종교에 대한 니체의 신랄한 비판에 따르면 종교와 도덕은 이 분한 생각의 결과이고, 그것은 삶의 가치를 부정하면서 약자와 노예를 위로한다. 즉, 약자들은 신앙 속에서 자학적 쾌락을 느낀다는 것이다. 그는 다음과 같이 말한다. "기분 좋은 의견은 진짜로 받아들여진다. 이것은 쾌락에 의거한 증명으로 모든 종교는 이를 자랑스럽게 생각한다. 그러나 종교는 이를 수치스럽게 생각해야 할 것이다. 만약 신앙이 행복을 주지 않는다면 아무도 그것을 믿지 않을 것이다." 실제로 종교적 환상은 인간의 나약한 본능에 호소하기 때문에 큰 기쁨을 주며 수많은 대중을 매료시킨다.

종교적 믿음은 위로를 준다

종교는 시대와 사회를 불문하고 모든 곳에서 발견되는 보편현상이다. 원시인들의 삶에서도 우리는 종교의식을 치른 흔적을 찾을 수 있다. 종교학자들은 인류가 특질적 본성으로서 종교성을 가지고 있다고 지적한다. 호모 사피엔스(homo sapiens)나 호모 파베르(homo faber), 호모 에코노미쿠스(homo economicus), 호모 폴리티쿠스(homo politicus) 등 인간의 본질적 특성을 가리키는 많은 표현들이 있는데, 이런 특성 이외에도 인간은 누구라 할 것 없이 워낙 종교성을 가지고 있다는 뜻으로 호모 렐리기오수스(homo religiosus)로 지칭된다. 무신론적 철학자들은 종교의 해악성을 강조하지만 종교적 감정은 인간에게 자연스러운 것이고 사람들이 종교에 그토록 집착한다면 그것은 분명 종교가 인류에게 긍정적 역할을 수행하기 때문일 것이다. 실제로 정신적 이득이 없는 신앙이란 존재하지 않는다. 비록 고통을 동반한다 해도 종교적 믿음은 사회적 권력이나 경제력을 지니지 못한 약자에게 위로가 될 수 있다. 종교는 심리적 보상을 제공하기 때문이다. 이성의 한계를 인지한 철학자들은 오히려 종교야말로 철학이 본받아야 할 모델이라고 역설하였다. 말브랑슈(N. Malebranche)는 지혜와 덕성을 갖춘 신앙이야말로 인생에 진정한 해답을 제공할 것이라고 말했다. "이성은 부패했으며 오류를 저지르기 쉽다. 그러므로 이성은 신앙을 따라야 한다. 철학은 종에 지나지 않는다. 철학의 빛을 경계해야 한다. 끊임없는 애매함. 인간 그 자체로는 이성적이지도 똑똑하지도 못하다."

아이에게 부모가 힘과 보호의 동의어이듯이 신자들에게 신은 자신을 보호하고 옹호해 줄 무한한 사랑의 약속을 상징한다. 그러나 성장한 아이가 독립을 해서 부모의 품을 떠나는 반면 신자는 정신적 독립성을 거부한다는 점에서 무신론자들은 종교인들을 미성숙한 약자라고 비판한다. 무신론자들에 따르면 약자들은 낙원으로 상상된 저세상에서 현세에서 얻지 못한 것들을 얻을 것이라고 믿기에 그들의 불행을 극복하기 위한 현실적 노력에 인색하다. 마르크스가 지적했듯이 종교는 거꾸로 된 세상과 거꾸로 된 자신의 모습을 보여주기에 종교인들은 환상의 힘으로 현실적 고통을 감수한다. 천국에 대한 염원 속에서 그들은 현실에서 찾지 못하는 이상과 기대가 투사된 보다 완벽하고 행복한 자신을 구상하게 된다. 현실에서 가

자비로우신 동정녀시여!
당신은 가난한 죄인들의 안식처임을 기억하시어
저를 고통 중에 버려두지 마소서.
곧 하느님의 자애하심으로
저를 다시 받아주시기를 바라나이다. 아멘.
―영원한 도움의 성모수녀회, 〈영원한 도움의 성모께
드리는 기도〉

난한 자도 종교적 상상 속에서는 부자가 될 수 있다. 그렇다면 종교는 인정 없는 냉혹한 세상에서 착취당하고 슬픔에 빠져 있는 약한 존재들의 항의이자 한숨이라고 표현할 수도 있다. 실제로 오랜 시간 동안 종교는 착취당하는 민중의 고통을 잠재우고 그들의 관심을 현실로부터 환상계로 돌리는 역할을 했다. 이러한 종교적 역할을 위로로 해석해야 할까? 기만이라고 해석해야 할까? 무신론자들이 주장하듯 종교란 천상의 보상을 제시함으로써 약자가 현실의 모순에 저항하지 않고 영원한 약자이도록 하는 보수적 기능을 수행하는가? 이 같은 의문으로부터 인류의 진보를 믿는 지식인들은 세상의 개혁이나 과학적 발전을 통해 종교적 미신을 극복할 것을 촉구했다. 가령 대부분의 공산주의자들은 종교를 보수적 이상으로 간주하고 강력하게 비판했다. 이들에 따르면 종교란 개인의 삶이 불행하기 때문에 생기는 것이다. 그런 의미에서 마르크스는 종교는 사회적 조건이 바뀌면 사라지게 될 것이라고 확신했다. 즉, 종교는 모든 사회에 필요한 것이 아니라 불평등과 고통을 만들어내는 불행한 사회에만 필요하다는 것이다. 혁명적인 무정부론자인 바쿠닌(M. A. Bakunin)도 "신이 존재한다 할지라도 신을 제거해야 한다"는 주장을 통해 종교의 해악성을 강조했다.

 19세기의 과학주의는 과학이 진보함에 따라 과학이 종교와 형이상학적 질문에 답할 것이기에 종교는 결국 사라지게 될 것이라고 주장하기도 했다. 그러나 이러한 관점은 인간의 심리와 인간관계에 종교가 미치는 영향에 대한 고찰을 배제하고 있다. 비록 서구에서 기독교가 과거의 영광과 영향력을 상실했다고 해도 동양종교에 대한 관심은 점점 더 증가하고 있지 않은가? 과연 종교란 현사회의 불행을 정당화하기 위해 억압된 경제적 관계, 사회적 상황이 만들어낸 환상에 불과한가?

종교적 믿음은 인간 실존에 대한 대답이다
무신론자들은 종교란 약자들을 위로하고 결국 그들로 하여금 현실적 운명을 받아들이게 함으로써 현실적 혁명을 저해한다고 비판하였다. 그러나 이런 태도는 종교를 너무 단순화하는 경향이 있다. 종교를 선택하는 데에는 이보다 더 본질적이고 중요한 이유가 있지 않을까? 우선 종교적 감정은 초월적 존재를 지향하는 형이상학적 감정이라는 점에 주목할 필요가 있다. 어떤 사람도 "나는 누구인가?" "나는 어디서 와서 어디로 가는가?" 하는 근본적인 질문을 피할 수 없으며 이것은 과학적 지식이 답할 수 있는 영역이 아니다. 과학적 지식은 절대적 진리를 향한 인간의 욕망을 채워줄 수 없다. 사람은 본능적으로 불멸하고자 하는 욕망을 갖고 있다. 에리히 프롬(Erich Fromm)은 인간의 소유욕이란 특정 물건을 소유함으로써 자신이 영원하고자 하는 소망의 투영이라고 말했다. 사람들은 비싸고 튼튼한 물건을 소유하고 자신의 존재를 그 물건에 이양함으로써 자신이 불멸하기를 무의식중에 바란다는 것이다. 동물과 달리 인간은 자신이 죽는다는 사실을 인지하고 있는 유일한 존재이다. 유한성을 인식할 수 있는 동물은 인간밖에 없듯이 종교적 동물도 인간밖에 없다. 몽테뉴(M. E. de Montaigne)가 지적했듯이 "자기를 증오하고 경멸하는 것은 다른 피조물에서는 볼 수 없는 인간에 국한된 병"이다. 자신이 반드시 죽는다는 사실을 깨달음으로써 인간은 두려움에 싸이게 되고 인생의 무상과 허무함을 극복하기 위해 초월적 세계를 상상해 낸다. 그렇다면 종교의 기원을 인간의 유한성, 즉 인간의 실존조건에서 찾아야 하지 않을까?

신앙에 대한 마르크스의 비판은 현실적으로 유효하지 않다. 사람들은 죽을 것을 알면서도 삶을 포기할 수 없듯이 존재하지 않는 것을 믿을 수밖에 없는 존재이기 때문이다. 아무리 냉철하고 영리한 사람일지라도 그 역시 인간의 지식만으로 만족할 수 없는 부분을 갖고 있다. 진정한 약함은 보호받아야 할 필요가 있는 외로움에 처해 있는 어린이의 슬픔에서 발견된다. 그런데 그 어린이는 나이를 막론하고 죽음이라는 위협에 처해 있는 모든 인간의 모습이다. 여기서 종교적 믿음은 위로로 나타나고 세상에 던져진 약자, 즉 모든 인간에 대한 보호막이 된다. 이처럼 종교적 감정은 죽음에 대한 불안에 사로잡혀 있는 무의식적인 인간의 욕구에 근거하고 있다. 종교적 믿음은 언제라도 약자의 위치에 설 수 있는 인간 모두가 보다 좋은 조건에서 생존하도록 도와준다. 슬픔과 빈곤에 빠진 어린이들이 죽음과 무의미한 삶에서 그를 도와줄 아버지를 필요로 하듯이 종교적 믿음은 상처를 입을 수밖에 없는 실존적 상황에 몸담고 있는 인간에게 위로가 된다.

프로이트는 인간은 나이와 상관없이 아이와 같은 불안을 지니고 있음을 발견하고 심리적 약함에서 종교적 믿음의 근원을 찾았다. 종교에 비판적이었던 볼테르(Voltaire)마저 "만일 신이 존재하지 않았더라면 신을 만들어냈어야 했을 것이다"라는 문장을 통해 종교의 필수불가결성을 환기시켰다. 피에르 라세르(Pierre Lasserre)에 따르면 "우리는 알기 때문에 신을 믿는 것이 아니라 사랑하기 때문에 신을 믿는다." 즉, 인간의 유한성과 실존적 허약함에 비례해서 신에 대한 인간의 갈망은 근본적이고 따라서 이성적 비판은 신앙의 문제를 결코 해결할 수 없다.

종교의 윤리적 성격

종교전쟁을 통해 증명된 종교의 독단성은 계몽주의 이후 수많은 사람들의 비판대상이 되어왔으며 다양성을 중시하는 현대사회에서 종교의 현실적 영향력은 현저히 감소하고 있는 추세이다. 그럼에도 종교가 인류의 문화적 가치로서 존중받을 수 있는 것은 모든 종교가 보편적으로 주장하는 사랑과 자비, 즉 선한 삶에 대한 강조 때문일 것이다. 도둑질하지 말 것, 거짓말하지 말 것, 죽이지 말 것 등 도덕적 금지조항은 대부분의 종교에서 발견된다. 그런데 죄를 미워하고 불쌍한 사람을 돕고 슬픈 사람을 위로하는 것 등의 도덕적 행동은 인간만이, 인간 중에서도 자신의 정념과 욕망을 제어할 수 있는 강자만이 행할 수 있는 미덕이다. 종교는 이런 도덕성을 통해 이기적인 본성으로 인해 분열되기 쉬운 인간들을 집결시키고 공동체의 힘으로 문화를 형성한다.

또한 믿음은 현실적 어려움을 극복할 수 있는 초월적 힘을 주기도 한다. 기도와 같은 행동을 비현실적 존재에 의지하는 무모하고 수동적인 행동으로 비난할 수도 있겠으나 종교적 명상이나 기도가 인간의 정신건강에 얼마나 유익하며 인간의 능력을 최대화하는 계기가 된다는 것은 심리학적으로 이미 증명된 바 있다. 종교가 약자들을 위한 위로라는 것은 종교에 대한 소극적이고 부정적인 해석일 뿐이다. 진정한 종교인은 평화와 사랑의 이름으로 약자를 위로하고 권력에 대항할 수 있는, 본질적 의미에서의 강자이다. 인간 현실에 대한 포용과 비종교인과의 대화를 통해 자신 안의 독단성과 비관용성을 극복한 진정한 신앙인은 평화를 추구하게 될 것이며 동시에 내적 자유와 행복을 발견하게 될 것이다.

결론

인간은 본질적으로 종교적 동물이다. 동물 중 인간은 유일하게 자신의 유한성을 인식하며 동시에 초월성, 성스러움과 관계를 맺는다. 그렇다면 신앙이라는 인간의 특수성을 단순히 약자에 대한 위로로 규정할 수는 없다. 만약 약자가 죽음과 고통으로 인해 불안해하는 존재라면 모든 인간은 잠정적 약자이다. 니체의 초인사상은 종교를 부정하지만 초인의 이상을 향해 노력하는 사람이라 하더라도 그 안의 실존적 허약함을 완전히 제거할 수는 없다. 인간은 반드시 이성적인 동물이 아니며 환상도 필요로 하기에 종교를 절대적으로 부정하는 것은 인간성의 부정으로 여겨질 수도 있다.

바칼로레아의 질문들

- 이성으로 신앙을 추방시킬 수 있는가? (1998)
- 종교는 그 사회적 기능에 의해 정의되는가? (1998)
- 종교의 이름으로 도덕적 의무를 수행하지 않을 수 있는가? (1995)
- 신앙이란 안심시켜 주는 환상일 뿐인가? (1994)
- 믿는다는 것은 약함의 표시인가? (1994)
- 종교 없는 사회를 생각할 수 있는가? (1994)
- 왜 과학적 발전은 종교를 사라지게 하지 못하는 걸까? (1992)

더 생각해 봅시다 ❶

종교적 복종과 시민의 자유

'학교 내 예배선택권의 자유'라는 문제를 놓고 제적처리를 강행했던 기독교 고등학교와 이에 맞서 단식투쟁까지 불사했던 강의석씨의 대립은 기독교를 비롯한 종교계뿐 아니라 종교 외곽의 일반인에게도 큰 관심거리였다. 종교에 있어 개인의 자유란 큰 의미가 없는 것일까? 종교는 종교지도자나 특정 신앙에 대한 절대적 복종을 공동체의 일원에게 요구한다. 톨레랑스와 평등, 비판 문화가 중시되고 있는 21세기에 종교적 복종 개념을 어떻게 받아들여야 할까? 종교적 복종은 과거 인간을 규정하던 상-하, 주인-노예의 원칙을 따르고 있는 것이 아닐까? 민주주의 사회에서 발생하는 신앙과 자유 간의 모순과 충돌에 대해 생각해 보자.

더 생각해 봅시다 ❷

종교와 미신은 확연히 구별되는가?

미신이란 무엇이며 미신과 종교의 차이점은 무엇일까? 사람들은 미신을 '세계에 대한 비과학적 해석에 기반한 잘못된 믿음'으로 정의한다. 실제로 미신을 믿는 사람은 믿음의 대상에게 초월적 신성과 능력을 부여하는 경향이 있다. 각 문화는 고유의 미신을 갖고 있고 고도로 과학이 발달된 현대라고 해서 예외는 아니다. 아직도 검은 고양이와 13이라는 수를 두려워하는 이들은 많다. 대부분의 경우 미신의 원인은 불안이다. 좀더 쉽게 불안과 두려움을 극복하기 위해 우리는 부적이나 특정 사물이 우리를 불길한 운명의 장난으로부터 보호해 줄 것이라고 믿곤 한다. 그런데 문제는 미신이 증상을 도리어 악화시킬 수 있다는 것이다. 불안을 해소하기 위해 미신을 믿었으나 그 미신에 집착하게 됨으로써 불안은 더욱 증대될 위험이 있다.

스피노자는 한 시대에 얼마나 미신이 통용되었는지는 그 시대가 얼마나 불행했는지의 지수에 상응한다고 말했다. 실제로 풍요롭고 문화가 번창한 시대에 미신의 영향력은 약화되는 데 반해 재앙이 닥칠 경우 사람들은 미신에 쉽게 유혹당한다. 그러나 미신이 불안에서 비롯된다면 종교와 미신이 상반된 것인지 아니면 같은 연장선상에 놓인 것인지에 대해 질문하게 된다. 종교 역시 미신처럼 특정 의식을 통해 초과학적인 믿음으로 현실을 설명하지 않는가? 미신처럼 종교도 사회적 위기상황에서 더 영향력을 발휘하며 두려움에서 벗어나게 하는 것을 목적으로 한다.

그러나 미신과 종교를 동일시하는 것은 위험한 사고이다. 우선 미신과 종교가 구분되는 것은 미신이 이성에 상치되는 데 반해 종교는 비록 과학적이지는 않다 하더라도 얼마간의 현실성과 논리성을 갖추고 있기 때문이다. 18세기에는 종교가 이성과 화합할 수 있다는 주장이 제기되었는데 그때부터 종교 내부에서도 종교에 대한 비판적 고찰과 연구가 끊이지 않고 있다. 바로 이런 학구적이고 진지한 면이 미신에는 결여되어 있다. 그리고 무엇보다 기독교, 불교 등의 중요한 종교는 휴머니즘과 도덕성을 수호하는 데 반해 미신과 사이비 종교는 반인륜적이고 사기적인 행각마저 서슴지 않는 경우가 있다. 즉, 한 개인의 불행을 위로하기는커녕 그것을 더욱 가중시킬 경우 우리는 그러한 믿음이 종교보다는 미신에 더 가깝다고 결론내릴 수 있다. 미신의 비사회적인 성격에 대해 토론해 보자.

더 생각해 봅시다 ❸

신은 죽었다!

"신은 현세를 모조리 모욕하는 하나의 형식이다", "성직자는 삶의 모든 건강한 형식 덕분에 살아가는 일종의 기생충 같은 인간이다", "신은 죽었다"라고 니체는 말했다. 이 문장이 의미하는 바는 무엇인가? 우선 이 문장은 단순한 무신론적 주장으로 해석될 수 있다. 무신론자들은 오래 전부터 종교(기독교)를 인간의 나약한 욕망에 근거한 환상으로 간주, 비판했다. 그들에 따르면 신이란 인간의 욕망이 만들어낸 허상일 뿐 실재하는 존재가 아니다. 그들은 신이라는 허황된 존재를 근거로 한 종교란 약자들이 강자에 대항해서 살아가는 방편이며 무가치한 많은 사람들을 결속시켜 삶을 살 만한 가치가 없는 것으로 만들어버린다고 비난했다.

 그런데 '신은 죽었다'는 말은 얼마간의 모순을 내포하지 않는가? 신이 존재하지 않는다는 무신론자들의 주장을 받아들인다면 신은 태어나지도 죽은 적도 없는 "무"로 정의된다. 존재하지 않았던 것이 어떻게 죽을 수 있겠는가? 죽었다는 것은 앞서 존재했다는 것인데 신의 본성상(영원성) 이미 존재했다면 그것은 여전히 존재할 수밖에 없다. 이 문제를 역사적 관점으로 설명하자면 '신은 죽었다'는 말은 현 세계에서 신은 부재하고 정신적 원리는 인간으로부터 멀어졌지만 그 그림자는 남아 있다는 것, 즉 신은 죽었다기보다는 숨어 있다는 뜻으로 해석될 수 있다.

신이 인간으로부터 멀어짐으로써 어떤 일이 벌어지게 되는가? 과거 신의 초월적 상징(교회, 건축, 조각)으로 가득했던 현세는 이제 세속적 상징으로 채워지고 있다. 또 신의 죽음과 함께 형이상학적 가치는 사라지고 허무주의와 무의미가 들어서게 된다. 신과 함께 전통적 가치가 사라진 아노미적 세계에서 니체는 인간이 중심이 되는 새로운 가치를 창조할 것을 강조했다. 초인사상으로 유명한 니체는 인간의 능력을 신뢰했다. 그는 인간은 많은 고통을 통해 점점 위대해질 수 있다고 보았다. 그러나 과연 신의 죽음, 혹은 멀어짐을 장담할 수 있을까? 지금도 수많은 사람들은 종교를 갖고 있으며 특히 초강국 미국에서 기독교 신앙은 힘을 잃지 않고 있다. 니체가 말한 신의 죽음은 단지 기독교적 우상과 가치의 소멸인가 아니면 진정한 신의 죽음인가? 신의 죽음이 인간사회에서 과연 가능한지에 대해 생각해 보자.

06

행복을 포기하고 의무만을 수행하라는 것이 도덕인가?

Baccalauréat, 1996

의무는 자연(본성)에 어긋나는 것이다.
쇼펜하우어(Arthur Schopenhauer, 독일 철학자)

너의 의무를 다하고 있는지를 확신하길 원한다면 네게 가장 불쾌한 일을 하도록 하라.
쥘 르나르(Jules Renard, 프랑스 작가)

인간의 행복은 자유가 아니라, 의무를 받아들이는 것이다.
앙드레 지드(André Gide, 프랑스 작가)

서론

도덕적으로 행동한다는 것은 내가 원하는 것을 하는 것이 아니라 해야 할 바를 행하는 것이다. 그러나 도덕적 의무를 수행하기 위해 행복이라는 또 다른 의무를 희생하는 것이 과연 바람직할까?

우리는 현실 속에서 욕망과 도덕적 금기 간의 갈등을 수없이 경험한다. 한편으로는 도덕적 의무를 수행해야 한다고 생각하지만, 다른 한편으론 욕망을 포기해야 할 정당한 근거를 찾지 못할 때도 있다. 도덕이 행복을 가져오지 않는다면 왜 우리는 도덕적인 의무 수행에 매진해야 하는 것일까? 도덕적 선이 반드시 현실적으로 보상되는 것도 아니며 진정한 선행일 경우 명예마저도 포기해야 할 경우가 많다. 정의롭고 후덕한 자가 사회로부터 인정받지 못하고 고립되는 반면, 악하고 잔혹한 사람이 부귀영화를 누리며 번창하는 것을 목격할 때마다 우리는 혼란을 느끼게 된다. 덕을 행하는 것이 행복보다는 불행을 가져온다면 의무를 포기하고 개인적 행복을 추구하는 것이 옳지 않을까?

아리스토텔레스는 인간은 행복하기 위해서 산다고 말했다. 그렇다면 행복과 도덕적 의무라는 두 가치 사이에서 우리는 어떤 선택을 내려야 할까? 자유와 행복을 포기하고 도덕적 의무를 수행하는 것이 과연 의미가 있을까?

욕망과 도덕 간의 대립

도덕적 행위는 타인을 배려하는 데서 시작하는 데 반해 개인의 즉각적인 욕구는 맹목적이고 이기적이다. 그것은 이성적 절제를 모르므로 끊임없는 만족을 추구한다. 이 욕구에 의해 우리는 병들 정도로 먹고 마실 수도, 성적인 욕구를 추구할 수도 있다. 플라톤은 이 맹목적 욕구에 대해 《공화국》에서 다음과 같이 말한다. "잠자는 동안 그 욕구는 모든 것을 감행하지. 마치 모든 수줍음과 이성으로부터 해방되었다는 듯이. 이 욕구는 생각만으로 모든 사람을 강간하기도 하지. 이 욕구는 어떤 살인도 감행하고 모든 음식을 섭취하지." 실제로 모든 욕망을 충족시키고자 할 경우 우리는 강간, 전쟁, 살인에까지 이를 수 있다. 그런데 무도덕론자들은 이기적 욕망에 의한 악한 행위마저도 자연의 이치로 간주하고 그것을 정당화한다. 대표적인 무도덕론자로 들 수 있는 사드는 이기적인 그의 주인공들의 입을 빌려 다음과 같이 말한다. "전대미문의 흉악한 악을 취하여 가장 작은 즐거움이라도 얻을 수 있다면 왜 그것을 하지 않겠는가! 왜냐하면 즐거움은 나를 만족시키고 나의 내부에 있지만, 범죄의 결과는 나를 건드리지 않으며 나의 외부에 있기 때문이다."

역사상 인간이 행한 수많은 전쟁을 생각한다면 개인적 차원에서건 집단적 차원에서건 타인에 대한 인간의 본능은 호의적이라기보다는 적대적이라고 말할 수 있다. 칸트는 근원적인 악이 인간 내부에 있다고 주장했다. "인간의 내부에는 천부적으로 악에 쏠리는 경향이 있다. 이 성향 자체는 결과적으로 자유의지에 의한 것이고, 그렇기에 책임이 있으며 도덕적으로 악하다." 이 같은 인간 본성의 이기심과 폭력성을 충분히 인지했기에 철학자들은 도덕적 의무의 강화를 통해 이러한 성향을 조절하고자 했다. 칸트는 인간이 이성을 부여받은 것은 욕망에 의해 움직이지 않게 하기 위함이라고 말하면서 자신의 행복을 우선시하기보다는 도덕적인 의무를 먼저 수행해야 한다고 주장했다. 칸트에 따르면 인간이 자신의 행복을 추구하는 것은 본능에 가까우므로 행복하기 위한 인위적인 노력은 필요 없다. "각각의 개인이 행복을 추구해야 한다고 부추기는 명령은 어리석다. 실제로 우리는 누군가에게 그가 이미 스스로 원하고 있는 것을 명령하지 않는다. 왜냐하면 그는 자신이 원하는 모든 것을 할 수 없기에 단지 우리는 그에게 취해야 할 것들을 명령하거나 그에게 가리킬 뿐이다. 반대로 도덕을 의무의 이름으로 명령하는 것은 분명히 현명한 일이다."

칸트적 시각에서 볼 때 행동의 도덕적 가치를 결정하는 것은 그 행동을 모든 사람들이 했을 때에도 아무런 모순이 생기지 않는가 하는 것이다. 내가 타인을 존중하지 않는다 해도 나는 타인이 나를 존중하고 도와줄 것을 기대할 것인데 이는 보편주의를 위배하는 것이므로 남이 나에게 해주길 바라는 것을 실천하는 것이 바로 도덕적 행동이다. 예를 들어 나치 점령하에서 유대인을 감춰주는 것은 매우 위험한 일이었으나 칸트적 관점에서 볼 때 유대인들을 도와주는 것이 마땅하다. 왜냐하면 내가 그 유대인의 입장에 서 있었더라면 나는 타자가 나를 도와줄 것을 바랐을 것임이 분명하기 때문이다. 마찬가지로 내가 도둑질을 하고 싶다 해도 모든 사람이 도둑질을 하는 것을 용납할 수 없다면 나도 도둑질을 하고자 하는 의도를 포기해야 한다. 즉, 욕망이 개인의 만족을 지향한다면, 도덕은 모든 사람의 이익을 고려한다. 따라서 도덕적 행동이 나의 이익, 본성과 일치하지 않더라도 나는 나의 의무를 수행해야 한다고 칸트는 주장한다.

한편 칸트적 의미에서의 도덕적 행위란 모든 이해관계에서 벗어난 무목적성을 지녀야 한다. 기독교에서는 천국을 도덕적 행위의 보상으로 제시하지만 칸트의 윤리관을 따른다면 도덕적 행위를 한다 해도 내가 얻을 수 있는 이익은 없다. 만약 어떤 대가를 바라고 행동을 했다면 그것은 이미 도덕적인 행동이 아닌 것이 된다. 예를 들어 선거를 앞두고 있는 정치가가 자신의 인기와 이미지를 고려해서 자선사업을 했다고 했을 때 그의 기부가 가난한 사람들에게 실질적인 도움을 주었다 해도 그것은 목적을 지닌 행동이었기에 도덕적 행위로 평가될 수 없다. 이처럼 칸트의 윤리학은 엄격하고 절대적인 의무주의에 기반하고 있으며 어떤 예외나 불순함도 용납하지 않는다.

그러나 당위적으로 아무리 우수하다 해도 칸트의 도덕관은 현실에 적용되기에 많은 한계를 지닌다. 페기(C. Péguy)는 "칸트는 순수한 손을 가지고 있지만 손은 가지고 있지 않다"고 말하면서 칸트 도덕의 비현실성을 비판했다. 칸트는 도덕적 삶을 인간이 자연적 욕망에서 벗어나기 위해 벌이는 일종의 투쟁으로 간주한다. 그러나 뼈와 살을 지닌 생물체로서 그리고 정당한 이기심을 부여받은 인간이 항상 의무의 이름으로 투쟁하고 헌신적인 행동을 한다는 것은 거의 불가능하다. 더욱이 보편율을 적용하기에 인간의 현실은 너무 복잡하다. 만약 가족이 경제적 어려움을 겪고 있는데도 정의에 대한 의무감에서 레지스탕스에 참여하려고 한다면 이는 반드시 옳은 행동일까? 또 자신의 건강과 안전을 돌보지 않고 감옥에 갈 위험이 있는 인권운동에 참여하는 것이 반드시 현명한 태도인지에 대해서도 의문의 여지가 있다. 칸트 자신도 인정했듯이 세계가 시작된 이래 이성적인 의무에 따라 순수하게 자신의 행동을 결정한 사람은 존재하지 않았다.

의무의 도덕, 마음의 도덕
칸트는 이성에 의한 의무적 행동만을 도덕적이라고 평가했다. 그러나 의무보다는 마음에서 우러나오는 사랑의 행동이 어떤 의미에서는 더욱 인간적이고 윤리적이지 않을까? 우리는 주위에서 '~해야 하기 때문에'라는 이성의 권고에 의해서가 아니라 관대하고 자비로운 마음으로 이웃을 기꺼이 돕고 기뻐하는 사람들을 어렵지 않게 만날 수 있다. 그들의 자발적인 행동은 타인에게 기쁨을 주고 그들을 행복하게 한다. 그들의 행동이 단지 의무적이지 않다는 이유만으로 도덕성과 상관없다고 말할 수 있는가? 반대로 사랑해야 하기 때문에 사랑한다는 것, 너와 사회에 약속했기에 너를 사랑해야만 한다는 식의 의무적 사랑은 구속처럼 느껴지고 자발성과 진심을 결여하고 있는 듯해 보인다.

그러나 칸트는 주관적 판단과 감성적 경향에 의한 선행은 도덕적 가치를 지니지 않는다고 주장한다. 도덕적 가치란 오직 우리가 의무로부터 행위할 경우에만, 즉 우리가 그렇게 행위하는 것이 우리의 의무라는 사실을 인식하고 행위할 경우에만 의미를 지닌다는 것이다. 예를 들어 동정심의 경우 칸트는 동정심이란 우연적이고 비이성적이기 때문에 도덕적인 가치를 지니지 않는다고 보았다. "첫

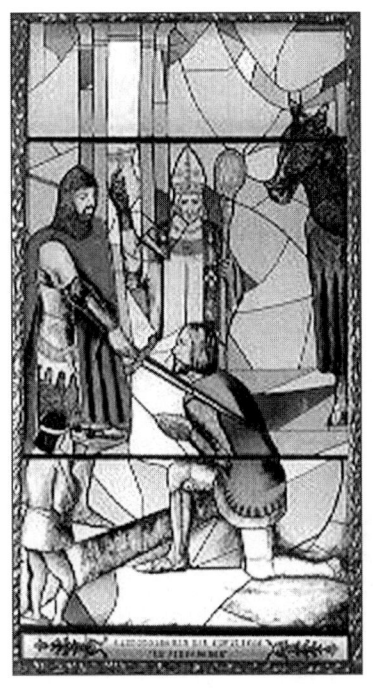

기사도란 영웅이 갖추어야 할 이상적인 품성을 나타내는 것으로, 윗사람에게는 용기·정의·겸손·충성으로, 동료들에게는 예의로, 약자에게는 연민으로 대하고, 교회에 헌신할 것을 요구했다. 많은 기사들은 이러한 덕목들을 지키기 위해 자신들의 목숨을 바쳤다.

번째로 우리는 동정심을 느낄 만한 가치가 없는 사람에 대해서도 동정심을 느낄 수 있으며 마찬가지로 동정을 받아 마땅한 사람에게 동정심을 느끼지 않을 수도 있다. 그렇다면 동정심이라는 직접적인 경향성은 우리를 도덕적으로 옳지 않은 행동을 하도록 만들 수도 있기 때문에 그리 신뢰할 만한 것이 못된다. 일반적으로 어떤 경향성이 옳은 행위를 하도록 만든다 할지라도 그것은 단지 운이 좋은 경우일 뿐이다. 두 번째로 동정심이라는 동기는 도덕적 내용이 부족하다."

물론 동정심에 대한 비판적인 해석은 가능하다. 만약 자신의 주관적 감정에 따라 자선을 베풀 경우 나는 상대방의 상황을 고려하기보다는 동정심이라는 나의 경향성을 만족시키는 데 더 많은 관심을 쏟게 될 것이며 이 경우 동정을 받지 않아도 될 자와 동정해야 할 자를 혼동하기도 쉽다. 가난한 A와 이보다 더 가난한 B가 있다고 치자. A를 추운 겨울날 만나게 된다면 나는 그에게 쉽게 동정을 느끼고 도와주고자 할 것이다. 반면 봄에 B를 만나게 된다면 현실적으로 B가 더 가난함에도 나는 그의 불행을 인정하지 않고 나의 주관적 감정에 휩쓸려 그의 부탁을 거절할 수 있다. 이러한 이유로 칸트는 도덕적 가치가 가장 잘 드러나는 것은 어떤 사람이 자신의 의무를 행하고 싶은 마음이 별로 없지만 그럼에도 불구하고 자신의 의무에 따라 행동하는 경우라고 주장했다. 그는 또 다음의 예를 통해 감정에 의거한 선행의 한계를 지적한다. 애정을 갖고 진심으로 사람들을 돕던 사람이 있다고 가정해 보자. 그런데 그는 선한 성품 때문에 악한 사람들에게 수없이 이용당하거나 현실적 어려움을 겪다 결국 거칠고 무감각한 마음을 갖게 될 수 있다. 그리고 이 경우 그는 더 이상 덕스러운 행동을 할 수 없게 될 것이다. 칸트는 바로 선에 대한 욕망이 죽은 바로 그 자리에서 순수한 의무도덕이 시작된다고 말한다. 즉, 칸트에게 있어 도덕적인 사람이란 감정이 아닌 도덕적 원리에 따라 의무를 수행하는 '한결같은 사람'이다.

　칸트와 같이 도덕의 절대성을 강조한 현대 철학자로 레비나스를 들 수 있다. 레비나스는 타자의 얼굴로부터 윤리적 의무감을 이끌어낸다. 그에 따르면 타인의 얼굴은 "죽이지 마"라는 윤리적 법칙을 현현하는데 나는 타인의 얼굴에 나타나는 연약함과 고통에 무한 책임을 느낌으로써만이 주체성을 획득하게 된다. 레비나스는 서구의 자아중심주의를 강렬하게 비판했다. 레비나스에게 있어 타자란 나보다 우선하는 자이며, 나는 자아를 비우고 타자에게 봉사할 의무가 있다.

　그러나 인간이라면 모두 갖고 있는 자기애나 나르시시즘마저 철저히 금지하는 레비나스와 칸트의 도덕관은 너무 엄격하지 않은가? 금기와 의무가 너무 강해 우리의 욕망을 마비시킬 경우, 혹은 이상적 모델이 너무 고차원적일 경우 행복과 도덕적 이상을 합치시키려는 노력은 실패할 수 있다. 그리고 이 경우 개인은 신경증이나 불만족의 상태에 빠져 자신의 내외적 에너지를 건설적인 일에 투자하지 못하게 될 수도 있다. 그렇다면 도덕적 규범이 해야 할 일은 무조건 욕망을 금하는 것이 아니라 욕망을 교육시켜 보다 가치 있는 목표에 그 에너지를 쏟도록 하는 일이 아닐까? 우리가 일상에서 행하는 도덕적 행동이 칸트의 정언명법이 요구하는 것처럼 아무런 대가도 바라지 않는 순수함 그 자체인 경우는 사실 극히 드물다. 겉으로 아무리 도덕적으로 보이는 자선행위도 사실은 명예와 장기적 이익을 도모하는 행동일 수 있다. 자신의 허영심과 자기애를 만족시키기 위한 행동일 수도 있다. 즉, 인간의 도덕적 행위에는 언제나 이기심과 욕망이 개입할 여지가 있기에 의무만을 강조하는 칸트의 추상적이고 형식적인 도덕명법은 구체적 현실 속에서 많은 한계를 지니는 것이 사실이다. 그러나 이 같은 모순이 발견된다 하더라도 인간의 이기심을 도덕성으로 극복하려 했다는 점에서 칸트의 도덕적 의무론의 가치를 완전히 부인할 수 없다. 역사적 현실이 인간의 이기적 본성을 끝없이 증명하고 있음에도 도덕명법을 포기할 수 없는 것은 이러한 윤리적 도전조차 없는 사회에서는 정의가 부분적으로나마 지켜질 가능성마저 사라질 것이기 때문이다.

도덕과 행복은 모순되지 않는다

도덕은 행복과 반드시 모순관계에 놓여야 하는가? 부분적으로라도 개인의 욕망을 인정해 주는 도덕을 생각해 볼 수 없는가? 에피쿠로스나 스토아학파 철학자들에 따르면 도덕적 의무를 위해 행복을 희생시켜야 한다고 생각하는 것은 행복을 쾌락과 동일 선에서 이해함으로써 발생한 오류이다. 많은 현자들이 강조했듯이 욕망의 실현이 바로 행복을 의미하지는 않는다. 나는 대단히 불행하면서도 한 잔의 술을 마시고 쾌락을 느낄 수 있다. 반대로 쾌락은 많지 않으나 간소한 생활 속에서 진정한 행복을 느낄 수 있다.

또한 모든 욕망을 죄악시할 필요도 없다. 욕망 중에는 행복의 조건이 되는 욕망도 있는 반면 파멸로 이르게 하는 욕망도 있다. 만약 행복의 조건이 되는 가치 있는 욕망을 추구한다면 이 경우 나의 행복과 타자의 행복은 공존할 수 있다. 즉, 욕망의 대상이 무엇인가에 따라 우리는 함께 행복할 수도 함께 불행할 수도 있다. 쾌락으로 기분을 전환하고 쾌락 속으로 도피하는 사람 중에는 절망한 사람들이 많다. 이들은 자신의 절망을 타인을 괴롭히는 핑계로 사용하여 자신과 타자의 불행을 동시에 초래한다. 그러나 쾌락이 아닌 진정한 행복을 추구한다면 인간은 도덕적 삶과 행복한 삶을 동시에 누릴 수 있다.

에피쿠로스는 무조건적인 희생과 의무를 강조하는 근엄한 전통 도덕을 인간의 본성에 따라 재해석했다. 그는 불멸하는 영혼과 같은 초월적 목표를 부인했으며 자연을 도덕의 모델로 삼았다. 이러한 자연주의적 논리에 따르면 도덕적으로 바람직한 것은 욕망과 개인의 행복을 무조건 거부하는 것이 아니라 필요한 욕망을 불필요한 욕망으로부터 구별하는 것이다. 인간은 모든 생물체와 마찬가지로 쾌락을 추구한다. 그러나 진정한 쾌락은 고통의 부재이므로 평정의 상태를 얻기 위해선 소박한 삶을 유지하고 탐욕적인 생활을 절제하는 것, 즉 여러 욕망 중 어떤 욕망을 따라야 하는지를 결정하는 것이 중요하다. 에피쿠로스의 도덕은 먹고 마시고 잠자는 가장 기본적인 욕망을 채우고 사치와 허영과 같은 욕망을 멀리할 것을 충고한다. 이런 조건하에서라면 욕망을 충족하면서도 우리는 도덕적 생활을 영위할 수 있다.

에피쿠로스 외에도 고대의 많은 철학자들은 '자기수신'을 통해 지혜와 행복에 동시에 이를 것을 충고했다. 그들은 사회적 명성이나 재산 등에 초연해질 때 행복에 이를 수 있다고 생각했다. 그러나 이러한 개인적 행복의 추구는 마르크스주의자 등에 의해 너무 개인주의적이라는 비판을 받았다. 현자란 소수일 수밖에 없는데 이 경우 이 소수의 엘리트들이 대중의 행복을 외면한 채 자신들의 구원만을 추구하는 것이 옳을까? 그들의 정신적 행복은 물질적 안정을 보장받았기에 문화나 지식추구가 가능했던 소수 계층만을 위한 행복이 아닐까? 즉, 사회와 대중에 대한 도덕적 책임을 배제한 개인주의적 행복이 과연 보편성을 띨 수 있을는지에 대한 문제를 우리는 간과할 수 없다. 모든 사회적 혜택을 포기하고 자연 속으로 떠나지 않는 한 사회와 타자들에 대한 의무를 무시한 개인주의적 행복은 지속될 수 없다. 왜냐하면 한 공동체를 이루고 사는 개인들은 원하건 원하지 않건 밀접한 상호관계를 맺고 있고 따라서 타인의 불행은 결과적으로 나의 불행으로 이어질 것이 분명하기 때문이다. 예를 들어 사회적 문제에 등을 돌린 채 혼자 방에 칩거해서 저술활동에 몰두하는 정치학자를 생각해 보자. 그는 정치현실에 실망하여 비판적 지식인으로서의 책임을 포기하였고 그보단 자신의 내적인 행복추구에 힘쓰기로 결정하였다. 그러나 그와 유사한 행동을 많은 학자들이 행한다면 그 사회는 지적 공황상태에 놓이게 될 것이고 그에 따른 반작용으로 정치적 부패와 내란이 발생한다면 자신의 사적 행복만을 중시했던 그 역시 개인적 활동을 포기해야 할 상황에 놓이게 될 것이다. 그렇다면 중요한 것은 역시 타인에 대한 의무와 자신에 대한 의무 사이의 균형을 유지하는 것이라고 할 수 있다.

의무를 말할 때 사람들은 흔히 외부로부터 강요된 것을 생각한다. 그러나 의무란 사회질서를 유지하기 위한 사회적 구속인 동시에 모든 욕망으로 열려 있는 자기 자신에 대한 규제이기도 하다. 나와 타인의 행복을 진정으로 추구하는 자는 한쪽의 희생을 요구하지 않고 함께하는 행복을 추구할 것이다. 즉, 나의 이성에 따라 스스로와 타인에게 동시에 충실할 때 우리는 진정한 의무를 수행했다고 말할 수 있다. 의무는 위탁되지 않고 자발적으로 수행될 때 그 의미를 지닌다. 그런 의미에서 루소는 진정한 자유란 '도덕적 자유'라고 말한 바 있다. 자신의 욕망을 조절할 줄 알고 이성의 법에 따라 도덕적 의무를 다할 때 인간은 비로소 진정한 자유인이 된다.

결론

인간의 본성을 극복하려는 모든 교육적·문화적 승화에의 노력에도 불구하고 욕망의 원천은 너무나 강렬하기에 언제라도 우리는 가장 이기적이고 맹목적인 욕망 상태로 떨어질 수 있다. 문화강국의 명성을 떨쳤던 1930년대의 독일이 나치즘을 옹호한 것만 보아도 문화적 발전이 이기적 욕망을 소멸시키지는 못한다는 것을 알 수 있다. 인간에겐 언제라도 타인을 해칠 수 있는 공격성과 타인을 존중하고자 하는 마음이 동시에 내재한다. 그렇다면 도덕과 욕망의 충돌은 필수불가결하다고 할 수 있다.

　세상을 관념적 시각을 통해 판단하는 칸트의 도덕은 우리에게 욕망을 버리고 의무만을 수행할 것을 촉구한다. 그런데 이러한 명령은 현실적으로 존재하는 세상을 존재해야 할 당위적 세상으로부터 분리하는 결과를 낳을 수 있다. 더 나아가 현재하는 세상에 대한 비관적이고 허무적인 시각을 초래할 수도 있다. 당위적으로 아무리 우수하다 해도 칸트의 도덕률은 욕망이 흐르는 구체적 현실에 적용되기에 많은 한계를 지닌다. 인간은 이성적이기만 한 존재도 쾌락적이기만 한 존재도 아니다. 그렇다면 인간의 욕망적 차원을 완전히 억제하거나 무시하는 것이 최선의 해결책이 될 수는 없다. 사람들이 자주 이야기하듯 자신이 행복해야 남도 행복하게 해줄 수 있는 것이 아닐까? 타인의 행복마저 포괄하는 보다 성숙한 행복을 실현하기 위해선 욕망 자체를 포기하기보다는 욕망이 행복의 원천이 되도록 이끄는 것이 더 바람직하다. 자신의 행복과 타인의 행복, 나에 대한 의무와 타인에 대한 의무 사이의 균형점을 찾고 이타주의와 이기주의 간의 이원론적 갈등을 뛰어넘을 때라야 도덕은 추상적 의무가 아닌 현실적 행복이 될 수 있다.

바칼로레아의 질문들

- 의무는 단지 구속일 뿐인가? (1999)
- 타인의 행복에 이바지할 의무가 있는가? (1998)
- 의무가 규정한 것 이상을 실천할 수 있는가? (1998)
- 우리 스스로에 대한 의무가 있는가? (1995)
- 타인을 너 자신처럼 사랑하라는 문구는 모든 윤리의 기초인가?

더 생각해 봅시다 ❶

행복이 공적인 문제가 될 수 있는가?

우리는 일반적으로 사적인 것과 공적인 것을 구분하는 경향이 있다. 예를 들어 지식은 보편성, 객관성의 문제이므로 공적인 것과 관계하는 반면 믿음은 개인의 영역과 관계한다고 생각한다. 그렇다면 행복은 사적인 영역에만 속하는 것인가, 아니면 공적인 영역과도 관계하는가? 생쥐스트(Saint-Just)는 "행복이란 프랑스혁명 후 유럽에 새롭게 등장한 개념이다"라고 밝힌 바 있다. 그렇다면 정치와 개인의 행복 사이에도 연관이 있다는 뜻인데 과연 행복이 공적인 문제가 될 수 있을까? 오늘날 선거가 있을 때마다 정치인들은 자신의 당이 국민의 행복을 보장한다고 주장한다. 국가가 국민의 행복을 결정해 줄 수 있다는 이론은 매우 솔깃한 제안일 수 있다. 그러나 이런 생각은 매우 위험한 발상이 아닐까? 행복을 공적인 문제로 환원시키는 것은 공적인 것과 사적인 것을 혼동함으로써 벌어지는 착각에 불과하다. 한나 아렌트는 개인의 행복을 국가가 해결해 줄 수 있다고 믿는 것에서 전체주의가 발생했음을 강조했다. 그러나 행복이 사적인 문제라 해도 정치적 조건이 개인의 행복에 지대한 영향을 미친다는 사실만은 부정할 수 없다. 개인이 독재정권보다는 민주주의 국가에서 더 행복할 가능성이 높다는 것은 분명한 사실이다. 칸트는 행복 개념의 정의와 행복추구는 사적 영역에 속하지만 개개인이 행복을 추구할 수 있는 조건을 결정짓는 것은 국가라고 말하면서 국가가 법을 통해 개인의 자유를 동등하게 보장해 줄 것을 요구했다. 즉, 국가는 행복이 무엇이라고 합법적으로 규정할 어떤 근거도 갖지 못하지만 개인이 행복을 실현하기에 적합한 기본 환경을 제공해 주어야 할 의무가 있다는 것이 칸트의 주장이었다. 이에 반해 마르크스는 사적 영역과 공적 영역의 분리는 계급투쟁의 결과를 무시한 부르주아적인 사고라고 비판하면서 사적인 행복추구에 있어 보다 적극적으로 사회적·정치적 현실이 고려되어야 한다고 주장했다. 칸트가 진정한 행복이란 이 세상에서 구현되기 힘들며 죽은 후 영혼에 의해 완벽하게 구현될 수 있다고 생각한 데 반해 마르크스주의자들에게 있어 행복이란 현 세계에서 이루어야 할 실천적 목표였다. 그리고 이것은 왜 마르크스주의자들이 사회적 현실에 더 많은 변화와 발전을 요구했는지를 설명하는 근거가 된다. 행복이 국가의 목적이 되어야 하는지, 국가가 정한 행복 개념에 모든 사람이 동의할 수 있는지, 이 경우 행복이란 개인에게 어떤 의미를 지니는지 등에 대해 토론해 보자.

더 생각해 봅시다 ❷

이웃을 내 몸처럼 사랑할 의무가 있는가?

성서를 보면 네 이웃을 내 몸처럼 사랑하라는 구절이 자주 나온다. 이것이 의미하는 바는 무엇일까? 이웃을 자신처럼 사랑한다는 것은 타인에게 자신에게 부여하는 정도의 정성과 애정, 시간을 투자한다는 것이다. 그런데 과연 그것이 현실적으로 가능한가? 이 문제를 논하기 전에 우선 자기 자신을 제대로 사랑한다는 것 자체도 그리 쉬운 일이 아님을 지적할 필요가 있다. 정신분석학 연구는 우리가 예상했던 것과는 달리 자기 자신을 혐오하거나 증오하는 사람들이 상당히 많다는 것을 밝혀냈다. 가령 열등감에 사로잡힌 이들을 자신을 진정으로 사랑하는 이들이라고 보기는 어렵다. 도박이나 알코올에 중독된 이들도 결국 자신을 파멸로 이끌 것이므로 자신을 진실로 사랑하지 않는다고 보아야 옳다. 말하자면 이기주의적이라는 것과 자신을 진실로 사랑하는 것은 별개의 것이다. 자신에게만 집착하면서도 결국 자신을 불행하게 만드는 경우를 우리는 흔히 볼 수 있다. 마찬가지로 타인을 무작정 흠모하는 것, 가령 스타를 좋아하듯 누군가를 지나치게 숭앙하는 것과 진심으로 있는 그대로의 타인을 아끼고 사랑하는 것은 다른

124

문제이다.

　게다가 위 문장에서 언급한 이웃이 과연 누구를 지칭하는가에 대해 질문할 필요가 있다. 이웃은 지나가는 여행객이나 이방인이 아닌 나와 유사한 존재, 즉 나와 가깝고 내게 호의적인 자를 지칭한다. 그렇다면 나와 문화나 취향을 같이하는 이웃을 사랑하는 것은 그다지 어렵지 않을 수 있다. 그러나 만약 타인이 이웃이 아니라 적, 혹은 나와 다른 가치관과 취향을 가진 이라면 그 경우에도 나는 그를 자발적으로 사랑할 의무가 있을까? 사실 기독교인이 기독교인을 사랑하는 것은 쉬운 일이나 기독교인이 이슬람교인을 사랑하는 것은 그다지 쉬운 일이 아닐 수 있다. 만약 이웃을 인류의 개념으로 확장시킨다면 이 경우 인류를 하나로 묶어주는 것은 무엇일까? 내가 전혀 알지 못하는 자를 인간이라는 이유로 사랑할 경우 나와 남을 결속시키는 것은 이성인가 감성인가?

　마지막으로 사랑의 의무에 대해 말한다는 것 자체가 모순이 아닌지 질문할 수 있다. 사랑이란 가슴속에서 우러나오는 즉각적이고 자연스런 감정인데 만약 의무와 책임감에 의해 사랑해야 한다면 그것은 이미 사랑이 아닌 것이 아닐까? 단지 인간이라서 사랑해야 한다면 이것은 타인의 개성이나 성격 등을 존중하지 않는 태도일 수도 있다. 모두를 공평히 사랑하기에 인간의 힘과 시간은 너무 한정되어 있다. A를 사랑하듯 B, C, 그외 모든 사람을 사랑한다면 그것은 결국 A를 특별히 여기지 않는다는, 즉 모두에게 무관심하다는 것을 의미하지 않을까? 인류라는 보편성의 이름으로 사랑하기보다는 각 개인의 차이와 개성에 호기심을 갖고 이해하려는 태도가 더 바람직한 것이 아닐까? 보편적 사랑이 의무가 될 수 있는지에 대해 논의해 보자.

07

정열은 영원할 수 있는가?

Baccalauréat, 1997

정열은 사유된 흥분, 즉 예견하고, 기대하고, 바라고, 두려워하던 흥분이다.
알랭(Alain, 프랑스 철학자)

자신의 욕망을 제어하려는 철학자들은 실험실의 불을 끄려고 하는 화학자와 같다.
샹포르(Chamfort, 프랑스 모랄리스트)

생의 가치는 얼마나 많이 깊은 감동과 정열을 경험했는가에 의해 측정된다.
소이시로 혼다(Soichiro Honda, 일본 엔지니어·기업가)

서론

문학작품을 읽다 보면 인간의 삶에서 정열이 얼마나 중요한 역할을 하는지를 잘 알 수 있다. 프루스트(M. Proust)는 《잃어버린 시간을 찾아서》에서 오데트란 여성을 갈구하는 것에 인생을 바친 주인공을 등장시켜 정열과 시간, 사랑과 소유의 문제를 실존적 문제로 부각시켰다. 괴테(J. W. von Goethe)는 《젊은 베르테르의 슬픔》에서 죽음에까지 이르게 하는 정열의 고통을 보여주었고, 셰익스피어(W. Shakespeare) 역시 로미오와 줄리엣의 사랑을 통해 모든 사회적 조건을 뛰어넘는 정열의 힘을 묘사했다. 각국의 전설을 읽어보아도 영원하고 절대적인 사랑에 대한 관심은 보편적으로 나타난다.

왜 사랑이 수많은 예술의 주제로 등장하는가? 종교와 이데올로기가 사라진 현대사회에서 마지막 이상이라고 일컬어지는 정열을 우리는 과연 신임할 수 있을까? 사람들은 끊임없이 사랑에 대해 이야기하지만 주위에서 흔히 볼 수 있는 연인들의 결별과 이혼은 정열이 과연 시간 속에서 지속될 수 있는지에 대해 의문을 갖게 한다. 과학적 분석이 설명하듯이 정열은 생물학적 이유에 의해 발생하고 소멸하는 것일까? 정열과 사랑은 인류가 다루는 가장 심각하고도 매력적인 주제임이 틀림없다. 정열은 영원할 수 있는가?

정열과 시간

정열에 빠져 있는 시간은 다른 시간과 달리 인간에게 매우 크고 강렬한 의미로 다가온다. 정열은 마치 새로운 세상이 시작된 것과 같은 흥분을 안겨주고 우리로 하여금 사랑이 영원하기를 바라도록 한다. 그러나 시간이 흐름에 따라 연인들은 그들의 단점과 허점을 발견하게 되고 사랑은 식게 된다. 따라서 정열적 사랑은 강렬하지만 평범한 일상의 권태를 이겨내지 못하며 오래 지속되지 않는다는 것이 정열에 대한 일반적인 평가이다. 현실주의자들은 사랑은 환상이므로 현실을 직시하는 냉철한 시야를 지녀야 한다고 충고하기도 한다.

어쩌면 정열은 이상과 현실 사이에 선 인간의 모순과 실존적 유한성을 보여주는 가장 대표적인 것이라고도 말할 수 있다. 회의적인 시각에 따르면 인간이 태어나 성장하고 늙고 죽음에 이르듯이 정열과 사랑도 같은 유기체의 논리에 따라 성장하고 소멸하는 과정을 피할 수 없다. 물론 인간의 시간이 모두 부정적인 것은 아니다. 현자들은 우정어린 관계는 시간과 함께 더욱 성숙할 수 있다고 생각했다. 그러나 신체적 매력의 중요성을 배제할 수 없는 연애관계에 있어 시간은 정열의 적임이 분명하다.

아라공(L. Aragon)은 〈행복한 사랑은 없다〉라는 시를 노래했다. 그러나 이러한 주장은 매우 모순적으로 느껴진다. 사람들이 인생을 걸고 사랑을 찾아 헤매는 것은 결국 그것이 행복을 가져다주리라 믿기 때문이 아닌가? 사랑은 타인과의 합체를 통해 자신을 실현시키려는 완성에의 욕구이다. 왜 행복과 사랑은 공존 불가능한 것일까? 《존재와 무》에서 사르트르는 사랑은 믿음의 서약인 동시에 타인의 자유를 인정하는 태도라고 설명했다. 한 사람을 사랑한다는 것은 그를 소유할 수 있는 객체, 사물로서 사랑하는 것이 아니라 자유로운 사람으로서 사랑한다는 것을 의미한다. 그러나 사랑은 타자를 소유하고 싶은 마음과 그가 나를 배반할지도 모른다는 두려움에서 완전히 해방될 수 없기에 결국 우리는 자유로워야 할 타인이 나의 것, 즉 변하지 않는 객체가 되기를 요구하며 이로부터 비극적 갈등이 시작된다.

현실적 비극을 피할 수 있는 유일한 방법은 정열의 실현을 불가능한 것으로 만드는 것이다. 많은 작가들은 정열이 죽음의 영원성 안에서만 가능하다고 생각했다. 즉, 더 이상 시간의 제약을 받지 않을 경우 사랑은 이루어질 수 있다고 믿은 것이다. 유명한 사랑의 전설은 이러한 현실적 한계를 피해 죽음을 통해 영원에 이른 연인들의 모습을 보여준다. 《로미오와 줄리엣》, 《트리스탄과 이졸데》같은 유명한 비극이 보여주듯이 가장 애틋한 사랑은 이루어질 수 없는 사랑인 경우가 많다. 현실과의 융합에 실패하여 비극으로 끝을 맺는 연인들의 모습은 사랑이 이상 그 자체를 상징하고 있음을 증명한다. 사랑은 이상을 방해하는 모든 것에 대한 투쟁이고 긴장이며 갈등이다. 따라서 사랑이 순수할수록 비극적 결말을 맞을 가능성이 높고 이것은 유한성을 지닌 인간이 무한성을 꿈꾸는 과정에서 맞게 되는 실존적 갈등이라고도 할 수 있다. 우리가 진정으로 추구하는 것은 무한이기에 유한한 현실 속에서 행복이라 부를 수 있는 조화와 평화를 얻기는 힘들다는 사실을 정열의 비극은 역설적으로 보여준다.

정열, 이성, 육체

전통적으로 철학자들은 인간을 이성적 존재로 규정했고 인간의 감

사랑의 비극은 그것이 시간의 범위를 벗어나지 못한다는 것이다. 어떤 사람이 현재의 애인과 함께 있을 때, 과거의 사랑을 대하는 무관심에는 특별히 잔인한 면이 있다. 오늘은 이 사람을 위해서 무엇이라도 희생할 수 있을 것 같은데 몇 달 후에는 그 사람을 피하기 위해서 일부러 길을 건넌다는 것은 무시무시하지 않은가.
-알랭 드 보통(Alain de Botton),《왜 나는 너를 사랑하는가》중에서.

정적 측면을 경시했다. 철학자들에게 있어 정열이란 비이성적인 감정, 광기와 유사한 것으로 간주되었기에 대부분의 철학자들은 정열에 부정적이었다. 칸트는 정열을 영혼의 병으로 정의했으며 정열에 사로잡힌 사람은 현재 또는 과거의 노예가 된다고 경고했다. 데카르트는 정열은 의식을 심히 어지럽히고 뒤흔드는 것이기 때문에 정열의 지배자가 되는 훈련을 받아야 한다고 강조했다. "사랑은 우리로 하여금 더 믿지 않게도 하고 더 믿게도 하며, 사랑하는 사람을 다른 사람보다 더 빨리 의심하게도 하고 사랑하는 사람이 거절하는 것을 아주 쉽게 믿게도 한다"는 프루스트의 글귀가 보여주듯이 실제로 정열은 정상적인 판단을 저해하고 객관적인 판단을 어렵게 하는 측면이 있다. 정열에 빠진 사람은 상대방을 있는 그대로 바라보지 않고 상대방의 장점만을 미화하고 이상화한다. 따라서 일정 시간이 흐른 후 우리는 우리가 진정 사랑한 대상이 무엇이었는지조차 모르게 되는 경우가 있다. 스탕달(Stendhal)은 20년 전에 자신이 쓴 사랑의 편지는 마치 "남의 나라 글로 쓰여진 것 같다"고 하면서 헛된 사랑의 환상을 지적했다. 유사한 시각에서 수많은 작가와 철학자들은 사랑을 냉소적으로 고찰했다. 프루스트는 《스완의 사랑》의 마지막 구절에서 사랑에 대한 씁쓸한 결론을 내린다. "내 마음에 들지도 않는, 내 타입이 아닌 여자를 위해 내 인생 최고의 사랑을 하고, 죽기를 원하고, 내 인생을 허비했다니……." 사실상 프루스트의 주인공에게 있어 연인이 누구인지는, 실제로 그가 존재하는지는 중요하지 않았다. 자신이 갈망하는 사랑의 이미지를 투영할 수 있는 타자라는 대상이 필요했을 뿐이다. 실제로 정열의 대상은 상당히 모호하다. 우리는 대상 자체를 사랑하는 것일까? 그를 사랑하는 나를 사랑하는 것일까? 아니면 "우리는 현실의 인간을 사랑하는 것이 아니고 자기가 만든 인간을 사랑한다"고 프루스트가 말했듯이 정열 그 자체를 사랑하는 것일까? 사랑의 대상보다는 사랑이라는 감정 자체에 도취해 있을 때 대상의 현실적인 모습은 사랑을 이상화하는 데 방해가 될 수도 있다. 그리고 이는 왜 헤어진 연인들이 자신의 옛사랑을 그토록 그리워하는지를 잘 설명해 준다. 사랑의 대상이 멀게 느껴질수록 사랑은 숭고함을 띠게 되며 '거리감'은 사랑을 아름답게 만드는 원동력이 된다. 프루스트는 〈소돔과 고모라〉에서 다음과 같이 적고 있다. "정열의 대상은 정열의 근원이라기보다는 정열의 구실이다. …… 사랑하는 사람의 신비감을 높여주는 것―예를 들면 우리가 가까이할 수 없는 경우―은 모두 정열을 강화시킨다. 왜냐하면 사랑하는 존재가 멀리 떨어져 있거나 소멸하는 것은 결정작용이나 심리적 투영현상을 촉진시키기 때문이다."

일반적으로 생각할 때 사랑과 냉소는 양극에 위치한 것이다. 믿음 없이 사랑은 불가능하다. 따라서 완전히 비관적이거나 냉소적인 사람이 사랑에 빠지는 경우는 극히 드물다. 사랑은 사랑에 빠지고 싶은 마음이라는 표현처럼 사람들은 사랑 자체를 사랑하여 어느 순간 사람을 객관적으로 꿰뚫어보고 비판하는 일을 그만두게 된다. 사랑을 믿고 싶은 마음은 냉소주의에서 벗어나고 싶은 마음이기도 하다. 현실을 아무리 명확하고 통찰력 있게 바라본다 해도 그것이 인간의 단점만을 부각시킨다면 그래서 나를 더 외롭고 허무하게 한다면 무슨 소용이 있겠는가? 심리학자 프라딘느(M. Pradines)에 따르면 정열은 환상으로의 도피이며 현실의 부정이다. "인생의 특징은 미래를 향해서 도피하는 것이고, 정열에 사로잡힌 사람은 자신의 이성보다는 자신의 걱정으로 공상적이고 유령 같은 시간을 만들어낸다." 따라서 현자들은 지혜를 습득하는 데 장애물이 되는 정열로부터 도망갈 것을 충고했다.

정열에 대한 비난은 근본적으로 육체적인 것, 특히 성에 대한 부정적 인식과도 관계한다. 회의론자들의 주장에 따르면 사랑과 같은 정념은 육체의 언어이며 인간의 생물적 구조와 관련이 있다. 식욕과 마찬가지로 성욕은 존재를 보존하고자 하는 인간의 기본적 욕구이다. 따라서 이 욕구에 사로잡혔을 때 인간은 상대방을 이상화된 상태에서 바라보게 된다. 그러나 성행위를 마친 후 그들은 그것이 동물적 행위였음에 환멸을 느끼게 된다. 이러한 지적은 세상의 대다수 드라마와 영화가 교묘하게 주입하는 사랑과 성욕의 환상에 대한 거친 반발이자 욕망의 실체가 진정으로 어떤 것인지를 묻는 도발일 수 있다.

왜 이토록 육체적 사랑을 부정적으로 해석한 것일까? 철학자들에 따르면 육체는 자기애의 원천이다. 육체적 갈망을 포함한 정열은 사랑의 대상을 소유하려는 이기적인 나르시시즘에 기원한 경우가 많다. 이와 관련해 프루스트는 "감정은 세계와 타자에게 열려 있는 데 반해 정열은 세계와 타자를 에고이즘의 도구로 삼으려 한다. 또한 감정은 헌신적이고 정열은 소유적이다. 정열은 폭군과 같이 소유적이기 때문에 이기적이다"라고 말한 바 있다. 라이프니츠(G. W. von Leibniz) 역시 정열을 부정적으로 해석했다. "감정적인 사랑은 타인의 행복을 즐기는 호의적인 사랑이지만, 정념적인 사랑은 이기적이고 타자를 소유하려는 탐욕적인 사랑이다."

쇼펜하우어에 따르면 세계의 본질은 '맹목적 의지'이고 그것이 인간에게서는 성적인 사랑으로 표현된다. 다시 말해 세계의 중심에는 팽창과 번식을 위한 맹목적 의지가 꿈틀거리고 있으며 인간은 그러한 목적을 위한 수단으로 사용된다는 것이다. 사드 역시 정열에 의해 인간은 자연의 수단으로 전락한다고 지적한 바 있다. "인간의 정열이란 자연이 자신의 목적을 위해 사용하는 수단에 불과하다." 이런 관점에서 본다면 전쟁터에서 장렬히 전사한 위대한 역사 속 인물들도 사실은 역사의 전략에 따라 수동적으로 움직여진 도구에 불과하다고 할 수 있다. 인간은 스스로 무엇인가를 계획한다고 생각하지만 사랑에 빠질 경우 정열은 무의식을 잠식하고 어떤 이성적 판단도 불가능하게 만들어버린다. 실제로 정열이란 단어에는 수동이란 의미가 포함되어 있다. '포획되었다'는 표현의 적절한 상태가 바로 정열적으로 무엇인가에 도취된 상태이다. 도박에 미친 사람, 알코올 중독자, 사랑에 빠진 연인 등 이들 모두에게서 공통적으로 나타나는 것은 자신의 의지와 상관없이 무엇인가에 강렬하게 이끌린다는 사실이다. 철학자들은 능동적인 이성과 달리 수동적인 감정과 욕망은 인간에게 멍에를 씌워 노예로 만든다고 비판한다. 데카르트에 의하면 수동적이란 것은 동물적 정신의 표현이다. 데카르트적 관념에서 보면 정열적인 사랑에 빠진 사람은 포획된 사람이며, 숙명적인 힘에 의해서 자기 자신을 탈취당한 희생자라고도 볼 수 있다. 라신(J. B. Racine)의 작품 《페드르》에서 운명의 노예가 된여주인공이 그녀 자신이 제어할 수 없는 "불길 같은 사랑을 느끼고 그에 대한 공포"를 느낀다고 토로했듯이 정열은 매력적인 동시에 위험하다.

이성적인 사고가 중용과 온화함을 강조한다면, 정열은 이러한 이상의 반대에 위치한 것이다. 칸트에 따르면 "흥분은 제방을 무너뜨리는 물과 같고, 정념은 밑바닥을 점점 깊게 파면서 흐르는 급류와 같다." 정열의 강렬한 힘은 어디로부터 연유하는가? 정열은 가장 원초적인 인간의 삶을 나타낸다. 정열은 성욕을 내포하고 있고, 성욕은 삶의 세계에서 표현되는 가장 강인한 의지이다. 정열은 남녀의 이성을 정지시키고 본능에 충실토록 한다. 그렇다면 시인과 예술가들이 그토록 아름답게 묘사한 순수한 사랑도 결국 종족보존 본능이라는 생물학적 목적에 봉사하는 순간의 착각에 불과한가? 생물학자들이 설명하듯, 종족번식이 끝나고 자손이 태어나면 남녀간의 사랑도 사라지는 것일까?

승화된 정열

도대체 순수하고 영원한 사랑은 무엇인가? 진정한 사랑과 정열을 구분하여야 할까? 일반적으로 우리는 사랑을 정열과 동일한 것으로 생각한다. 특히 사랑이 낭만적이고 운명적인 형태를 띠기 위해선 어떤 것도 막을 수 없는 정열이어야 한다고 믿는 경향이 있다. 우리가 읽고 보았던 수많은 글과 영화는 우리에게 그러한 사랑을 모델로 할 것을 요구했다. 그러나 사랑과 정열이 과연 같은 것인지에 대해 생각할 필요가 있다. 약간 도발적인 시각에서 본다면 사랑을 파괴하는 것이 바로 정열이 아닐까? 형제간의 사랑, 부자간의 사랑, 친구간의 사랑, 연인간의 사랑 등 사랑에는 여러 종류가 있다. 그러나 친구, 형제, 부자 간의 사랑의 경우 우리는 정열이란 용어를 사용하지 않는다.

정열은 로고스, 즉 이성과 반대되는 것이며 정열에 사람들이 그토록 도취되는 것은 바로 이 정열의 비이성적인 성격 때문이다. 일반적으로 사람들은 자유의지에 의해 선택된 사랑이 아닌 맹목적이고 무조건적으로 빠져 들어가는 사랑, 운명에 의해 점지된 사랑을 선호하며 이성적으로 사랑하는 것은 사랑의 올바른 방법이 아니라고 생각한다. 흔히 '사랑에 눈이 멀었다'고 할 정도로 열렬히 사랑하는 연인들은 남들이 나의 애인을 어떻게 판단하는지에 연연하지 않는다. 몰리에르(Molière)는 연인들은 "결점을 완벽함이라 생각한다"고 말하지 않았는가?

그러나 상대방에 대한 진정한 이해와 배려를 포괄하지 않는 사랑이 진정한 사랑인지에 대해 의문을 제기할 수 있다. 정열 안에는 타인에 대한 소유욕과 하나가 되고자 하는 욕망이 가득하다. 그러나 사랑은 타자성을 받아들이고 나와 다른 타자를 인정하고자 하는 노력이다. 타인과 자기 자신을 존중하고 정열의 복잡한 성격을 이해하며 그로부터 거리를 둘 수 있는 능력을 갖출 때라야 비로소 인간은 타인을 단순한 욕망의 대상으로 전락시키는 위험에서 벗어날 수 있다. 데카르트는 사랑할 경우 그 대상이 그러한 사랑을 받을 자격이 있는지를 신중히 고찰해 보라고 권고했다. 아리스토텔레스는 우리가 타자를 사랑하는 것은 이성이 그의 장점을 좋게 평가했기 때문이라고 설명했다. 요컨대 사랑에 있어 이유가 없다는 것은 있을 수 없다는 것이다. 정열이 자신의 욕구에 따라 상대방을 이상화하는 오류를 저지른다면 사랑은 애정의 대상이 진정으로 사랑받을 가치가 있음을 인지하고 소중한 상대방을 강화, 보존하기 위해 정성을 들이는 행위이다. 그렇다면 정열과 사랑이 반드시 같은 것이라고 볼 수 없다. 과연 모든 정열은 파괴적이고 부정적이기만 한 것일까? 정열의 긍정적인 힘은 어디에서 찾을 수 있는가?

우선 정열은 에너지라는 점에 주목할 필요가 있다. 정열은 힘의 원천이자 삶 자체라고까지 말할 수 있다. 니체는 정열을 포기하고 그것을 억압하는 것은 생을 그 근원에서 공격하는 것이라고 말하면서 기독교의 금욕주의를 비난했다. 실제로 정열이 없다면 우리는 어떤 위대한 일도 해내지 못할 것이며 자신의 한계를 극복하지 못할 것이다. 헤겔은 정열과 열광은 같은 것이며 "세상의 어떤 위대한 일도 정열 없이는 이루어지지 않았다"라고 말했다. 스탕달은 우리의 의지의 결단력을 길러주는 힘을 정열이라 했고, 이성주의자인 데카르트마저도 《정념론》의 마지막 부분에서 "정열에 의해서 가장 많이 감동받을 수 있는 사람이 인생에서 가장 많은 감미로움을 맛볼 수 있을 것이다"라고 말했다.

낭만주의 작가들의 정열에 대한 찬양도 유명하다. 그들은 정열이야말로 일상적인 단조로움에서 인간을 해방시켜 주고 인간 존재에 가치를 부여하며 영혼을 고양시키는 감정이라고 평했다. 그들은 또한 정열적인 열광만이 개인의 진정한 자아실현을 이루게 할 것이라고 주장했다. 낭만주의자들의 주장에 따르면 우리가 정열에 빠지는 것은 무엇인가 영원하고 절대적인 것을 갈구하기 때문이다. 정열은 무한을 지향하고 있고 그 사실만으로 사람들에게 생의 욕망을 불러일으킨다. 어찌 보면 정열을 잃은 사람은 모든 것을 잃은 사람이라고도 볼 수 있다. 독일 낭만주의자들은 "사랑 때문에 죽는 것은 사랑을 알지 못하고 사는 것보다 낫다"고 말했고, 초현실주의자 앙드레 브르통(André Breton)은 자신의 소설《미친 사랑》에서 그의 손녀가 한 남성으로부터 미친 듯한 사랑을 받기를 바란다고 피력했다.

정열은 지속적인 내적 불씨와 같아 그것이 온몸에 퍼질 때 우리는 감동과 힘을 얻게 된다. 요컨대 정열이 문제가 되는 것은 정열 자체 때문이라기보다는 정열의 대상과 사랑의 방법 때문이라고 볼 수 있다. 스피노자는 좋은 정열과 나쁜 정열을 구분하였다. 그에 따르면 좋은 정열은 나의 행동능력을 더 강화시켜 주는 반면 나쁜 정열은 나의 행동능력을 약화시키고 슬픔을 야기시킨다. 가령 술을 지나치게 마시는 것이나 음식을 과도하게 섭취하는 것이 나쁜 정열인 이유는 결국 그런 습관이 나의 건강을 해치기 때문이다. 육체적 정열이 시간과 함께 소멸한다면, 예술이나 이상에 대한 정열은 시간과 함께 더 강렬해지는 경우를 많이 볼 수 있다. 모든 예술적 작품은 정열의 산물이며 영원을 약속한다. 정열에 대해 다분히 부정적이었던 고대 철학자들도 진리에의 정열만큼은 예외로 취급했다. 육체를 비난했던 기독교인들도 신에 대한 정열은 마땅한 것이라고 찬양했다. 그렇다면 "정열은 영원할 수 있는가"의 문제에 답하기 위해선 정열 자체에 대한 찬반논의를 벌이기보다는 정열을 바치고 있는 대상에 대한 정확한 이해를 도모해야 옳을 것이다.

《신(新) 엘로이즈》에서 루소는 정열에 대항하여 싸울 수 있는 방법에 대해 연구한 후 정열에 저항하기에 이성은 너무 허약하며 단지 또 다른 정열만이 기존 정열에 대항해 싸울 수 있다는 결론을 내린다. 그리고 덕을 향한 정열을 모든 정열을 이길 수 있는 최상의 정열로 지칭한다. 루소가 지적했듯이 정열은 덕을 동반하는 한에서 지속될 수 있다. 이성과 도덕적 소양을 동반하지 않는 육체적이고 감성적인 사랑에서 고독과 불안이 시작된다면, 정화되고 승화된 정열은 행복한 사랑이 된다. 즉, 정열을 사랑으로 바꾸기 위해선 이해라는 이성적 도구가 필요하다. 타인을 진심으로 이해한다는 것은 타인을 자신의 기준에 따라 판단하지 않는다는 것이다. 그리고 집착과 소유를 배제한 진정한 이해를 통해 인간은 정열의 갈등관계에서 벗어나게 된다. 폭력을 이기기 위한 유일한 방법은 폭력의 원인을 이해하는 것이다. 마찬가지로 정열로 인해 괴로움을 겪는 자가 있다면 그 원인을 이해함으로써 해로운 감정으로부터 자유로워질 수 있고 진정한 사랑으로 나아갈 수 있다. 정열이 인간의 자연적 속성, 즉 생물학적 차원에 의해서만 결정된다는 주장은 너무 편협하다. 인간의 정열은 이성을 동반하기 때문에 시간을 초월할 수 있는 능력을 포괄한다.

결론

아무리 정열을 비판하고 냉소적으로 분석한다 해도 사람들은 사랑에 빠지는 것을 멈추지 않을 것이다. 정열은 인간의 본질적 에너지이며 인간성을 나타내는 한 척도이기 때문이다. 인간은 완전히 이성적이지도 완전히 물질적이지도 않은 복합적 존재이므로 정열의 배척은 우리의 신체성, 나아가 총체적 인간성에 대한 거부를 의미할 수도 있다. 정신분석학이 밝혀낸 바에 의하면 억압된 욕망의 힘은 무서울 만큼 강하며, 그 결과는 대단히 해롭다. 그렇다면 무조건 정열을 비판하기보다는 정열의 논리를 이해하고 좋은 정열을 선별해 내는 것이 옳지 않을까?

　동물은 본능은 갖고 있지만 정열은 알지 못한다. 정열은 인간이 이 세상과 맺고 있는 필수불가결한 관계의 한 양태이며 실존의 조건이다. 맹목적인 충동에 이끌릴 경우 정열은 인간의 나약함으로 작용하기도 하지만 올바른 대상에로 향할 경우 몸과 마음을 함께하는 정열적인 행위는 위대한 결과를 낳을 수 있다. 지혜로운 사랑으로 전환된 정열은 영원할 수 있으며 덕으로 승화된 정열 속에서 타자와의 만남은 진정한 가치를 지니게 된다.

바칼로레아의 질문들

- 정열을 경험하면서 자유로울 수 있는가? (1995)
- 조절된 정열도 정열인가? (2001)
- 정열은 우리로 하여금 책임을 완수하지 못하게 하는가? (2000)
- 정열은 인간들을 분열시키는가? (1999)
- 정열이 변명이 될 수 있는가? (1999)
- 정열을 이길 수 있는 힘을 어디서 찾을 수 있는가? (1998)

더 생각해 봅시다 ❶

사랑의 유효기간

근래 우리나라에서 이혼율이 증가하고 있다는 것은 잘 알려진 사실이다. 현대인이 경험하고 있는 이혼의 급증은 정열의 한계를 보여주는 대표적 증거인가? 뉴스는 일부일처제가 곧 사라지게 될 것이라는 소식을 전하고 미디어 광고 등에서는 사랑의 유효기간이 1년 반이라는 것을 공공연하게 강조하기도 한다. 열정적인 사랑은 수명이 짧다고 보기에 전문가들은 낭만적 사랑에 대한 기대보다는 현실적이고 동지적인 부부관을 갖기를 권고하기도 하나 사랑의 특성상 어떤 연인도 정열이 변질될 것임을 인정하지는 못한다.

위대한 사랑과 유토피아적 가족상은 인간의 현실을 외면한 이데올로기에 불과할까? 정열을 결혼의 이름으로 의무화하는 것이 바람직한 것일까? 과연 현대인들은 진심으로 상대방을 사랑하기에 결혼하는가? 아니면 경제적 필요나 상대방의 조건에 끌려, 혹은 외로움을 피하기 위해 결혼하는가? 사랑이 지속되기 위해선 인격적 성숙과 독립성이 우선되어야 한다고 말하지만 이 경우 정열과 우정 사이에 혼란이 있을 수 있다. 어떤 이는 "진정한 사랑이란 유령과 같아 모두가 그에 대해 이야기하지만 그것을 진짜로 본 사람은 아무도 없다"고 말했다. 영원한 사랑이란 인간의 환상이나 신화에 불과한 것일까? 진정한 사랑의 조건에 대해 생각해 보자.

더 생각해 봅시다 ❷

타인을 존중한다는 것은 일체의 열정을 배제한다는 것을 뜻하는가?

타인을 존중한다는 것은 무엇인가? 왜 우리는 타인을 존중하는가? 무엇 때문에 타인에 대한 존중은 보편적 가치인가? 내가 타인을 사랑하는 것은 그를 존중하기 때문인가? 아니면 그를 소유하길 원하기 때문인가? 만약 내가 정열이나 욕망에 의해 타인을 사랑한다면 나는 그가 내게 제공해 줄 수 있는 그 무엇 때문에 사랑하는 것이라고 볼 수 있다. 진정으로 타인을 존중한다면 그가 내게 아무것도 해줄 수 없다 하여도 그를 향한 마음에 변함이 없어야 한다. 즉, 타인을 존중한다는 것은 타인이 나의 욕구를 만족시키는 존재나 수단이 아니라 독립된 인간으로 존엄성을 지니고 있다는 것을 인정하는 것이다.

만약 나와 타인 간의 거리를 인정하는 데서 존중이라는 감정이 가능하다면 나와 타인 간의 합일을 추구하는 정열적 관계 속에서 어떻게 타인에 대한 존중이 유지될 수 있을까? 이론상으로 나는 내가 존중하고 존경하는 대상을 갈망하지 않을 수 있다. 그러나 그에게 가까이 가고 싶은 열정이 발생하는 것은 자연스러운 현상이다. 따라서 우리는 열정을 금하려는 이성과 열정의 본능 사이에서 갈등하게 된다. 이 경우 만약 타인도 나를 열정적으로 갈구한다면 애정은 파괴적인 것이 아닌 풍요로운 것이 될 수 있다. 존중과 열정 사이의 균형을 유지하는 것은 매우 힘든 일임이 분명하지만 불가능한 것은 아니다. 사랑의 이름으로 타인을 욕망의 대상으로 삼는다거나 자기 자신을 소중하게 다루지 않고 그런 대상이 되도록 내버려둔다는 것은 매우 위험하고 비극적인 일이다. 실제로 현실적 사랑은 권력관계를 피하지 못하는 경우가 많다. 욕구하는 자와 욕구당하는 자, 정복자와 희생양 사이의 권력관계는 매우 미묘하게 미화된 경우가 많다. 분명한 것은 연애담의 주골격을 이루는 갈등과 고통은 타인을 경쟁과 투쟁을 통해 쟁취해야 할 대상으로 간주할 때 시작된다는 것이다. 아무리 소유하려 해도 타인은

'나의 것'이나 '나의 수단'이 될 수 없는 자유로운 존재이다. 그러므로 상대방에 대한 존경심을 잃지 않음으로써만이 우리는 행복한 애정관계를 지속할 수 있다.

더 생각해 봅시다 ❸

어떤 보답도 기대하지 않는 무조건적인 사랑이 가능한가?

만약 내가 사랑을 함으로써 얻을 수 있는 이득 때문에 사랑한다면 그것은 사랑이라는 감정 자체를 욕되게 하는 것이지 않을까? 일반적으로 우리는 보답을 기대하지 않고 사랑하는 것을 가장 순수한 형태의 사랑이라고 생각한다. 성서에 나오는 아브라함이 아들을 희생시키는 장면은 신에 대한 아브라함의 조건 없는 사랑을 보여주는 극단적인 한 예이다. 만약 아브라함이 자신이 가장 사랑하는 존재를 희생시킴으로써 신으로부터 얻을 수 있는 이익을 기대했다면 그의 사랑은 거래에 불과한 것이 된다. 말하자면 어떤 이해관계나 계산도 포함하지 않을 것을 사랑의 이상은 요구한다.

  그러나 현실적으로 과연 이런 사랑은 가능한가? 그보다는 모든 인간관계는 이해타산의 논리로 이루어져 있지 않은가? 특히 남녀 사이엔 욕망의 문제가 존재하기에 한쪽의 무조건적인 헌신을 기대한다는 것은 사실상 불가능하다. 아무리 숭고한 짝사랑이라 해도 사랑을 받는 대상에겐 그것이 부담일 수도 있지 않을까? 현실적인 사랑에 있어 상호성이 오히려 더 바람직하지 않은가? 아브라함의 예화도 결국 신이 아브라함에게 감사하고 그의 사랑에 대해 보상을 하는 것으로 끝이 난다. 무조건적인 사랑을 받기를 모든 인간은 꿈꾸지만 그 같은 사랑을 실천하는 사람은 극소수이다. 주고받음이 있는 우정 같은 사랑과 적마저도 사랑하는 무조건적인 사랑 중에서 어떤 것이 더 바람직하다고 생각하는가?

더 생각해 봅시다 ❹

사랑이 앎의 한 양식이 될 수 있는가?

일반적으로 사랑은 주관적인 감정의 영역, 앎은 보편적인 이성의 영역으로 간주되며 이 둘은 상치되는 것으로 간주된다. 그러나 앎은 단지 추상적 지식에 국한되는 것이 아니다. 그것은 세상과 관계하며 자기 자신의 한계를 극복하여 새롭게 만들려는 주체의 활동이기도 하다. 후설(E. Husserl)은 사랑을 세상을 발견하게 하는 구체적이고 즉각적인 앎의 한 양태로 파악했다. 현상학적 관점에서 볼 때 한 여인을 사랑한다는 것은 자기 주관에 따라 그녀를 상상하는 것이 아니라 그녀가 사랑스럽기 때문에 그녀의 현실 속에 자신을 내던지는 것이다.

만약 사랑이 진실되다면 그것은 가장 정신적이고 고차원적인 성격을 띠게 된다. 플라톤은 《향연》에서 순수한 사랑은 이데아, 미, 절대성에 이를 수 있다고 밝힌 바 있다. 대부분의 철학자들은 사랑을 비이성적인 것으로 폄하했지만 사랑의 본질을 이해한다면 사랑이야말로 가장 심도 깊은 세상에 대한 이해이자 진리에 이르는 길임을 알 수 있다. 사랑을 통해 무엇을 배울 수 있는지 생각해 보자.

08

행복하기 위해선 너무 많이 생각하는 것을 피해야 하는가?

Baccalauréat, 1998

지성적인 행복은 존재하지 않는다.
장 로스탕(Jean Rostand, 프랑스 작가·생물학자)

너무 많이 알고 있는 사람들과 더불어 잘 살 수는 없다! 아무것도 모르는 사람들과 더불어 잘 살 수는 없다! 너무 많이 알지 못하는 사람들과 잘 살 수 있다.
알랭(Alain, 프랑스 철학자)

서론

앎은 우리에게 통찰력을 제공한다. 그리고 통찰력은 우리로 하여금 나 자신과 세상을 가능한 한 객관적으로 바라볼 수 있는 능력을 갖게 한다. 말하자면 통찰력이 있다는 것은 사물과 현실을 제대로 파악하고 환상에 의해 실수를 저지르지 않는다는 것을 의미한다. 그러나 환상이나 거짓 없이 똑바로 바라본 세상이 과연 아름답기만 할까? 통찰력은 다른 사람들이 보지 못하는 세상과 인생의 부조리함과 추함까지도 보게 하여 우리를 더 불행하게 할 수도 있다. 있는 그대로의 현실을 받아들이기 어렵기에 우리는 무의식적으로 자기 자신에게 거짓말을 하고 스스로에게 '나는 행복하다'는 최면을 걸기도 한다.

나무 아래에서 편히 쉬고 있는 양떼나 순진한 어린이들의 모습은 얼마나 행복해 보이는가. 지식이 행복을 가져다주는 것은 아니라고 사람들은 말한다. 도서관에서 홀로 공부하는 사람보다는 공원에서 친구들과 어울리는 사람이 더 행복해 보이는 것도 사실이다. 그러나 과거 현인들은 지혜만이 행복에 이르는 정도라고 말하지 않았던가? 편안한 행복에의 유혹과 환상의 안식처를 빼앗을지도 모르는 진리의 혼란스러움과 고독 사이에서 나는 무엇을 선택해야 하는가? 행복하기 위해선 너무 아는 것을 삼가야 하는가? 아니면 불행을 각오하고라도 진리와 자유를 추구해야 하는가?

사색하는 자의 불행

사람들은 일반적으로 어리석음과 지적 게으름을 비판한다. 어떤 사람에 대해 '그는 무지하다'라고 하는 것은 결코 칭찬이 아니다. 이렇게 무지를 비판하는 것은 앎이 인간성을 가늠하는 척도로 간주되기 때문이다. 철학자들의 시각으로 볼 때 다른 동물과 인간을 구분하는 기준이 되는 이성을 제대로 사용하지 않는다는 것은 스스로 인간성을 포기하고 동물과 같이 행위한다는 것을 의미한다. 칸트는 이와 관련해서 자연이 무의미하게 만든 것은 없으며 인간을 이성적으로 만든 것 역시 인간이 이성을 최대한 사용하기를 원했기 때문이라고 설명했다. 그렇다면 인간의 본성이라 할 이성을 지나치게 사용한다고 말할 수 있을까? 인간이 우려해야 할 것은 사실 앎의 모자람이지 앎의 지나침일 수는 없지 않을까?

그러나 너무 지나친 사색에 빠져 현실적으로 행동력을 상실하게 될 위험은 분명 존재한다. 이성이란 우리로 하여금 경험을 넘어서는 사고를 가능케 해주는 것이며 유토피아, 이데아처럼 실제로 존재하지 않는 것을 파악할 수 있는 능력으로 정의된다. 그런데 구체적 경험을 배제한 추상적 사고에만 전념할 경우 우리는 현실적 감각을 상실할 수 있다. 따라서 사람들은 관념적인 사고를 불필요하며 비생산적인 활동이라고 비난한다. 소크라테스는 동굴의 우화 등을 통해 추상적 사고에 익숙한 철학자들은 상대적으로 현실적 삶의 기술이 서툴기 때문에 일상적인 삶 속에서 종종 조롱거리가 된다는 점을 인정한 바 있다. 이러한 사실은 현자 탈레스(Thales)가 천체를 관찰하다가 우물에 빠진 일화에 의해 상징적으로 묘사되기도 했다. 과연 철학자들은 하늘에서 벌어지는 일에 너무 관심을 기울인 결과 자신의 발밑에 무엇이 있는지조차 모르는 사람들일까? 에라스무스

(D. Erasmus)는 《광기예찬》에서 철학자는 겁이 많고 수줍으며 행동에 앞서 "너무 많은 질문을 던진다"고 지적했다. 실제로 모든 것을 너무 진지하게 받아들이고 깊게 생각하는 사람에게 우리는 일단 생각을 접고 행동해야 한다고 충고한다. 사람에겐 생각을 해야 할 때와 행동을 해야 할 때가 있으므로 사고의 시간이 너무 긴 것은 해롭다는 것이다. 더욱이 모르고 지나칠 수도 있는 문제를 일부러 찾아내 분석하고 비판하는 사람의 존재가 항상 달가운 것도 아니다. 그의 날카로운 지성은 아직까지 발견하지 못한 삶의 아름다움을 부각시키기도 하지만 그보단 우리가 의식적으로 혹은 무의식적으로 부인하고 싶은 인간과 세상의 위선과 허위의식을 고발하는 기능을 하기 때문이다. 지나친 앎에의 열망에 의해 우리는 에덴 시절의 순진함과 행복을 상실하게 되는 것이 아닐까? 실존의 불안이나 현실적 문제에 고심하지 않고 그날그날을 살아가는 범인의 삶에서 배울 점은 없는가?

시인 르네 샤르(René Char)는 명철함이란 "태양으로부터 가장 가까이에 있는 상처"라고 말했다. 다시 말해 진리에 가까이 다가가면 갈수록 인간의 마음은 상처를 입는다는 뜻이다. 실제로 진리는 인간의 마음을 혼란스럽게 하고 불편하게 할 수 있다. 우리가 알고 있던 사회적 이데올로기와 가치관에서 벗어나 세상을 보다 깊게 고찰하는 것은 매우 의미 있는 작업이지만 동시에 위험한 작업이기도 하다. 인생의 의미와 행복의 조건에 대해 끊임없이 문제를 제기하고, 있는 그대로의 세상을 거부하는 철학자는 천성적으로 불안한 존재이다. 고민과 사색은 그들의 육체와 정신에 안정을 가져다주지 못하기에 이들이 비관주의나 우울증에 걸릴 확률도 높다.

흄(D. Hume)은 《종교의 자연사》에서 다음과 같이 말했다. "일반적으로 가능한 한 평범함과 모든 것에 대한 무관심에서 그치는 온화하고 절제된 삶이 가장 안전하다. 행복을 꿈꾼다는 것은 무리이기에." 즉, 행복이란 현실 속 인간에게 불가능하므로 우리는 안전이라는 소극적 행복이라도 획득하여야 하는데 이를 위해선 끊임없이 진리를 추구하고 현실에 도전하는 자세보다는 있는 그대로의 삶에 순응하고 만족하는 것이 낫다는 뜻이다. 이는 삶을 반쯤 뜬 눈으로 바라보고 부정적인 것을 외면하라는 뜻인가? 질문을 자제하고 무관심해지는 것이 바로 행복해지는 길인가?

지적인 추구를 갈구하는 사람들의 불행은 물질적인 상황에서도 나타난다. 우선 오랜 사색은 건강을 해칠 수 있다. 창백하고 허약한 지식인의 이미지는 일면 과장된 면도 없지 않지만 집중과 숙고가 상당히 많은 에너지를 소모시킨다는 것은 부인할 수 없는 사실이다. 또한 현실적으로 독서나 사색 같은 지적 탐구와 돈벌이를 조화시키기도 쉽지 않다. 더 극단적으로 말해 사회가 요구하는 이데올로기를 거부하거나 현실에 대한 비판적 시각을 가질 경우 현실에서 패배할 가능성이 더 크다. 수많은 작가와 철학자들이 권력으로부터 위협을 받았으며 망명과 고독, 가난의 운명을 경험해야 했다. 그 대표적 예로 지혜를 상징했던 소크라테스는 사형을 당했다. 현대 물리학에 의해 새롭게 조명을 받고 있는 무한우주의 이론을 펼친 브루노(G. Bruno)도 화형에 처해졌다. 기존 체제에 대한 비판으로 위고(V. Hugo)는 유배생활을 해야 했고, 소련사회를 고발했다는 죄

존 스튜어트 밀은 "만족한 돼지보다는 불만족한 인간인 것이 낫다. 불만족스런 소크라테스가 만족한 바보보다 낫다"는 유명한 문장을 남겼다. 행복하기 위해선 너무 아는 것을 삼가야 하는가? 아니면 불행을 각오하고라도 진리와 자유를 추구해야 하는가?

명으로 솔제니친(A. I. Solzhenitsyn)은 소련에서 추방당했다.

사람들은 모두 진리를 추구하는 것처럼 보이지만 현실적으로 진리는 사람들에게 두려움을 안겨주기도 한다. 인류의 역사를 살펴볼 때 새로운 진리가 발견될 때마다 사회는 이를 거부했고 적대시했다. 예를 들어 천동설이 지동설로 전환되었을 때 사람들의 충격은 대단하였고 대부분의 사람들은 이 사실을 거부했다. 따라서 갈릴레이는 자신의 이론을 스스로 부정해야 했으며 평생 도피와 감금생활을 각오해야 했다.

사람들은 천재가 고독하다고 말한다. 플라톤의 동굴의 예화만 봐도 밖에 나가 태양을 본 사람이 어둠 속의 그림자에 사로잡혀 있는 동료들에게 이 사실을 밝혔을 때 그는 비웃음과 빈정거림의 대상이 되었다. 그렇다면 고독과 불행을 각오하고라도 진리를 추구해야 하는 것일까?

쇼펜하우어는 천재와 고독의 관계에 대해 다음과 같이 말한다. "천재란 모든 시대에 걸쳐 인류에게 불멸의 가치를 남긴 사람들만 두고 하는 말이다. 그렇다고 해서 천재들의 재능이 그들에게 행복한 삶을 약속하는 것은 아니며, 오히려 그 반대인 경우가 많음을 알 수 있다. 그리고 천재들의 행동은 거의 모든 면에서 동시대와 모순되게 마련이므로, 외부세계와의 관계가 원만치 못하다. 그런가 하면 천재는 시대라는 유성 궤도에 뛰어든 혜성과도 같은 존재라 할 수 있다. 그 궤도의 규칙적인, 그리고 명확히 들여다볼 수 있는 질서의 세계에서 보면, 혜성의 변덕스러운 진로는 매우 기이하게 보인다. 따라서 천재는 오래 전에 확립된 규칙적인 궤도에 진입할 수 없으며, 오히려 시대가 그의 능력을 뒤쫓아서 겨우 붙잡을 수 있는 아득히 먼 길에 내던져진다."

바보가 더 행복한가?

각 나라의 우화나 전설을 보면 지적 능력이 떨어지는 장애아나 바보가 간혹 등장하는데 일반적으로 바보는 서정적으로 그려진다. 그는 나비를 하루 종일 쳐다보는 것으로 소일하는 경우도 있고 질투나 비판 등으로 괴로워하지도 않는다. 우리도 그들처럼 생각하는 것을 멈추고 단순한 것에 만족하는 법을 배워야 할까? 과거를 반성하거나 불투명한 미래 때문에 불안해하기보다는 현실에 순응해야 할까? "과거도 미래도 없는 아이들은 현재를 즐긴다"고 라브뤼예르(J. de La Bruyère)[3]는 말했다. 실제로 우리 모두는 미래에 대한 불안이나 과거에 대한 미련 없이 현 순간만으로 행복할 수 있었던 어린 시절에 대한 향수를 갖고 있다. 칸트는 《영구평화론》에서 이성을 통해 행복에 이르려고 하는 자들은 삶에 대한 심각한 질문을 던

---

3) 라브뤼예르(Jean de La Bruyère, 1645~1696) : 프랑스의 모랄리스트. 파리에서 자유로운 독신생활을 하던 중 주교 보쉬에의 천거로 당시 부르봉왕가의 방계 중에서 가장 큰 권세를 자랑하던 콩데가의 가정교사로 임명되었다. 내성적이고 사색적인 그가 갑자기 생활환경이 바뀌자 왕공 귀족이나 사이비 인사들의 실태를 직접 관찰하면서 틈틈이 기록한 것이 《성격(Les caractères)》이며, 이후 1694년의 제8판까지 증보를 거듭하였다. 〈여성에 대하여〉〈궁정에 대하여〉 등 16장으로 나누어져 있는데, 그 구성은 상당히 자유분방하여 짧고도 신랄한 경구(警句)가 있는가 하면, 전형적 인물들의 다채로운 묘사도 있어 변화무쌍하다. 그의 정치적 풍자는 18세기의 문학을 예고하고 있다. 저서 《정숙주의에 관한 대화》도 유명하다.

지지 않고 본능에 의해 살아가는 사람들을 얼마간 부러워한다고 피력한 바 있다. 니체는 인간은 "나는 ~했다"라고 말하지 않는, 그리고 순간순간의 행복에 만족하는 동물을 질투한다고 말했다. 그외에도 많은 작가들이 동물이나 바보의 순수성을 잃어버린 낙원의 상징으로 묘사했다. 루소는 다른 동물과 비교해서 인간의 우월성을 강조한 것이 불행의 원천이라고 말한다. 그에 따르면 모든 것은 인간의 손을 거치면서 나빠졌다. 사회의 탄생은 전쟁과 라이벌관계, 투쟁을 낳았다. 오늘날 이 문제는 더욱더 심각하게 다가온다. 동물과 달리 인간은 동족을 살해할 수 있을뿐더러 자기 스스로와 인류 전체를 파멸시킬 수 있는 무기까지 만들어냈다. 그렇다고 해도 태어나서 죽을 때까지 같은 모습을 유지할 운명을 지녔으며 진보는 생각할 수도 없는 동물을 부러워해야 하는가? 사회적 불평등의 원인에 대한 루소의 책이 출판되자 볼테르는 루소가 인간이 숲속에서 네발 상태로 기어다니기를 희망한다면서 "자연으로 돌아가자"는 루소의 구호를 비웃었다.

   동물과 정상인을 비교한다는 것은 무리한 가정일 수 있다. 왜냐하면 모든 존재는 타고난 특성을 지니고 있는데 인간의 특성인 이성을 부정하고 다른 존재의 특징을 차용한다는 것은 자연의 논리 자체에 어긋나는 것이기 때문이다. 행복을 상징하는 평화로운 양떼나 염소 무리들의 모습이 실제로 인간사회에 적용된다면 그때에도 우리는 과연 행복하다고 말할 수 있을까? 미국작가 아이라 게빈은 자신의 소설 《참을 수 없는 행복》에서 컴퓨터와 약물에 의해 행복이 강요된 미래사회를 그리고 있다. 이 미래사회에서 모든 사람은 행복해야 할 의무가 있다. 그리고 그 목적을 달성하기 위해 불행을 인지할 수 있는 이성과 자유를 정부에 저당 잡힌다. 여기서 주인공 리는 자신은 진리를 갈망하며 진리를 바라는 것은 곧 자유를 바라는 것이기에 만약 진리가 슬픔을 가져온다 할지라도 안일하고 피상적인 행복보다는 진리를 선택할 것이라고 역설한다. 완벽한 전체주의에 대한 비판은 오웰이나 헉슬리에 의해서도 이미 소설화된 바 있다. 이러한 소설을 읽다 보면 우리는 다음의 질문을 던지게 된다. 자유와 행복은 상반된 것일까? 자유나 이성이 없는 동물과 전체주의 국가의 시민들은 평온할 수는 있겠지만 이런 안정상태를 행복이라고 부를 수 있을까? 도스토예프스키는 인간의 비극은 완벽하고 투명하며 안온해 보이는 개미굴의 행복과 자유에 대한 갈망 사이의 갈등에서 야기된다고 말했다. 자유와 행복을 모두 다 보유할 수는 없는 것일까?

이런 갈등에서 벗어나기 위해 우리는 환상을 선택하기도 한다. 죽음을 향한 존재인 허약한 인간에게 환상은 불안한 진리와 일상의 권태로부터 벗어나게 해주는 가장 적절한 방법일 수도 있다. 대부분의 사람들은 이성적으로 생각하기보다는 종교적 믿음에 의지하고, 현실을 직시하여 진리를 위해 투쟁하기보다는 환상을 통해 현실의 고통을 잊고자 한다. 마르크스가 주장했듯이 종교적 신앙은 현세의 불행에 대한 보상의 욕구에서 발생한 것일 수 있다. 특히 사이비 종교의 경우 현실의 씁쓸함을 접한 사람들은 그 허무감을 잊기 위해 맹목적으로 신앙에 집착하게 된다. 에라스무스는《광기예찬》에서 행복하기 위해선 현자보다는 광인이 되는 편이 낫다고 말한다. "내 생각에 미칠수록 우리는 행복해지는 것 같다." 환상에 대한 꿈과 희망 때문에 어려운 현실을 견뎌나가는 경우도 적지 않다. 그렇다면 현실의 고통을 덜어주는 환상을 꼭 피해야만 하는 것일까? 아니면 이성주의자들의 비판처럼 환상을 넘어 현실을 정면으로 바라보고 모든 것을 진지하게 고찰해야 하는가?

이성을 배제한 행복은 일시적이다

환상이란 보호나 보상을 받고자 하는 인간의 기본 심리와 일치하므로 인간에게 있어 자연스러운 것임이 분명하다. 그러나 환상이 가져다주는 행복은 일시적일 뿐이며 현실적으로 더 많은 갈등을 야기한다. 벌거벗은 임금님이 아무리 자신의 환상을 남들에게 강요하려 해도 그의 진실은 객관적으로 드러날 수밖에 없듯이 환상에는 끝이 있으며 결국 우리는 진리와 대면할 수밖에 없다. 마찬가지로 아무리 외부와의 관계를 차단한 채 순박하고 평화롭게 살고자 해도 인간은 사회적 동물인 이상 외부로부터 언제라도 공격을 받을 수 있다. 그리고 이 경우 순진함에 근거한 행복은 여지없이 허물어지게 될 것이다. 사실상 과거를 망각하고 현실만을 생각한다는 것은 매우 위험한 행동이다. 과거를 제거한다면 우리는 현실을 이해할 수도 미래를 계획할 수도 없을 것이기 때문이다. 우리 모두는 개미와 베짱이의 우화를 알고 있다. 미래를 염려하지 않고 순간만을 즐기길 원했던 베짱이는 겨울이 찾아왔을 때 큰 어려움에 처하게 된다. 요컨대 순간의 쾌락만을 생각하는 것은 무책임하고 통찰력을 결여한 이기적인 욕망의 만족에 불과하다.

어리석은 자들의 행복은 대부분 쾌락이나 물질적 안정과 관계하는데 바로 이 이유로 일시적일 뿐이다. 그들이 소유했다고 생각하는 행복은 사실 그들과 무관한 것들이다. 물질적 여유는 세상으로부터 한동안은 그들을 보호하겠지만 사랑하는 사람의 상실이나 타자와의 분쟁, 병, 사고, 재산의 상실 등의 인간사는 누구도 피할 수 없다. 즉, 외부로부터 약간의 재난이 닥쳐와도 그들의 행복은 무너질 것이며, 행복을 되찾을 힘을 지니지 못했기에 절망과 좌절 속에 빠지게 될 것이다. 그리고 뒤늦게야 피할 수 없는 인간사와 운명 앞에서 인간은 결코 세상에 무관심할 수 없는 존재임을 깨닫게 될 것이다. 아무리 낙관적이고 단순한 사람이라 할지라도 그는 인간이기에 삶의 위기 그리고 그에 따른 삶에 대한 반성과 계획, 숙고를 피할 수 없다.

만약 표면적 행복의 조건과 재산을 보존할 수 있다 하더라도 소유에 대한 기쁨은 지속되지 않는다. 이미 소유한 것은 권태를 몰고 오며 사람은 항상 갖지 못한 것을 추구하게 마련이기 때문이다. 사람들은 자주 "지금 네가 얼마나 행복한지 몰라서 그래. 그건 배부른 소리야"라는 지적을 하지만 실제로 행복은 주관적인 것이기에 타인의 눈에 아무리 부유하고 행복해 보이는 자도 자신이 소유한 것에 특별한 감흥을 느끼지 못한다면 그가 특별히 더 행복할 이유는 없다. 사드의 작품에 등장하는 주인공들이 성적 쾌감을 늘리기 위해 수없이 많은 기교와 수법을 동원하면서도 행복을 느끼지 못하는 것은 그 쾌감의 순간이 너무도 짧아 그것을 채 인식할 수 없었기 때문이다. 마찬가지로 만약 부를 소유하면서 부의 가치를 행복으로 인지하려면 그는 보다 넓은 시야로 세상을 관찰하고 어려운 이들을 생각하며 자신의 상황을 객관적으로 판단할 수 있어야 하는데 일상에서 이 당연해 보이는 것을 실천하기란 그리 쉬운 일이 아니다.

물론 위에서도 지적했듯이 진리를 추구하는 것은 매우 험난한 과정이다. 프루스트는 "행복은 육체적 건강에 도움이 된다. 그러나 정신의 힘을 발전시키는 것은 고통이다"라고 말하기까지 했다. 그럼에도 인간이 진정한 인간으로 태어나길 원한다면 지적 활동은 필수적이다. 존 스튜어트 밀(John Stuart Mill)은 "만족한 돼지보다는 불만족한 인간인 것이 낫다. 불만족스런 소크라테스가 만족한 바보보다 낫다"는 유명한 문장을 남겼다. 실제로 한번도 고통, 불안, 고독을 느껴보지 않은 사람은 자기 자신이나 인생에 대해 생각해 볼 기회를 갖지 못할 것이다. 또한 견고한 행복을 만들기 위해 어떻게 해야 하는지도 모를 것이다. 요컨대 수동적인 행복은 결코 오래 지속될 수 없다. 이성과 자유에 의해 자기 자신이 구축한 행복만이 외부적 공격으로부터 스스로를 지킬 수 있다. 말하자면 사고를 배제한 행복은 존재하지 않는다. 이런 관점에서 에픽테토스와 같은 스토아학파 철학자들은 행복이란 지혜와 관련된 것임을 강조했다. 그들은 지혜만이 운명의 장난과 굴곡 앞에서 태연할 수 있는 힘을 인간에게 줄 것이고, 그로 하여금 자연의 질서를 받아들이게 할 것이라고 확신했다. 아리스토텔레스 역시 본질적으로 사고 없는 인간의 행복은 존재하지 않는다고 말했다. 그가 쓴 《니코마코스 윤리학》에 따르면 "관조능력이 발전할수록 우리가 행복해질 수 있는 가능성은 높아진다. 그것은 사실 우연적인 것이 아니라 바로 관조의 성격에 의해서 그러하다." 에피쿠로스는 《메네세에게 보내는 편지》에서 철학은 행복하게 만들어주는 영혼의 의학이라고 평한다. 그리고 나이가 많건 적건 나이와 상관없이 항상 철학을 배워야 하는 이유는 그것이 영혼의 건강을 보장해 주기 때문이라고 설명한다. 그에 의하면 철학적 사고에 의해서만이 우리는 우리를 괴롭히는 죽음에 대한 불안, 불만족, 고통에서 벗어날 수 있다.

많은 철학자들이 주장했듯이 앎에 대한 추구와 행복에 대한 추구는 분리될 수 없고, 올바르게 행동했다는 만족감을 지니지 못한다면 인간은 결코 진정한 행복에 도달할 수 없다. 루소는 이성을 비판했지만 사실 루소가 비판한 그 이성적 능력이 없었더라면 우리는 행복과 불행에 대한 이 같은 질문조차 던지지 못했을 것이다. 바로 이성을 갖추고 있기 때문에 인간은 행복을 느낄 수도 창조할 수도 성공할 수도 휴식의 즐거움을 느낄 수도 있는 것이 아닐까? 행복은 욕망과 그 욕망을 실현할 수 있는 능력을 전제로 한다. 왜냐하면 욕망을 적절하게 유지하여 행복으로 승화시키기 위해서는 그것을 조정할 수 있는 이성과 지혜가 필요하기 때문이다.

지혜와 지식

앞에서 언급한 탈레스는 자신의 가난함을 철학의 무용성으로 간주하고 비웃는 자들에게 철학자도 원하기만 하면 부자가 될 수 있다는 것을 보여주기 위해 자신의 천문학적 지식을 사용해 올리브 수확을 예측하고 재정적 능숙함으로 엄청난 재산을 모았다. 이러한 사실을 통해서도 알 수 있듯이 철학자들이 소박한 삶을 선택하는 것은 자발적인 의사에 따른 것이다. 아리스토텔레스는 "철학자들은 원하기만 하면 쉽게 부자가 될 수 있다. 그러나 그것이 그들이 원하는 것은 아니다"라고 《정치학》에서 밝힌 바 있다. 실제로 철학자들이 관심을 갖는 분야는 경제적 생산과 연관된 전문분야가 아니라 삶 전반에 대한 명상이다. 그리고 여기서 우리는 지혜와 지식을 구분할 필요가 있다. 지식의 축적이 모든 문제를 해결해 주는 것은 아니며 더욱이 행복을 가져다주는 것은 아니기 때문이다. 오히려 과학적 사고는 모든 것을 기계적으로 해석하여 세계에 대한 환멸을 불러일으킬 수 있다. 지식은 그것이 아무리 논리적이고 타당하다 해도 허약하기 짝이 없는 인간의 마음을 달래주기에는 너무도 불충분하다. 행복에 있어 우리가 생각해야 할 것은 지식보다는 지혜이다.

세네카(L. A. Seneca)는 이미 지혜와 앎이 항상 일치하는 것은 아님을 루킬리우스(G. Lucilius)에게 보내는 편지에서 밝히고 있다. 여기서 세네카는 과학과 이해하고자 하는 욕망이 반드시 지혜를 획득하는 데 있어 좋은 수단은 아니라고 강조한다. 그에 따르면 매우 박학하고 유능한 학자도 전혀 지혜롭지 않을 수 있다. 왜냐하면 지식 그 자체는 덕을 포괄하지 않기 때문이다. 그가 지적했듯이 학교에서 아무리 많은 지식을 배운들 일상생활에서 어떻게 행동해야 하는지도 모른다면 교육이 무슨 소용이 있겠는가? 진정한 윤리란 덕스러워지기 위해 알아야 할 것들을 아는 것이지 돈이나 재산처럼 획득하여 쌓아놓는 소유물이 아니다. 세네카는 신중과 온화함이 고통을 피하게 하고 물질적인 것에 구속되지 않을 때 행복에 이를 수 있을 것이라고 보았다. 또한 사치, 허영, 야망 등을 포기하고 자기 자신으로부터 만족을 얻어야 하며 신에게 돈과 희생물을 바치기보다는 완벽한 신을 닮고자 하는 노력 가운데에서 행복을 찾을 수 있을 것이라고 말했다. 세네카에 따르면 모든 앎은 영혼이 정념의 상처로부터 회복되는 것을 도울 임무를 띠고 있다. 즉, 진리와 지혜를 추구하는 것은 곧 무지라는 병에서 치유되는 과정, 환상으로 가득 찬 노예의 상태에서 벗어나는 해방의 과정과 유사하다. 경제적·정치적 활용을 목적으로 하지 않고 덕의 실천과 자아수양의 근본이 될 때 이성은 행복의 필수조건이 된다.

아리스토텔레스의 "모든 인간은 본성상 앎을 추구한다"는 말은 앎의 추구가 인간성, 즉 인류의 실현과 본질적인 관계를 맺고 있음을 시사한다. 하지만 모두가 이 본성을 발전시키며 살아가는 것은 아니다. 대부분의 사람들은 생존에 쫓겨 반복적이며 무의미한 삶을 산다. 현실 속에서 사람들은 지혜나 진리의 욕망을 망각하고 있으며 지배이데올로기에 의해 무의식적인 복종을 요구받고 있다. 그러나 매일 버스를 타고 직장에 가고 세끼 식사를 하고 정해진 날 모임을 갖는 피상적이고 반복적인 삶 속에서 인간이 과연 삶의 의미를 찾을 수 있을까? 삶의 목적은 행복이라고 우리는 자주 이야기한다. 그러나 그 행복은 수동적으로 주어지는 것이 아니다. 진정한 행복은 일상적 삶에 의문을 제기할 수 있는 용기와 통찰력에서 시작된다. 인간의 본성에는 지혜와 자유에 대한 갈망이 있다. 이러한 갈망을 최대한 발전시킴으로써 인간은 진정한 행복에 이를 수 있다.

결론

행복은 육체와 정신의 충족감이다. 만약 우리의 육체를 완전히 충족시킬 수 있다면 우리는 더 이상 힘들고 어려운 질문을 던지지 않아도 좋을 것이다. 그러나 아무리 아름답고 젊고 건강한 육체를 지녔다 할지라도 인간의 육체는 반드시 한계와 부족함을 느끼며 결국 인간을 배반한다. 그리고 이러한 사실로부터 고통을 받음으로써 인간은 삶과 존재에 대한 질문을 던지게 된다.

물질의 노예가 되어 순간의 쾌락을 행복으로 착각하는 것은 어리석은 일이다. 그러나 정신분석학이 지적했듯이 너무 심하게 욕망을 제어하는 것도 바람직하지 않다. 바로 이러한 광적인 집착이나 미신에서 벗어나 우리를 자유롭게 해주고 육체와 정신의 균형을 찾아주는 것이 이성이다. 이성은 우리로 하여금 불행하고 극단적인 욕망을 피하게 하는 인생의 가이드이다. 진정한 지혜는 세속적 행복을 무조건 포기하라고 촉구하기보다는 그것을 적절히 조화시킬 수 있는 능력을 키울 것을 요구한다. 또한 세상에 대한 깊은 이해를 제공함으로써 우리가 삶의 과정에서 만나게 되는 예상치 못한 불행 앞에서 보다 초연한 자세를 취할 수 있도록 도와준다.

단순한 지식의 축적이 아닌 실천적 덕을 겸비한 지혜를 통해서만이 우리는 자유의 동의어라 할 진정한 행복에 이를 수 있다. 무지와 순진함에 근거한 행복은 수동적이기에 지속될 수 없으며 언제라도 파괴될 수 있는 근본적 허약함을 지닌다. 따라서 사고를 배제한 행복은 진정한 행복이라고 말할 수 없다. 진리에 이르는 길은 험난하며 안락한 현실을 보장하지도 않는다. 그러나 인간의 본성은 진리와 행복을 동시에 지향하며 그 사실은 어떤 이유로도 부인될 수 없다.

바칼로레아의 질문들

- '현 순간을 살자'라는 표현은 만족한 삶을 위한 규칙인가? (1999)
- 지혜가 혁명적인 것이 될 수 있는가? (1989)
- 의식은 자유의 원천인가 구속의 원천인가? (1996)
- 행복하기 위해 우리는 무엇을 기다리는가? (2000)
- '과도하게 현명하다'라는 말을 할 수 있는가?

더 생각해 봅시다 ❶

사색이 있는 여가문화에 대하여

"열심히 일한 당신, 떠나라." "한번뿐인 삶을 즐겨라." "생각하기보다는 느껴라." 요즘 TV 광고에 자주 등장하는 문구들이다. 그러나 현실적 쾌락을 중시하는 소비문화의 정착과 함께 돈이 없어 여가를 맘껏 보낼 수 없다고 푸념하는 사람들도 늘어가고 있으며 무분별한 사치로 인한 카드빚 문제는 사회 전체로 확대되고 있는 추세이다.

'어떻게 놀 것인가' 하는 문제는 경제가 적정 수준에 도달하면 자연스럽게 떠오르는 질문이다. 특히 주5일 근무제가 시작되면서 여가에 대한 관심은 더욱 높아지고 있다. 한국인들은 여가를 주로 먹고 마시고 가무를 즐기는 것에 할애하다. 물론 가끔 흥겹게 지내는 것이 나쁠 리는 없지만 이는 진정한 의미에서의 여가문화라기보다는 시간을 죽이는 여흥에 가깝다. 대화나 사색이 없는 여가는 사실상 공허하다. 여행을 간다 하더라도 여행지에서 먹고 즐긴 기억만 있고 느끼고 생각한 기억이 없다면 그것은 쾌락의 기억만을 남길 뿐이다.

한국사람들은 토론이나 사색이라는 문화에 익숙하지 못하다. 자극적인 것에만 길들여져 있는 정신과 마음을 가족이나 친구들과의 담화, 독서와 사색으로 채워보는 것은 어떨까? 행복한 여가생활을 위해 사색이 어떤 역할을 할 수 있는지를 생각해 보자.

더 생각해 봅시다 ❷

비관주의란 정신의 허약함을 의미하는가?

일반적으로 우리는 비관주의를 행동을 저해하는 의지의 결핍, 허약함으로 이해한다. 반면 낙관주의는 미래를 개척할 수 있는 힘, 덕으로 간주된다. 실제로 우리가 누군가에게 조언을 한다면 우리는 그에게 낙관적인 태도를 지니라고 충고하지 비관적이어야 한다고 조언하는 사람은 없다. 낙관적인 시각을 지닌다는 것은 자신이 하는 일의 가능성을 믿고 행운이 자신의 편이라 생각하며 외부적 조건이 파괴할 수 없는 자신의 의지를 믿는 것이다. 그러나 세상에 대한 낙관적 시각은 환상에 불과한 것이 아닐까? 과연 현실에 대한 통찰력 있는 앎과 낙관적 사고는 양립 가능할까?

비관주의자로 유명한 쇼펜하우어에 따르면 인간의 삶은 고통과 권태 사이에서의 왕복으로 특징지어진다. 그리고 이러한 사실을 받아들임으로써 우리는 보다 더 잘 살 수 있게 된다. 쇼펜하우어는 우리에게 중요한 것은 존재의 악이 무엇인지를 알아 그것들을 멀리할 수 있는 힘을 기르고 단지 고통이 없다는 것에서 상대적인 행복을 찾는 것이라고 말한다. 왜냐하면 생이란 절대 채워지지 않는 욕망으로 가득하기에 너무 많이 욕망한다면 끊임없는 고통이 될 것이기 때문이다. 사람들은 그들의 이기적 욕망을 좇는 과정에서 무엇인가를 실현하고 있다는 착각을 하지만 사실상 그들은 우주적 욕망의 원리의 장난감에 불과하다. 그런데 이 사실을 모르기 때문에 사람들은 자신의 이기주의를 채우기 위해 남과 싸우고 타인에게 해를 입히는 것이다. 쇼펜하우어는 자아란 결국 환상에 불과한데도 그것에 너무도 집착하는 인간들의 태도를 비판한다. 그에 따르면 현실의 허망함을 제대로 이해할 때만이 우리는 운명의 굴레에서 벗어나게 되는데, 이런 명철함을 동반한 비관주의는 순간적인 우울증으로 나타날 수도 있지만 결국엔 자유라는 힘과 궁극적 행복을 가져다주게 되므로 긍정적인 것이라고 평할 수 있다. 그러나 과연 사회적 삶을 영위하는 인간이 이토록 초연한 태도를 유지할 수 있을까? 비관주의에 대한 부정적인 해석과 긍정적인 해석을 비교 고찰해 보자.

더 생각해 봅시다 ❸

쓸데없는 상상을 하지 않는 즐겁고 명랑한 삶이 진리를 알게 됨으로써 갖게 된 심각하고 슬픈 삶보다 더 나은가?

사람들은 소박한 삶을 진정한 행복의 모델로 제시하곤 한다. 의식주 걱정 없이 소박하고 단출하게 살아가는 것, 큰 고통이나 어려움 없이 가족과 오순도순 지내는 것, 이것이 과연 행복일까? 정치적 고민, 사회적 갈등, 종교적 문제 등의 거창한 질문을 던지지 않고 단지 개인의 쾌락만을 추구하는 너무도 편안한 삶이 진정 인간에게 어울리는 삶인지 질문할 필요가 있다. 물론 안정되고 평화로운 삶의 행복을 부정할 수는 없다. 그러나 역경이나 어려움, 고통 등을 겪음으로써 단련된 삶 역시 나름의 가치를 지닌다. 인간은 양이나 말이 아니기에 초원에서 조용히 풀을 뜯는 것만으로 만족할 수 없다. 즐겁고 소박한 삶에 만족해선 안 된다는 것이 영광이나 명예를 얻기 위한 권력투쟁에 나서야 한다는 것을 의미하진 않는다. 다만 인간다운 행복을 누리기 위해선 보다 심각하게 인생에 대해 고찰할 필요가 있다는 것이다.

많은 철학자들은 대부분의 사람들이 고통을 안겨주는 진리보다는 현실을 잊게 해주는 환상을 더 선호한다고 지적했다. 그러나 진리추구는 단지 철학자뿐 아니라 모든 사람들의 과제가 아닐까? 아무 생각 없는 단순하고 소박한 삶에서 편안함을 얻을 수 있을지는 몰라도 그러한 삶에는 미래를 계획하고 과거를 추억하는 사람의 향기와 깊이가 없다. 인간은 동물과 달리 이성을 지니고 있다. 이것은 인간에게 고통을 안겨주기도 하지만 동시에 가장 큰 행복을 선사할 수도 있다. 상상력과 꿈, 희망, 사랑은 모두 의식하는 자에게만 가능한 것이다. 생물적인 안정과 평안만으로 인간은 인간다운 행복을 찾을 수 없다. 정신적 행복으로 어떤 것이 있는지 생각해 보자.

09

이기적이지 않은 욕망이 존재하는가?

Baccalauréat, 2001

덕스러운 행동, 자신의 이익이나 스스로를 희생하는 것은 고상한 영혼들이 필요한 것들, 친절한 사람들의 자존심이다. 어떤 의미에서 이것은 강한 자들의 이기주의라고 볼 수 있다.
상포르(Chamfort, 프랑스 모랄리스트)

이기주의란 우리가 원하는 대로 사는 것을 의미하지 않는다. 그것은 타인들에게 자신이 원하는 대로 살라고 요구하는 것이다.
오스카 와일드(Oscar Wilde, 아일랜드 작가)

서론

인간은 원래 이기적이라는 주장과 이와는 반대로 인간은 근본적으로 이타적이라는 주장 간의 논쟁은 인간성에 대한 성찰이 시작된 이후로 지금까지 계속되고 있는 철학적 논쟁이다. 인간은 자신의 이익을 위해서만 행동하는가? 인간의 이성이 인간의 본능적 이기심을 자제하는 역할을 한다면 인간의 욕망은 맹목적이기에 욕망만을 따를 경우 나의 모든 행동은 이기적일 수밖에 없다.

그러나 반드시 인간의 이기심을 비판해야만 할까? 욕구와 욕망은 인간이 자신의 생물적 생존, 사회적 삶을 유지하기 위해 필수적이다. 그것은 무엇인가가 결핍되었다고 스스로 느끼는 불균형의 감정이다. 가령 내게 절실히 필요한 것을 남이 보유하고 있다고 상정해 보자. 인간은 타인과의 투쟁에서 더 많은 의식주를 확보해야 하는데 이 과정에서 이기적인 행동을 하지 않는다면 나는 자멸하게 될 것이다. 그러나 이기주의는 단지 생존의 문제에만 연관된 것이 아니다. 인간은 단지 생존만으로 만족할 수 없기에 내가 욕망하는 것을 욕망하는 타자가 많을수록 나의 욕망은 증대한다. 르네 지라르(René Girard)는 모든 욕망은 타인이 욕망하는 대상에 대한 욕망이라고 정의하기도 했다. 욕망은 단순한 생리적 문제의 해결에서 끝나지 않고 그 자체로 타인과의 비교와 투쟁을 전제로 한다는 것이다. 자연적 욕구를 채운 후에도 인간은 자신의 사회적 위치나 자신이 중요히 여기는 가치를 지키기 위해 이기적으로 행동한다. 타인과 협동할 경우에도 타인의 이익을 우선시한다기보다는 협동이 내게 가져다줄 이득을 생각하는 경우가 많다. 우리는 사랑과 우정에 대해 끊임없이 이야기하지만 이해관계에서 벗어나 사심 없이 행동하는 것이 과연 인간에게 가능한가?

루소는 《인간불평등 기원론》에서 "자신에 대한 사랑은 모든 동물에게 있어 자기 자신을 보존하려는 자연스런 감정이며 이성에 의해 다스려지고 동정심에 의해 변형되어 인간성과 덕을 형성한다"고 적고 있다. 루소가 주장했듯이 자기애가 덕으로 승화될 수 있을까? 아니면 이기적이라는 것을 인간의 동물적 한계로 인정해야 할까? 플로베르는(G. Flaubert)는 "이기주의란 타인의 이기주의에 대해 한탄하면서 자신의 이기주의를 파악하지 못하는 것이다"라고 말했다. 실제로 타인이 이기적이라고 말할 때는 그가 내게 관심이나 사랑을 표시하지 않았을 때인데 이는 결국 나의 이기심과 관련된 것이 아닐까? 즉, 나의 이기심을 이유로 타인의 이기심을 비난할 수 있을까? 여기서 다시 모순이 발견된다. 이기심은 자연스러운 것일 수도 있다. 그러나 죽음과 마찬가지로 우리는 자연적인 것에 혐오감을 느낀다. 자연논리를 넘어서는 초월적 가치가 과연 존재할까?

욕망은 이기적이다

존 스튜어트 밀은 "모든 우리 행위의 단 하나의 동기는 행동의 윤리와는 아무 상관이 없다"고 《공리주의》에서 밝힌 바 있다. 즉, 우리 행동의 근저를 살펴보면 대부분의 행동은 윤리나 도덕, 타자에 대한 사랑이 아닌 이기주의에 근거하고 있다는 것이다. 생물의 행태는 '나'를 위해 움직이게 마련이며 나의 생존을 위협하는 타인(환경)을 물리치고 스스로의 삶을 강하게 보존하는 일은 유전자가 개

인간의 이기심이 가장 적나라하게 드러나는 순간은 경쟁을 해야 하는 순간이다. 무한경쟁이 요구되는 현실에서 우리는 어떻게 이타주의를 실현할 수 있을까? 파트릭 랭보(Patrick Rambaud)는 "경쟁심은 모든 폭력과 전쟁의 근원이기에 경쟁심보다 더 끔찍한 것은 없다"고 말했다. 경쟁을 피할 수 없다면 그것을 완화하는 방법을 찾아야 하지 않을까? 자본주의 사회에선 효율성의 원리에 충실하는 것만이 살길인가?

체에 부여한 사명이다. 프로이트는 행복이란 욕망의 충족인데 그것에 도달하는 것이 불가능한 것은 바로 나의 욕망이 타인들의 규율과 평가에 의해 끊임없이 제재와 억압을 받고 있기 때문이라고 설명한다. 실제로 일상생활에서 우리는 타인에 대한 크고 작은 적대감을 경험한다. 비좁은 전철에서 나를 미는 사람으로부터 극장 매표소에서 새치기하는 사람, 밤에 음악을 크게 트는 이웃에 이르기까지 그들을 생각할 때 타자에 대한 나의 사랑이 자발적이라고는 장담할 수 없다. 보다 공적인 영역으로 이 문제를 확대해 볼 때 역사가가 아니더라도 인류역사상 얼마나 많은 전쟁과 투쟁, 타자에 대한 잔혹함이 있었는지를 우리는 쉽게 알 수 있다. 우리는 자주 뉴스를 보며 악덕한 기업가나 정치인들을 비판하지만 만약 그들이 누릴 혜택을 나 자신도 누릴 수 있다고 한다면 나의 태도는 달라질 수 있다. 즉, 나와 무관한 상황일 경우 우리는 약자의 편에서 정의를 수호하지만 막상 나의 이익과 관계된 문제에 있어서도 공정한 사람은 극히 드물다. 즉, 이기적이지 않을 수 있을 때는 한 구체적 사건의 결과가 나와 상관이 없을 경우이다. 불공정한 채점에 의해서, 혹은 친척의 도움으로 회사에 입사한 신입사원의 예를 들어보자. 그는 자신의 행동이 옳지 않다는 것을 잘 알고 있다. 그러나 남에게 그런 일이 일어났더라면 크게 비판했을 그가 침묵하는 것은 바로 이기심 때문이다. 이처럼 악마저도 필요하다면 용인할 수 있고 돈 때문에 신의와 우정마저도 저버릴 수 있는 것이 인간이다. 그렇다면 인간이 자신의 이익을 위해서가 아닌 다른 이유로 행동할 수 있다고 믿는 것은 환상에 불과한 것일까? 겉으로 드러나진 않더라도 우리의 행동은 우리의 이기심을 채우기 위한 교묘한 욕망의 논리를 따르고 있는 것이 아닐까?

모든 이기주의자들이 단지 겉으로 보이는 물질적 이익만을 추구한다고 생각하는 것은 잘못이다. 어떤 이기주의자는 물질적 대가를 희생함으로써 더 큰 명예와 영광을 얻고자 노력하기도 하기 때문이다. 홉스는 그 자체로 정의로운 것과 비정의로운 것은 존재하지 않고 그것은 관습에서 유래할 뿐이며 단지 생존본능만이 우리를 움직이게 한다고 말했다. 가령 동료를 선택할 때, 그 선택은 그 동료가 내게 가져다줄 명예와 필요성에 의한 것일 경우가 많다고 그는 지적한다. 우리가 일반적으로 선행이라고 말하는 것도 사실은 이기적인 이해관계를 숨기고 있는 수가 많다. 여기서 그러한 이기심이 의식적인가 무의식적인가 하는 것은 중요하지 않다. 왜냐하면 본인도 의식하지 못한 이기심도 많이 존재하기 때문이다. 라로슈푸코(F. de La Rochefoucauld)에 따르면 '이기심(amour propre)'은 자기 자신에게는 보이지 않는 경우가 많다. "이기심은 자신도 모르는 사이에 수많은 애정과 증오를 키워가고 있으며, 사랑과 증오를 너무 기괴하게 키웠기 때문에 그가 그것들을 드러나게 하고서도 그 자신이 그것들을 무시하고 인정할 수 없게 된다." 즉, 자신의 선함을 너무도 믿고 싶기에 인간은 자신의 행동을 정당화하면서 타인에게 거짓말을 하다 결국 스스로에게까지 거짓말을 하게 된다는 것이다. 비관주의자로 알려진 라로슈푸코의 이타적인 행동에 대한 풍자는 매우 도발적이다. 그는 모든 선행을 냉소적으로 해석한다. "이해관계가 없다고 생각하는 가장 순수한 우정도, 반드시 자애심이 무엇인가를 얻어내려는 일종의 거래행위이다." "본능은 모든 종류의 언어를 말하고 모든 종류의 인간을 연기한다. 사심 없는 사람의 연기까지도." "동정심은 자기 자신에게도 닥칠 수 있는 불행에 대한 빈틈없는 예견이다." "감사하는 것은 보다 큰 혜택을 받으려는 은밀한 욕심이다."

라로슈푸코의 논리에 따르면 약자를 위한 자선사업이나 인류박애운동 역시 권력을 독점하고 있는 자의 양심적 가책을 덜어주는 역할을 하기에 순수한 이타적 행동이라고 볼 수 없다. 실제로 정당하지 않은 방식으로 권력을 취득한 특권층이 평등한 권리가 보장되는 사회를 만들려고 애쓰기보다는 자신에게 착취당하는 사람들에게 선물을 제공함으로써 그들로부터 감사하다는 인사를 듣게 되는 과정은 모순적이고 위선적이지 않은가? 프로이트는 우리가 악을 저지르지 않는 것은 사람들이 자신을 싫어하게 될지도 모른다는 사랑에 대한 이기적 본능일 뿐이라고 설명했으며 니체 역시 겉으로 사심이 없어 보이는 행동도 결국 더 깊은 이해관계를 감추고 있다고 주장했다. 나아가 세계인권선언 역시 서양의 가치, 특히 부르주아들의 이데올로기를 일반화하고 모두에게 강요하려는 이기심을 은닉하고 있다고 설명하는 학자들도 있다.

한편 타인을 위해 희생을 자처하는 마조히스트의 경우 우리는 그가 이타적인 자라고 생각하기 쉽지만 마조히스트에게 있어 고통이란 쾌감에 가까운 것이라는 점을 간과해서는 안 된다. 그들이 고통을 감수하는 것은 고통을 통해 그 이상의 무엇인가에 다다르기를 원하기 때문이며 따라서 그의 행동 역시 근본적으로는 이기적인 것이라고 볼 수 있다. 한편 스탕달은 동시대인들로부터 인정을 받기엔 너무도 독특하고 탁월한 천재들이 타인으로부터 인정받기 위해 인위적으로 노력한다면 절대로 자기 안의 능력을 발휘할 수 없을 것이기에 그들에겐 자발적인 고독과 이기적인 삶이 어울린다고 주장하기도 했다. 사회적 규범과 타인의 평가에 신경쓰지 않고 자신의 세계를 발전시키는 것이야말로 위인의 특징이며 권리라는 것이다. 실제로 천재에게 있어 고독은 불행이라기보다는 행복에 더 가깝다고 사람들은 말하곤 한다.

이처럼 행복이란 다분히 주관적인 것이고 내가 생각하는 행복이 다른 사람에게 행복을 안겨줄지에 대해선 누구도 장담할 수 없다. 즉, "타인의 행복을 우리가 만들 수 있는 것은 아니다"라는 속담이 시사하듯이 만약 타인의 행복을 바란다 해도 우리는 타인이 진심으로 원하는 행복이 무엇인지 정확히 알 수 없기에 현실적으로 타인을 행복하게 해준다는 것은 환상에 불과할 수 있다. 행복이란 사후 세계에서야 가능하다고 믿는 기독교 신자가 종교비판이 인류 행복의 시작이라고 믿는 무신론자의 행복을 어떤 방식으로 도와줄 수 있을까? 타인이 어떤 삶을 살아왔으며 어떤 취향과 생각을 갖고 있는지를 아는 것은 매우 힘든 일이다. 그러므로 내가 타인에게 얼마간의 도움을 줄 수는 있을지 몰라도 그의 행복은 그에게 달려 있는 것이지 외부적 요인에 의해 결정될 수는 없다.

타인에 대한 이해를 바탕으로 한 사심 없는 이타적 행동은 환상에 불과한가? 사회는 피와 살을 지닌 실질적 인간들로 이루어졌지 성자나 현자들로 구성된 것이 아니다. 그렇다면 도덕은 이타주의에 너무 심취하지 말고 개개인이 스스로의 행복을 추구할 수 있는 최선의 상황을 보장하는 것으로 만족해야 하는 것이 아닐까? "개인의 고유한 행복은 간접적으로 타자의 행복에 이바지한다"는 존 스튜어트 밀의 말은 이 점에서 시사하는 바가 많다.

도덕과 이성으로 이기심을 극복한다

라로슈푸코가 이기심을 선천적인 것으로 간주했다면, 루소는 이기심의 발단을 사회의 탄생에서 찾았다. 루소는 이기심은 원시적인 자연상태로부터 도시문명으로 진화하는 특수한 상황에서 발생했다고 설명한다. 자연상태에서 인간은 경쟁과 질투라는 감정을 몰랐으나 사회생활을 하면서 남의 눈으로 자신을 평가하게 되어 남에게 잘 보이기 위해 돈, 힘, 머리, 그리고 도덕적 우월성을 추구하게 되었다는 것이다. 이와 관련해서 루소는 허영심에 가까운 이기심(l'amour-propre)과 자기애(l'amour de soi)를 구분한다. 자기애는 자기 자신을 유지하고자 하는 본능으로, 모든 사람들에게 보편적으로 나타나는 이 자연적 감정은 우정, 동정심 등으로 승화되어 인류에 긍정적으로 기여한다. 반면 이기심은 타인과의 비교에서 시작되므로 질투, 증오 등 인위적이고 파괴적인 감정을 산출한다. 요컨대 자연적 본능에 충실하기보다는 허영심에 들떠 남들에게 어떻게 보이느냐에 더 많은 관심을 기울이면서 인간은 악해졌다는 것이다. 특히 루소는 경쟁과 사유재산에 대한 집착을 사회범죄의 근원으로 보고 이를 배격했다. 그에 따르면 인간이 이기심에서 벗어날 수 있는 방법은 도덕적 공동체 안에서만 가능하다. 즉, 사회가 개개인의 교육을 통해 연대감으로 충만한 도덕적 인격체가 될 때 그 구성원들은 타산적 이해관계에서 벗어나 자유와 평등을 누리게 될 것이라는 것이다.

루소가 도덕적 공동체의 실현을 통해 이기주의의 문제를 극복하고자 했다면, 칸트는 도덕적 의무를 통해 이기심을 초월할 것을 권고한다. 칸트의《윤리학》에 따르면 도덕행위는 무조건적인 의무의 수행이며 어떤 조건에도 종속되지 않는다. 도덕행위가 어떤 조건에도 종속되지 않는다고 말하는 것은 그것이 사심 없는 순수한 것임을 의미한다. 내가 도덕적인 것은 어떤 보상을 받거나 인정을 받기 위함이 아니라 내가 마땅히 해야 할 행동을 하기 때문이다. 가령 내가 물에 빠진 한 사람을 구했을 경우 그 행위가 보상금 때문이라면 그 행동의 가치는 현저하게 저하되게 된다.

그러나 이 같은 윤리적 엄격성은 칸트가 공감했던 "네 이웃을 너 자신처럼 사랑하라"는 기독교 윤리처럼 인간의 본성을 완전히 무시하기에 막상 구체적인 상황에서는 실천되지 않을 가능성이 많지 않을까? 타인을 수단이 아닌 목적으로 생각하라는 칸트의 윤리관은 매우 이상적이고 정당하지만 현실적으로 항상 실현 가능한 것은 아니다. 이런 문제점을 인식한 칸트는 도덕적 의무는 구체적 상황이나 주관적 판단에 근거하지 않음을 강조했다. 도덕적 판단과 의무는 개인의 감정이나 판단과 상관없는 보편적인 법칙에 기초하고 있으므로 좋고 싫음의 문제를 떠나 수행해야 한다는 것이다. 그러나 이 경우 욕망과 이성, 이기심과 윤리는 이분론적인 갈등과 긴장관계에 놓이게 된다. 스스로의 불행을 각오하고라도 단지 의무감에 의해 도덕적인 행동을 하라는 것은 결국 인간의 욕망이 이기적임을 인정하는 것이며, 초월적 자아를 찾고자 하는 보다 고차원적인 자기애의 표현이 아닐까? 칸트의 추상적 도덕관에 부정적이었던 니체는 칸트의 도덕을 잔인하다고 평한다. 니체에 따르면 이 의무의 도덕은 채권자와 채무자의 관계를 상징한다. 감정과 사랑을 배제한 의무의 도덕이 과연 가치가 있을까?

한편 이기심이 공공의 행복에 효율적으로 기여하는 경우도 있다. 기부의 예를 들어보자. 일반적으로 기부는 교환이 아닌 사심 없는 선물이라고 간주된다. 그러나 기부행위에도 사실상 사회적 명예로 보답받고자 하는 이기적 욕망이 숨어 있으며, 그런 의미에서 기부를 포함한 모든 교환은 사회적 관계형성에 도움을 주는 것이라고 인류학자 마르셀 모스(Marcel Mauss)는 설명한다. 이런 의미에서 본다면 이타적인 행동과 이기적인 행동은 서로 혼합적으로 작용하며 자신의 이익을 좇는 것이 반드시 충돌의 원인이 되는 것은 아니라고 말할 수 있다. 즉, 사람들의 각기 다른 이익추구는 공존할 수 있다. 공리주의는 공리를 높이는 것을 선악의 기준으로 삼음으로써 개인의 행복과 공공의 질서 간의 조화를 시도했다. 벤담(J. Bentham)에 의하면, 인간의 본성은 고통과 쾌락에 의해 지배되기에 모든 인간 행위의 동기는 필연적으로 쾌락을 추구하고 고통을 피하는 데 있다. 벤담은 이러한 원리는 개인뿐만 아니라 사회에도 적용될 수 있다고 보고 결국 이기적인 개인의 결합체인 사회의 기본 원리를 '최대 다수의 최대 행복'에서 구했다. 그리하여 그는 법이나 정치제도 또는 도덕이나 종교도 모두 '최대 다수의 최대 행복'에 기여하는지 여부에 따라서 그 정당성이 판단되어야 한다고 주창했다. 그러나 전체주의 도식에 의해 행복을 숫자로 계산하다 보면 다수에 속하지 않는 개인의 행복이 희생될 수 있다는 문제점이 발견되며, 행복을 과연 수량화할 수 있느냐 하는 문제도 발생한다. 한편 물질적 쾌락이 수적으로 계산된다고 하더라도 위에서 살펴보았듯이 인간의 욕망은 물질적 쾌락을 넘어선 권력, 명예, 초자아 추구 등 보다 고차원적인 것도 지향하는데 각기 다른 욕망과 이기심을 사회는 어떻게 비교 조정할 것인가 하는 의문도 제기된다.

비이기적인 욕망은 존재한다

인간은 근본적으로 이기적이라고 주장하는 비관론자들이나 도덕법규의 강화를 통해 이기적 욕망을 규제해야 한다는 이성주의자들과 입장을 달리하여 비이기적 욕망이 존재한다고 생각하는 사람들도 있다. 이들에 따르면 인간은 이해관계를 떠나 타자를 도울 수 있고 생물학적인 결정론에 의한 행동 외에도 가치론적으로 우수한 행동을 할 수 있다. 가령 어려움에 처한 나를 도와준 사람에게 고마움을 표시하고 헐벗은 자의 고통에 아파하고 그를 돕고자 하며 경제적 이익과 상관없이 예술이나 종교적 이상을 추구하는 사람들의 행동을 라로슈푸코의 이론으로 설명하기에는 무리가 있다. 이와 관련해서 르콩트 드 노우이(Lecomte de Nouy)는 인간은 "쓸데없는 행위를 할 필요를 느끼는 유일한 존재"라고 말한 바 있다.

칸트가 윤리에서 감성을 배제했다면, 흄은 선악의 구별은 이성에서 유래하는 것이 아니라 도덕적 감정(moral sentiment)에서 유래한다고 말했다. 흄에 따르면 인간은 선천적으로 도덕적 감정을 지니고 있다. 바로 이러한 도덕적 감정 때문에 우리는 악에 분노하고 선에 감동하며 약자를 돕고자 하는 것이다. 예를 들어 전쟁터에서 나도 음식이 모자라지만 병에 걸린 전우에게 빵을 양보하는 것은 이성적 의무에 의한 것이라기보다는 가슴으로부터 우러나온 사랑에 기반한 행동이다. 아무리 무관심하고 냉정한 인간이라도 선과 악 자체를 부정한다는 것은 불가능하다. 동물과 인간의 차이는 인간은 감사할 줄 알고 이해관계를 떠난 행동을 할 수 있다는 것이다. 아나톨 프랑스(Anatole France)는 "베르제레 선생의 작은 강아지는 먹을 수 없는 하늘의 푸르름을 쳐다본 적이 없다"고 말했다. 이처럼 동물이나 다른 생물체들이 생물적 이익에 반하는 행동을 할 수 없는 데 반해, 인간은 진·선·미의 이상을 위해 생물학적 이기심을 포기하기도 하는 신비로운 존재이다. 죽어가는 사람에게 잘해 주고픈 욕망은 나의 이익이나 위선과 구분되는 분명한 인간의 본성이다. 친구나 가족의 발전과 행복을 보고 같이 행복을 느끼고, 더 나아가 알지도 못하는 사람이 재난에서 구조되는 것을 보고 기뻐하는 마음을 느낀다면 이것도 이기적이라고 할 수 있을까?

무엇보다 인간에게는 동정심이라는 특수한 감정이 존재한다. 쇼펜하우어에 따르면 개인은 부조리하고 맹목적인 세계의 익명적 의지와 논리에 의해 희생당하면서도 자신이 삶의 중심이라는 환상에 빠져 얼마간의 땅과 명예를 얻으려고 타인과 끊임없이 충돌하고 투쟁하며 고통을 느끼게 된다. 쇼펜하우어는 동정심이야말로 이러한 비참함을 치료하고 이기주의의 울타리를 부숴버릴 수 있는 위대한 해결책임을 강조했다. 우리는 동정심을 통해 타자도 나와 같이 불안하고 부족한 존재임을 이해하게 되고 그에게 손을 내밀게 된다는 것이다. 쓰러진 적군에게서 느끼는 감정은 통쾌함이 아닌 동정, 즉 나도 그의 위치에 놓일 수 있다는 공감이다. 타자의 고통에서 나도 일종의 고통을 느끼고 그러한 감정을 통해 인간은 유아론적인 사고와 이기주의에서 벗어나게 된다. 즉, 나와 타자를 이어주는 연결논리로 생각할 때 동정심은 단순한 윤리적 감성이 아닌 형이상학적인 원리로 이해될 수 있다.

결론

귀요(M. J. Guyau)는 삶의 자발적인 약동은 이타적이라고 말했다. 건강한 사람은 에너지가 넘치는 사람이며, 타자나 세계와 끊임없이 대화하는 사람이다. 이런 사람은 이성적 의무나 위선적 계산에 의해서가 아니라 넘치는 생명력의 요구에서 타자에게 사랑을 베풀 수 있다. 반면 이기주의적인 사람은 생의 에너지가 부족한 일종의 환자라고 볼 수 있다. 그는 에너지가 너무 적어 다른 사람들에게 투자할 여력이 없는 사람이다. 사랑받은 사람만이 사랑할 수 있다는 표현도 이런 맥락에서 이해할 수 있다. 이기주의자들은 자신에게 얼마 남아 있지 않은 에너지를 자신의 보호와 생존에만 투자하는데, 자연의 원리인 세계와의 교류를 거부함으로써 결국 자멸하게 된다.

인간은 동물과 신 사이에 존재한다. 따라서 정념과 욕망에 따라 자기 자신을 먼저 위하고 이기적으로 행동하는 본성을 지니고 있음을 부인할 수 없다. 그러나 인간은 동시에 그런 자신의 행동을 부끄럽게 여기는 마음, 사심 없는 자애로운 행동을 베풀며 동정심에 감동할 수 있는 능력을 소유하고 있다. 불쌍한 사람을 보고 도와주고 싶은 마음이 드는 것은 이성적인 판단이기에 앞서 인간의 감정이 결정하는 것이며, 이러한 감정은 인간 모두가 공유하는 것이다. 극단적 비관주의자가 아니라면 우리는 결코 이타주의에 대한 인간의 갈망을 부정할 수 없다.

바칼로레아의 질문들

- 이익도 도덕적 가치를 지닐 수 있는가? (1991)
- 도덕적 의식은 인간에게 자연스러운 것인가? (1997)
- 인간들 사이의 관계는 이해관계에 의해 규정되는가? (1997)

더 생각해 봅시다 ❶

타인을 욕망한다는 것은 그의 자유를 침해하는 것일까?

타인을 욕망한다는 것은 그를 내 욕망을 채우기 위한 수단으로 이용한다는 것이다. 그 욕망이 단순히 육체적인 것이 아니라 할지라도 타인에 대한 욕망은 타인을 누구에게도 소유될 수 없는 소중한 인격체가 아닌 사물로 간주한다는 것을 의미한다. 우리가 타인을 욕망할 때 우리는 대부분 그 대상 자체가 아니라 그 대상 너머 우리가 투사한 우리의 환상을 욕망한다. 말하자면 나는 있는 그대로의 그가 아닌 내 환상 속에서 나의 나르시시즘이 만들어낸 환상을 욕망하는 것이다. 그렇기 때문에 욕망의 대상을 소유하고 난 후 그 대상이 내 환상과 일치하지 않음에 쉽게 실망하고 최악의 경우 그것을 버리는 경우가 발생한다. 이런 행동은 타자에 대한 존중을 포함하지 않는 대표적인 예이다. 우리가 타자를 이해하고 사랑한다고 말할 때에는 그의 장점과 단점 모두를 받아들인다는 것을 의미한다. 그러나 정열에 빠져 타인을 욕망할 때 우리는 대부분 그 대상의 장점만을 이상화하고 그것을 소유함으로써 나의 결핍을 해소할 수 있을 것이라는 착각에 빠지게 된다. 욕망한다는 것은 내게 무엇인가가 부족하다는 것이며 내 앞의 이상적인 대상이 그것을 채워줄 것이라고 생각하는 것이다. 즉, 타인에 대한 욕망은 결국 타인에 대한 나의 소유욕이다. 그러나 인간은 결코 누구에게도 소유될 수 없는 자유로운 존재이다. 아무리 숭고한 사랑의 이름으로도 우리는 타인을 소유할 수 없다. 실제로 우리가 타인을 그토록 욕망하는 것은, 타인이 사물이 아니라 자유로운 인격체라는 것을 알고 그렇기 때문에 결코 소유할 수 없다는 것을 알기 때문이다.

    그러므로 누군가를 욕망할 때 우리는 갈등과 고뇌에 빠지게 된다. 한편으로 우리는 사랑하는 대상을 나의 것으로 만들어 내 소유물로 만들고 싶어하지만, 실제로 그 대상을 소유할 경우 그 대상은 나의 관심을 모두 잃게 된다. 즉, 자유로운 존재로서의 타자, 나를 거부할 수 있는 가능성이 있을 때에야 나는 그를 욕망하는 것이다. 타자의 자유를 존중하면서도 사랑할 수 있는지에 대해 생각해 보자.

더 생각해 봅시다 ❷

우리는 우리의 욕망에 대해서도 책임을 져야 하는가?

책임을 진다는 것은 우리 스스로 선택한 행위 및 그 행위의 결과에 대해 정신적·도덕적·법률적으로 보상, 제재 등을 감당한다는 것을 의미한다. 그러나 내가 무엇을 혹은 누군가를 욕망하는 것은 내가 이성적으로 결정한 것이 아니라 자연적으로 발생한 것이다. 그런데도 내가 책임을 져야 한다는 것은 억울하지 않은가? 나도 그 원인을 모르는 욕망을, 내가 아무리 제어하려 해도 무작정 발생하는 욕망에 대한 대가를 과연 내가 치러야 하는가?

하지만 욕망은 자연스러운 것이므로 내가 책임질 수 없다고 말하는 것은 너무 쉬운 변명일 수 있다. 인간이 이성적 동물이라 불리고 그토록 오랫동안 교육을 받은 것은 이런 경우를 대비하기 위해서가 아니었을까? 욕망을 내 행동의 원인이라고 주장하는 것은 나의 의지와 자유를 부정하는 행동이 아닐까? 욕망의 원인마저 이해하는 것이 최선이겠지만 프로이트가 밝혔듯이 욕망은 그 자체로 매우 모호한 것이기에 우리가 할 수 있는 것은 비록 내가 의도한 것은 아닐지라도 나의 욕망이 타인에게 해가 되지 않도록 노력하는 것이다. 즉, 욕망을 제어하고 이성적으로 다스리는 것이 성인의 자세이며 그것을 우리는 도덕적 덕목으로 요구한다. 내가 나의 무의식, 욕망에 대해서도 책임을 져야 한다는 것이 무엇을 의미하는지 정신분석학적 관점에서 생각해 보자.

10

여성은 태어나는가 만들어지는가?

Baccalauréat, 1987

여자는 태어나는 것이 아니라 만들어지는 것이다. 어떤 생물학적·정신적·경제적 숙명도 인간의 암컷이 띠고 있는 모습을 결정하지 않았다. 바로 문명 전체가 남자와 거세된 남자 사이의 중간 것을 만들어내어 여자라는 이름을 붙인 것이다. …… 만약 사춘기 훨씬 이전에, 아니면 아주 어린 시절부터 여자아이가 이미 성적으로 구별되어 있다면, 그것은 신비스러운 본능이 여자아이에게 수동성·애교·모성애를 안겨주었기 때문이 아니다. 일찌감치 아이의 인생에 다른 사람이 끼어들어서, 아이에게 강제적으로 여자로서의 사명을 떠맡겼기 때문이다.

시몬 드 보부아르(Simone de Beauvoir, 프랑스 여류사상가)

서론

여성다운 품성은 본래적인 것인가, 아니면 환경과 교육에 의해 조장된 결과인가?《제2의 성》의 첫머리에는 "사람은 여자로 태어나지 않는다. 여자가 되는 것이다"라는 유명한 구절이 나온다. 이 문장이 의미하는 바는 무엇이며, 왜 페미니즘에 그토록 지대한 영향을 미친 것일까? 이 문장에서 우리가 무엇보다 주목해야 할 것은 "태어나다"와 "되다"의 차이이다. 출생에 의해 결정된 선천적 자질이 자연과 관계된 것이라면 '된다'는 것은 노력에 의해 획득, 정복하는 것으로 진보나 문명과 연관된다.

여자는 태어나는가? 아니면 모성, 감성, 수동성과 같은 특정 성격과 성품을 갖도록 '제1의 성'에 의해 인위적으로 만들어지는가? "여자는 여자로 길들여진다"는 시몬 드 보부아르(Simone de Beauvoir)의 주장은 여자의 특징이나 능력을 생리적·자연적 조건과 현상을 통해 설명하고, 여자는 필연적으로 남자보다 열등하며 남자에게 종속된 존재라고 결론내렸던 남성본위의 여성론에 대한 비판을 함축하고 있다. 그녀는 여성의 생물학적 구조가 곧 여성을 타자화/대상화할 만한 '필요충분조건'이 아님을 강조하고 생물학적 성(sex)과 사회문화적 성(gender)을 구분하는 작업을 시도했는데, 이 작업은 남성과 여성의 불평등은 사회적·인위적 소산물이기에 사회와 개인의 노력을 통해 시정될 수 있다는 희망의 메시지를 내포한다는 점에서 많은 여성들로부터 열렬한 호응을 받았다. 그러나 보수진영이나 종교계 측에선 여전히 여성과 남성의 본질적 차이를 주장하며 여성과 남성의 차이를 모호하게 만드는 것은 전통과 교회에 대한 도전이라고 말한다. 페미니스트 진영에서도 여성과 남성의 본질적 차이는 엄연히 존재하며 그것을 존중하는 방향에서 평등을 시도해야 한다는 주장이 나오고 있다. 자연적 본성과 후천적 환경이라는 상이한 두 조건 속에서 여성은 어떻게 자신의 정체성을 구축할 것인가?

여성혐오와 폭력의 역사

역사적으로 가부장제 사회는 여성을 열등하고 수치스러운 존재로 간주했다. 대부분의 사회는 종교적 의식에 여성이 참여하는 것을 터부시했으며 중요한 직책을 여성이 맡는 것을 금지 혹은 제한하였다. 이러한 여성혐오는 서구문명의 철학, 종교, 신화 등에서도 발견된다. 육체보다 정신을 더 숭상한 그리스 시대의 철학적 전통은 여성을 육체나 동물에 가까운 열등한 존재로 보고 멸시하였다. 기독교는 신 앞의 만인의 평등을 내세웠지만, 그때 인간의 평등이란 신분과 빈부 차이의 평등일 뿐 남녀의 평등을 의미하는 것은 아니었다. 지금도 기독교에서 여성의 미덕은 남성에 대한 순종이며 기독교 신자인 여자가 결혼식장에서 남편에게 복종을 맹세하는 것이 당연시되고 있다. 기독교 문화는 성서의 아담과 이브 신화에서 이브가 아담의 갈비뼈에서 탄생했다는 것에 근거하여 여성을 남성을 유혹하는 부차적이고 사악한 이브로 규정하였다. 이성이 중심이 되는 근대에 들어와서도 비이성, 감성, 육체를 상징하는 여성에 대한 혐오와 비판은 그치지 않았다.

여성에 대해 이야기할 때 사람들은 자주 '여성은 약하다' '여성을 보호해야 한다'고 말하곤 한다. 그런데 여기서 여성의 약함이란 단지 신체적 약함에 국한된 것일까? 신체적으로 약했지만 정신적으로 위대했던 예술가, 철학자 들을 남성들이 존경했던 것으로 보아 이것은 단지 육체적 약함을 의미하는 것으로 생각되지 않는다. 사람들이 오랫동안 여성을 비하한 것은 여성의 지적 능력, 정신적 힘이 남성보다 떨어진다고 생각했기 때문이다. 고대 그리스 때부터 여성은 감각을 통한 앎에 만족하는 감정적이고 충동적인 존재로 인지되었기에 깊이 있는 담론의 자리에 여성은 참여할 수 없었다. 지적으로 열등하다고 판명된 이상 여성은 단지 2세를 생산하기 위한 도구로 간주되었을 뿐이다. 그리스 문화에서 '동성애'가 강조된 것도 진정한 사랑이란 도덕적·지적으로 균등한 자들 사이의 관계라고 생각되었기 때문이다. 콩도르세(Marquis de Condorcet)는 여성과 남성 의 지적 불균형을 강조하면서 "여성들은 남성 천재의 수준에 다다를 수 없을 것이다"라고 장담했고, 헤겔은 "여성과 남성의 차이는 동물과 식물의 차이와 같다"는 극단적인 표현을 사용하기도 했다. 헤겔은 또 "여성은 앎의 획득보다는 삶의 환경에 의해 더 많이 형성된다"고 말하면서 여성의 비이성성과 수동성을 강조했다. 이상적 도덕률을 강조한 칸트마저도 여성을 지나치게 쾌락을 추구하고 사치에 젖어 망상이라는 혐오스러운 상태에 빠지기 쉬운 존재로 보았으며, 만인의 평등을 주장한 루소는 《에밀》에서 "여자는 타인에게 기쁨을 주고 순종하도록 창조된 존재이기 때문에 여자들은 남자의 분노를 돋우지 않도록 입 속의 혀처럼 부드럽게 굴어야 한다"고 말하기까지 했다. 민주주의와 페미니즘의 등장과 함께 여성에 대한 의식은 놀랍도록 긍정적인 쪽으로 변화하고 있지만, 서구 문명의 근원에는 여성은 자연에 의해 약하고 열등한 존재로 규정되었다는 선입견이 발견된다.

여성은 자궁과 여성 성기를 갖고 있고, 남성은 수염과 남성 성기를 갖고 있다. 생물학적 다름은 태어날 때부터 주어지는 것이기 때문에 인간이 임의적으로 변화시킬 수 있는 것이 아니다. 그런데 대부분의 사람들은 이런 신체적 특성이 정신으로도 이어져 남성은 남성적 성향, 즉 대담성, 용기, 지성을 갖고 여성은 부드러움, 동정심, 감수성을 갖는다고 생각한다. 그러나 이런 여성성과 남성성은 본질적인 것인가, 아니면 사회에 의해 권장되고 요구되는 것인가? 부르디외(P. Bourdieu)는 《남성지배》라는 책에서 남성이 여성을 상징적 폭력을 통해 지배하는 과정을 흥미롭게 분석한 바 있다. 그에 따르면 '남성=지배=곧음'은 자연적으로는 남쪽, 정오, 여름 등으로 상징되고, '여성=피지배=뒤틀림'은 자연적으로는 북쪽, 밤, 겨울 등으로 상징된다. 즉, 남성은 이성적·능동적·독립적·적극적·주도적인 것으로, 여성은 감정적·수동적·의존적·소극적·부차적인 것으로 인식시키는 상징이데올로기를 통해 여성은 사회의 중심부에서 밀려나게 되었다는 것이다. 전통적으로 남성과 여성이 태양과 달로 비유되는 것도 이런 상징적 논리에 의해 설명된다. 태양이 힘, 강렬함, 권력, 위대함을 상징한다면 달은 부드러움, 신비로움, 순종을 상징하는데 이러한 비교는 상징에서 끝나지 않고 현실 속에서의 남성과 여성의 모습을 결정짓는다. 부르디외는 남성중심주의가 남성뿐만 아니라 여성의 의식 속에서도 나타난다는 것에 주목하는데,

여성은 자신을 둘러싼 남녀불평등의 문화 상징을 통해 스스로를 사회적 약자, 열등한 자의 모습으로 인지하고 그렇게 변화하게 된다고 설명했다.

여성은 항상 남성의 인생을 중심으로 자신의 인생을 조정해야 했으며 사랑의 이름으로 자유를 포기해야 했다. 왜 여자는 그러한 수동적 삶을 선택한 것일까? 그것은 강요된 것이었을까, 선택된 것이었을까? 당당한 커리어우먼이 여성의 새로운 이상으로 떠오른 오늘날 여성과 남성에 대한 선입견은 과연 바뀌었을까? 물론 여성에 대한 시각은 과거와 비교할 수 없을 정도로 개방적이고 진보적으로 바뀌었다. 그러나 남녀차별을 공공연하게 외치는 사람이 더 이상 없다고 해도 여전히 많은 사람들이 남자들은 개발과 모험, 사업, 상업, 야외활동, 육체적 활동, 기계를 다루는 직업에 적합한 반면 여자들은 가사, 미와 관련된 직업, 타인을 돌보는 일, 언어와 관련된 일에 더 능숙하다고 생각한다. 남성의 영역이 점차 여성들의 도전을 받고 있다고는 하나 아직도 능력 있는 남성, 아름다운 여성, 여성을 보호하는 강하고 진취적인 남성, 남성을 도와주는 부드러운 여성에 대한 선호는 사회·문화 곳곳에서 발견된다. TV 드라마에서 끊임없이 반복되는 신데렐라식 여주인공의 결혼 성공담과 남자는 여자의 외모를, 여자는 남자의 경제력을 가장 중시하는 오늘날의 결혼관을 살펴볼 때 우리는 '남성과 여성의 차이에 대한 비판은 이론에 불과하지 않은가'라는 회의마저 갖게 된다.

심리학자 라이히(W. Reich)[4]는 "공식적으로 그리고 공개적으로 여성에게 성을 향유할 권리를 준다면 모든 권위적 이데올로기의 조

내 안에 타자가 있듯이 여성 안에 남성이, 남성 안에 여성이 살고 있을까? 다만 외부로 발현되는 기질이 좀더 여성적이냐, 남성적이냐는 특징만 있는 것일까? 현대 페미니스트들은 남자와 여자 모두 허위의 남성성과 여성성을 벗어던지고 자신의 본성을 살려야 한다고 주장한다. 내 안의 숨겨진 남성성, 여성성은 무엇일까?

직들은 무너지게 될 것이다"라고 말하면서 성적 불평등이 사라지면 권위적 사회구조도 사라질 것이라고 예고했다. 여성학자들 역시 현 사회에서 벌어지는 성에 대한 고정관념과 성차별적 역할분담은 본질적인 것이라기보다는 남성에 의해 주도되어 왔던 권력중심주의적 사회구조에서 비롯된 결과라고 주장한다. 그리고 만약 여성의 일과 남성의 일이 선천적인 특성에 의해 정해진다는 이론을 받아들인다면 인간의 존엄성, 교육, 자유에 어떤 의미도 부여할 수 없다는 허무적이고 비윤리적인 결론에 다다르게 될 것임을 강조한다. 현재 여성과 남성은 동일한 교육을 받고 있으며 여성의 사회진출과 경제력은 날로 증가하고 있다. 여성의 능력이 현실적으로 증명됨에 따라 그리고 남녀관계에 대한 새로운 해석을 제시하는 다양한 페미니즘의 등장으로 선천적 본질에 의한 결정론은 점점 더 설득력을 잃고 있다.

---

4) 라이히(Wilhelm Reich, 1897~1957) : 빈학파의 심리학자. 개별적인 신경증후보다는 성격구조 전반에 초점을 두는 정신분석체계를 발전시켰다. 정신분석기법에 대한 그의 초기 업적은 그가 성정치운동(性政治運動)과 관련하여 오르가슴론(orgonomy)이라는 유사과학체계를 발전시킴으로써 빛이 가려졌다. 《오르가슴의 기능(*The Function of Orgasm*)》 (1927)에서 오르가슴에 도달할 수 있는 능력, 즉 오르가슴 잠재력은 건강한 사람의 필수적인 속성이므로 억압된 성적 에너지를 오르가슴을 통해 해소하지 못하면 성인에게 신경증이 생길 수 있다고 주장했다. 이 저작을 통해 급진적인 좌파 정치운동과 성적 자유의 옹호를 결합하려는 성정치운동에 참여하게 되었다.

여성은 태어난다?

시몬 드 보부아르와 부르디외는 경멸과 비하의 대상이 되는 여성성이 사회적 구조와 모순에 의해 발생했다고 주장한다. 그들에 따르면 남성이라는 본질이 존재하지 않듯이 '여성'이라는 본질 역시 존재하지 않는다. 보부아르는 남성처럼 여성도 본래는 주체이지만 현실적으로 남성에 의해 타자화되고 단순한 '성적 존재자'로 전락되었음을 명시했다. 부르디외는 카빌이라는 가부장제도 사회의 분석을 통해 어떻게 무의식적인 문화구조가 여성과 남성의 역할을 결정지으며 여성에게 열등한 위치를 부여하는지를 설명하였다. 그리고 이러한 무의식은 서구에서도 가정, 학교, 국가를 통해 유지되고 있다고 비판하였다. 여성스러움이란 문화적 산물에 불과하다고 주장하는 이들은 그동안 남성이 여성을 지배했던 것은 목숨을 걸고 야생동물을 사냥해야 했고 적의 침략을 무력으로 지켜야 했던 지난날 전쟁과 육체적인 힘이 가장 필요한 능력으로 중시되었기 때문이라고 설명한다. 그리고 바로 그렇기 때문에 법과 권리가 더 중시되는 현대에 있어 남성의 여성에 대한 지배는 더 이상 의미가 없다고 말한다. 이처럼 보부아르를 비롯한 대부분의 페미니스트들은 '여성성'은 자연의 산물이라기보다는 사회구조적 차별의 결과라고 확신한다. 그래서 이들은 사회적인 차별과 억압만 철폐한다면 남성이든 여성이든 상관없이 '인간'으로 대접받는 사회가 될 것이라고 가정한다. 하지만 이들이 주장하듯 여성성은 사회적 불평등에 의해 조작된 것에 불과한가? 여성억압의 요인을 단지 남성 대 여성이라는 대립구도, 가부장적·사회적 관습으로 이해하는 것은 여성이 처한 현실을 너무 단순화하는 것이 아닐까? 차별의 말소가 동시에 여성성이라는 차이성에 대한 부정으로 이어지지 않는지에 대해 우리는 보다 면밀히 검토할 필요가 있다.

"가정은 젊은 여인들의 감옥이요, 부인들의 훈육소이다"라고 버나드 쇼(Bernard Shaw)는 말했다. 여성의 생활조건은 과연 달라졌는가? 물론 사회적 측면에서 여성의 위치는 매우 발전하였고 여성과 남성의 평등은 당연시되고 있다. 그러나 그러한 진보와는 별개로 여성들은 여전히 아름다움을 추구하고 남성에게서 볼 수 없는 취향과 감성적 특징을 나타내는 등 남성과 여성의 차이는 여전히 존재한다. 우리는 여성이 주변 사람들의 요구에 민감한 반면 남성은 자기 일에 더 열중하며, 여학생들이 문학·예술에 더 능력을 발휘하는 데 반해 남학생은 수학·과학에 더 재능을 나타냄을 목격한다. 그렇기 때문에 남성은 자주 여성을 복잡하다고 느끼고, 여성은 남성을 무심하다고 느낀다. 일군의 과학자들은 인류 진화의 과정을 통해 남성의 뇌구조는 직선적이라 한번에 한 가지 일밖에 처리하지 못하는 특징을 지닌다면, 여성의 뇌구조는 거미줄과 유사하여 한번에 여러 가지 일을 소화하고 전후 맥락과 관계를 조망하는 데 훨씬 유리하다고 밝혀낸 바 있다. 또 타인을 대하는 방식에서도 남성은 '지위와 권력'을 지향하는 데 반해 여성은 '인간관계'를 중시하고, 이 인간관계를 형성하는 데 있어 여성의 '언어능력과 심리감지력'이 탁월한 역할을 한다고 주장하는 학자들도 있다.

이처럼 원하건 원치 않건 남자와 여자 사이에 확연한 차이가 존재한다면 이러한 천성적 측면을 무조건 부정하는 것만이 근본적 해결책은 아닐 것이다. 더욱이 "사람은 여자로 태어나는 것이 아니라 여자로 만들어진다"는 보부아르의 주장은 우회적으로 남성적 특징이 여성적인 특징보다 더 가치 있다는 것을 포함하며 은연중에 여성이 되는 것은 부정적이라는 의미를 암시하는데 이는 여성의 여성 자신에 대한 비하로 간주될 수 있을 만큼 위험하다. 일반적으로 여성의 것으로 치부된 모성애, 헌신, 가사노동이 무조건 비하되고 극복되어야 할 열등성일까? 모든 여성과 남성이 논리적이고 생산적인 분야에만 참여한다면 사회는 제대로 움직일 수 없게 될 것이다. 만약 모든 여성이 모성애와 가사노동을 거부하고 남성화된 여성만을 찬양한다면 사회는 곧 파국을 맞게 될 것이다. 보부아르의 주장은 은연중에 이성중심적인 남성문화를 답습하고 있는 것이 아닐까? "여자는 만들어진다"는 보부아르의 한계를 인지한 현대 페미니스트들은 여성해방을 위한 다양한 방법을 모색 중이다.

페미니즘의 종류

여성억압의 근본 원인을 교육기회의 불균등, 관습, 법, 제도상의 성차별에서 찾은 자유주의 페미니스트들은, 여성을 법적·정치적·경제적으로 독립된 개체로 인정해야 한다고 주장함으로써 여성해방의 기본적 조건을 구축했다. 그들은 여성과 남성이 신체적 차이를 지니지만 신체적 차이는 정신적 차이와 무관하다는 점을 강조했다. 이어 그들은 여성들이 여성에게 적용되던 '사랑, 연민, 배려, 모성애, 부드러움, 겸손' 등과 같은 가치를 거부하고 '자립심, 공정성, 강인성, 적극성, 공격성, 자신감'과 같은 남성적 덕목을 갖기를 요구했다. 그러나 '남성과 같은 가치, 동등한 법적 지위를 가지면 여성문제는 해결된다'는 그들의 주장은 기득권을 가진 백인남성의 가치관과 목표를 비기득권자인 여성에게도 바람직한 것으로서 소개한다는 비판을 피할 수 없다. 또한 백인 중산층에 속하지 못하는 여성, 능력 있고 교양 있는 남성의 지원을 받지 못하는 여성의 입장을 고려하지 못했다는 한계를 지니고 있다.

마르크스주의 페미니스트들은 여성들이 경험하는 무보수의 가사노동, 노동시장에서의 성차별, 취업기회의 결여와 자본주의 체제가 관련이 있다고 보고 사회주의 체제로의 변화가 이러한 문제들을 해결해 줄 수 있다고 생각했다. 그러나 마르크스주의 페미니스트들은 여성해방의 선결조건인 자본주의 체제의 타파에 대한 구체적인 해결책을 제시하지 못했으며 현실적으로 설득력을 갖기 어렵다는 근본적 한계를 지닌다. 또한 남성의 여성에 대한 억압과 자본가의 노동자에 대한 억압이 유사하다면 왜 자본주의 체제가 아닌 사회에서도 여성은 남성에게 억압당하는가에 대한 설명이 명백하지 않다. 다만 분명한 것은 "어떤 시대에도 자본주의 후기에서만큼 여성들이 착취당했던 적은 없었다"는 앙드레 미셸(André Michel)의 지적처럼 오늘날 여성의 경제적 상황도 결코 낙관적이지만은 않다는 사실이다.

급진주의적 페미니스트들은 강간, 성폭력, 포르노 등의 성과 관련된 민감한 문제를 내세우고 레즈비언이라는 새로운 성적 취향을 선택하는 등 보다 극단적인 관점을 피력했다. 급진주의적 페미니스트들은 이성간의 사랑과 여성의 임신, 출산을 가부장제가 재생산되는 기제로 보았다. 그들은 특히 결혼을 합법적인 성적 노예제, 강요된 모성이데올로기를 가장 강력하게 확산시키는 것으로 보았으며 모성애를 본능으로 보는 관점을 비판했다. 가령 대표적 급진주의 페미니스트인 파이어스톤(S. Firestone)은 "성계급은 보이지 않을 정도로 뿌리가 깊다"고 말하면서 성평등 투쟁을 계급투쟁으로 이해할 것을 독려했다. 그녀는 더 나아가 성의 철폐, 성이 없는 사회를 주장하기까지 했는데 사적인 재산과 사적인 자녀의 소유를 거부한다는 것은 결국 다형적(多型的)인 성에 의해 특징지어지는 '공산주의적 무정부상태'의 도래를 의미한다고 볼 수 있다. 그러나 이 여성운동은 남성에 대한 지나친 비판, 여성성의 찬양, 남성과의 연대 거부, 출산혁명에 의한 생물학적 가족구조의 폐지 등이 여성들이 지향하는 남녀평등의 새로운 사회를 건설하는 데 실질적 힘을 가질 수 있겠는가 하는 문제점을 남겼다.

정신분석학 페미니즘은 남성과 여성은 다를 수밖에 없으므로 '다름'에서 시작해서 여성문제를 풀어보겠다는 시도를 페미니즘의 새로운 전략으로 제시했다. 남성중심적 시각에서 벗어나 다름을 인정하려는 이러한 태도는 전통적 페미니즘에서 벗어나는 독창적 시각이지만, 여성성의 강조와 찬양이 결국 여성성과 남성성의 이분화된 대립구조 내지 이원화된 구조를 강화하지 않을 것인가 하는 우려를 남길 수 있다. 또한 정신의 내적 역동성에 지나치게 초점을 맞춰, 여성억압의 주된 원인인 사회적 요인을 간과할 위험도 존재한다.

한편 이리가레이(L. Irigaray), 식수(H. Cixous), 크리스테바(J. Cristeva) 등 프랑스 여성이론가들에 의해 주도되고 있는 포스트페미니즘 진영의 학자들은 '여성'이라는 범주가 남성과 대비되는 이원화된 구조를 상정하고 있음을 신랄하게 비판하면서 이원론의 해체를 시도한다. 그들은 우선 근대의 계몽이 자유와 평등을 외치지만 정작 보편적인 인간 속에 '여성'은 포함되어 있지 않았음을 지적한다. 예를 들어 헌트(L. Hunt)는 1789년 프랑스대혁명은 남성들을 중심으로 한 보수적인 혁명이라는 점에 주목한다. 프랑스혁명의 3대 모토는 자유·평등·박애였고, 박애의 원어는 형제애였지만 그 형제애는 남자들에게만 적용되었고 여성은 정치참여에서 배제되었다는 것이다.

남성중심적 인식론의 문제에 관심을 갖는 포스트모더니즘 진영의 페미니스트들은 여성이 항상 남성이라는 '진리'를 중심으로 비교, 비판되었음에 반대한다. 어린 여성을 독자적인 여성으로 보지 않고 남성 성기가 거세된 작은 남자로 본 프로이트의 시각을 생각해 보자. 일직선적 논리에 기초한 이런 남성중심적 시각은 여성의 특수성과 가치를 읽어내지 못하고 있음이 분명하다. 이리가레이는 남성권력제도에서 벗어나기 위해서는 남성적 관점과는 다른 것을 찾아야 한다고 주장했다. 즉, 남성에 비해 열등하고 부족한 것, 남성의 그림자로 여성을 이해하는 것이 아니라, 비교할 수 없는 다른 것, 특수한 것으로 여성의 특징을 이해해야 한다는 것이다. 식수도 여성에게는 여성만의 고유한 경험이 있으며 이를 글로 표현할 것을 제시했다. 남근이성주의를 비판하는 이러한 시도는 몸/정신, 여성/남성이라는 이원적 범주성을 넘어 개인을 상반된 특성을 공유한 고유 가치로서 고찰하려는 노력이다. 그러나 여성성을 너무 강조할 경우 차이를 절대화하여 보편인간성에 대한 고찰을 간과할 수 있다는 단점이 있으며 이원론의 타파가 현실적으로 가능할 수 있을 것인가 하는 의문을 남긴다. 더욱이 여성성의 근원적 부정, 여성 범주의 해체 전략은 결국 페미니스들의 연대감 자체를 부정하게 되기 때문에 여성문제 해결의 힘을 어디에서 찾을 수 있겠는가 하는 질문이 제기될 수 있다. 또한 포스트페미니즘은 가치의 평가를 불가능하게 하는 상대주의 역시 피할 수 없다.

여성을 존중하는 것은 인권을 존중하는 것이다

이러한 여러 페미니스트들의 연구결과가 보여주듯이 남성과 여성의 관계를 재정립하기 위한 시도는 끊임없이 이루어지고 있다. 각각 다른 장점과 단점을 지니고 있지만 이 모든 주장에서 공통적으로 나타나는 것은 더 이상 남성의 우수성과 여성의 열등성은 필연성의 이름으로 정당화될 수 없다는 것이다.

   페미니스트들은 과연 진정한 강함이란 무엇인지에 대해 질문한다. 사람들은 남성이 여성보다 더 강하다고 주장한다. 물론 남성이 신체적 근력에서 더 뛰어난 것은 사실이지만 여성은 더 오래 살기에 유리하고 아이를 출산할 수 있다는 점에서 누가 신체적으로 더 우수한지를 판가름하는 것은 쉽지 않다. 남성의 근육의 힘은 분명 여성의 근육의 힘보다 강하지만 여성의 근육은 남성의 근육보다 더 유연하다. 또 남자는 여자보다 저항력이 떨어지므로 단지 남자가 무거운 짐을 더 잘 나른다는 이유로 남자가 더 강하다고는 말할 수 없다.

오랫동안 여성이 하는 일은 중요하지 않은 일로 생각되어 왔으며 남성이 하는 일은 매우 중요하고 가치 있는 일이라고 여겨져 왔다. 그러나 보다 포괄적인 시각에서 볼 때 더 귀한 일과 덜 귀한 일은 존재하지 않는다. 수학을 못하는 친구가 음악을 잘하고 체육을 못하는 친구가 문학에 재능이 있을 수 있듯이 남성이 몇몇 분야에서 더 능력을 발휘한다고 해서 그것이 남성의 우월성을 증명하는 것일 수는 없다. 즉, 다름이 우열관계로 귀결되는 것은 아니라는 것이다. 자연과 사회는 다양성을 요구하므로 여성과 남성의 장점은 그대로 인정되어야 한다. 실제로 새로운 페미니즘은 성적 차이를 인정하는 것이 오히려 여성억압을 해결할 수 있다고 주장한다. 여성의 감성을 통해 억압적인 파괴와 권력으로 향한 남성의 로고스적 문화를 개혁할 수 있다는 것이다. 예를 들어 대표적 포스트모던 페미니스트인 크리스테바는 대표적 여성성인 '어머니의 기능'을 기존 페미니즘 이론처럼 억압으로 볼 것이 아니라 여성의 우월성을 나타내는 것으로 적극 수용해야 한다고 말한다. 그러나 힘의 원천이라 할 물질적 불평등을 생각할 때 우리는 여성해방에 대해 낙관적인 태도만을 취할 수는 없다. 억압과 불평등은 기존과 다른 형태로 나타날 수 있다. 현대사회에서 가부장제도는 크게 힘을 잃고 있지만 이제 남성의 힘은 경제력을 통해 또 다른 억압을 생산하고 있다. 과거 가족제도에 복종했던 여성들이 이제 남성들의 경제력에 굴복하고 있지 않은지 좀더 냉철한 검토가 필요하다.

현대인에게 너무 이상하게 들릴지 모르겠지만, 한 세기 전만 해도 사람들은 대부분 인간의 본성은 선천적인 것이라는 믿음을 갖고 있었다. 인도사회에서 카스트제도가 자연스럽게 인정되었듯이 백인남성들은 '흑인과 아시아인, 여성은 열등하게 태어난다'는 것을 생물학의 주장을 통해 증명하였고, 이것은 제국주의 시대의 식민지 지배를 정당화하는 명분이 되었다. 그러나 20세기 중반 이후 여성의 문제는 보다 윤리적인 차원에서 다루어졌으며 '여성을 비롯한 모든 인간의 성격은 후천적으로 만들어진다'는 주장이 더 호소력을 갖게 되었다. 오늘날에 와선 만인은 평등하다는 사상이 일반화되었고, 인종차별적·성차별적 발언과 행동은 인권적 차원에서 강도 높게 비난받고 있다.

여성이 자연에 의해 규정된다는 주장은 단지 여성의 문제에서 끝나는 것이 아니라 모든 불평등한 사회관계를 정당화하는 위험한 인종차별적 주장으로 전이될 수 있다. 만약 여성이 태어나면서부터 여성의 운명을 지니고 있다면 노예나 무산자 역시 자신의 운명대로 주어진 삶을 살아야만 한다는 결론이 도출되는데 이러한 논리에 동의할 현대인들은 거의 없다. 여성혐오의 역사는 식민주의, 인종주의 등과 함께 강자의 약자에 대한 폭력이라는 윤리적 문제를 내포하고 있다. 차이가 지배와 종속의 문제로 환원되지 않고 그 자체로 존중될 때 우리는 인종주의와 여성차별의 역사에서 해방될 수 있을 것이다. 진정한 평등이란 단 하나의 원형을 따르는 것이 아니라 각자의 차이를 그대로 인정하고 받아들이는 것이 아닐까?

결론

"여성은 태어나는 것이 아니고 만들어지는 것이다"라는 보부아르의 주장의 논지는 '남성과 여성의 차이는 생물학적인 것이 아니고 문화·정치·사회적 영향에서 생겨난 결과'이며 여성이 남성보다 사회적으로 열등한 위치에 있는 것은 근본적으로 사회적·역사적 환경과 연관되어 있으므로 개혁할 수 있다는 가능성을 제기한다. 이러한 주장은 인권과 자유를 중시하는 윤리적 측면에서 중요한 의미를 지닌다. 여성성이 태어나는 것에 불과하다는 주장은 운명론으로 귀결될 위험이 있다. 만약 한 개인의 생이 생물학적 운명에 의해 결정된다면 자유나 도덕의지와 같은 것은 무용지물이 될 것이 분명하기 때문이다. 이 경우 떨어지는 돌과 인간의 행동 사이에는 근본적인 차이점이 존재하지 않게 된다. 더욱이 운명론을 따를 경우 여성은 물론 많은 사람들이 자신의 책임을 회피할 것이며 나아가 자유와 인격마저 포기하게 될 것이다.

그러나 여성과 남성의 동질성만을 강조한다면 여성과 남성의 선천적인 차이를 부정하여 여성성을 또 다른 방식으로 거부하게 될 위험이 있다. 여성과 남성의 문제를 떠나 인간은 자연적인 동시에 사회적인 동물이다. 그러므로 선천성과 문화성은 동시에 고려되어야 한다. 타고난 장점과 후천적 노력을 동시에 발전시킴으로써 여성은 성숙한 인격체이자 남성의 진정한 동지, 협력자로서 사회에 이바지하게 될 것이다.

더 생각해 봅시다 ❶

호주제

호주제는 10여 년간 여성계의 꾸준한 관심거리가 되어왔다. 2003년에 호주제 폐지를 위한 법률개정안이 의원 입법과 정부 입법으로 각각 제출되었고, 지난 3월 2일 호주제 폐지의 내용을 골자로 하는 민법 개정안이 국회를 통과하여 호주제가 폐지되었다. 새로운 민법이 시행되는 시점은 2008년 1월 1일이다. 그러나 호주제 폐지가 결정된 이후에도 호주제 존폐를 둘러싼 논쟁은 대중매체로 확대되어 커다란 쟁점으로 부각되고 있다. 호주제를 둘러싼 주된 쟁점은 무엇이며 그 대표적 찬반논의는 어떤 것이 있는가?

우선 호주제에 반대하는 측은 호주제는 가부장적인 전근대적 제도로서 여성을 종속적 인간으로 규정한다는 사실을 강조한다. 호주제란 한 가족을 단위로 묶어서 그 가족을 하나의 공적부에 기록하는 호적제도를 말한다. 그 가족의 관계를 설명하기 위해서는 기준자가 필요한데 한 가족의 기준자가 호주이다. 그런데 남자만이 호주가 될 수 있다는 것은 성차별적 관습이라는 것이다. 현재 호주가 사망하면 아들-미혼인 딸-처-어머니-며느리 순으로 호주승계 순위를 규정하고 있다. 아들을 1순위로 하는 이 제도는 아들이 딸보다 더 중요하다는 법감정을 내포해 남성이 모든 여성에 우선하며 아들을 낳아서 '대를 이어야' 한다는 남아선호사상을 부추기고 있기에 이는 헌법이 정한 양성평등을 저해한다고 호주제 폐지 찬성론자들은 주장한다. 또한 그들은 부계혈통만이 촌수를 규명해 줄 수 있는 건 아니며 양계혈통적 계통도 가능하다고 말한다. 그들의 주장에 따르면 세계적으로 부계혈통만을 인정하도록 법적으로 강제해 놓은 나라는 없으며, 남편은 처의 동의 없이 혼인 외 자녀를 입적할 수 있지만 처는 남편의 동의를 얻어야 한다는 규정은 부부평등권에 위배되는 여성차별의 핵심적인 사항이고, 이혼이나 재혼시 발생하는 자녀의 복리와 인권존중을 저해하기에 이를 시정하기 위해서도 호주제 폐지는 반드시 필요하다.

한편 호주제 폐지에 반대하는 측은 무엇보다 호주제 폐지가 가족파괴로 이어질 것을 우려하며 호주제가 우리 민족의 고유한 문화이며 전통이라는 점을 강조한다. 또한 가족의 개념이 모호하게 확대되는 과정에서 가족의 전통과 미덕이 사라질 것이라는 점에서 호주제 폐지를 비판한다.

호주제 찬반논의는 양성평등으로 가는 과정에서 겪어야만 할 과도적 문제인가? 아니면 여성과 남성의 다른 가치관을 반영하는 보다 고질적인 문제인가? 우리 사회에서 양성평등이 이루어지기 위해 어떠한 노력이 요구되는가? 호주제 폐지가 가져올 미래의 가족상과 여성상에 대해 논의해 보자.

더 생각해 봅시다 ❷

감수성은 여성의 특성인가?

감수성이란 외부의 자극에 대해 느낌을 일으키는 능력, 감정을 의미한다. 감수성은 감각과 구분되는 것으로 감각이 육체적 성질을 지녔다면 감수성은 육체와 정신 간의 관계를 전제로 한다. 요컨대 감수성은 의식의 한 종류라고 할 수 있다. 그런데 왜 의식 일반에 대해서는 남성과 여성을 구분하지 않으면서 감수성에 있어서만은 유독 이것이 여성적 특성이라고 말하는 것일까? 생리학적으로 볼 때 여성은 결코 남성보다 더 강한 감수성을 보유하고 있지 않다. 반대로 문화적으로 볼 때 여성이 남성보다 세부적인 것에 더 민감하며 섬세하다는 것은 일상생활과 취향, 습관 등을 통해 발견된다. 따라서 사람들은 남성이 논리적·공격적이라면, 여성은 외부적인 것에 대해 보다 호의적으로 반응하고 그것을 부드럽게 받아들이는 경향이 있다고 말하곤 한다. 그러나 여기서 주시해야 할 것은 여성과 남성의 구분이 아니라 둔감한 감수성과 민감한 감수성 사이의 구분이 아닐까? 놀라운 감수성을 증명했던 유명한 예술가나 시인 중에는 여성보다 남성이 더 많았다는 사실에서도 감수성과 성별의 차이는 별개의 문제임을 알 수 있다. 많은 독서를 통해, 그리고 세상을 보다 많이 관찰하고 생각할수록 감수성은 높아지게 마련이다. 베르그송은 우리의 일상 습관이 현실의 본질을 느끼지 못하도록 둔감하게 만든다는 점을 비판하였다. 남성들은 눈물과 감정을 억제하고 이성적으로 행동해야 한다는 강박적 교육을 통해 삶의 깊고 예민한 본질에 무관심하도록 강요된 것이 아닐까? 많은 학자들은 인간은 모두 남성성과 여성성을 동시에 갖추고 있음을 증명했으며 현대가 요구하는 인간은 남성적 덕목(독립성, 논리성)과 여성적 덕목(감수성, 유연성)을 모두 갖춘 인간이다. 사회는 감수성 외에 여성에게 어떤 특징을 부여해 왔는지에 대해 생각해 보자.

더 생각해 봅시다 ❸

엄부자모(嚴父慈母)

우리는 흔히 엄한 아버지, 자애로운 어머니에 대해 이야기한다. 과연 아버지는 본질적으로 무서운 사람이고 어머니는 부드러운 사람인가? 아이를 달래다가 실패한 어머니는 결국 "아버지가 들어오면 혼날 줄 알아!"라는 말로 상황을 종결지으려 하고, 아버지에게 혼나고 난 후 아이는 어머니의 품에서 위로를 받는다. 어머니에게 반항하던 아이가 아버지에게 복종하는 것은 결국 아버지(남성)가 어머니(여성)보다 더 힘 있고 높은 자리에 있다는 것을 상징적으로 보여주는 것이 아닐까? 가정은 과연 평등이 실현되는 공간인가? 아니면 자식과 부모, 아내와 남편 사이에 복종-명령의 관계가 정착화된 정치적 공간인가? 아버지는 무섭고 어머니는 부드럽다는 선입관은 자애롭고 싶은 남성과 힘 있는 어머니이고 싶은 여성을 억압하는 무의식적 기제로 사용되지 않을까? 가정 내에서의 남녀불평등에 대해 토론해 보자.

더 생각해 봅시다 ❹

주역의 음양론에 대하여

주역의 음양론에 따르면 아버지는 양이고, 어머니는 음이다. 남자는 양이고, 여자는 음이다. 이 주장을 여성학적 관점에서 어떻게 해석해야 할까? 음양론을 옹호하는 이들은 남자를 하늘로 보는 관점을 여성비하사상으로 파악하는 것은 잘못이라고 말한다. 그들에 의하면 양과 음 어느 하나가 우월하다거나 낮은 것이 아니라 음과 양은 항상 서로 대등하게 대립하고, 조화하는 관계라는 것이다. 오히려 그들은 음양사상에서 남녀평등은 구현되고 있다고 주장한다. 그러나 음이 연약함, 소극성, 부드러움을 의미한다고 할 때 페미니스트들이 음양이론을 온전히 받아들이는 것은 어려울 듯하다. 음양의 우주론을 인간의 윤리로 반박할 수 있으며 그럴 가치가 있다고 생각하는가?

11

약자의 편에 서야 하는가?

Baccalauréat, 1987

가장 큰 악과 가장 큰 범죄는 가난이다.
버나드 쇼(Bernard Shaw, 아일랜드 극작가·소설가))

대자연과 피조물(나를 포함하여)을 창조한 유일신이 좋은 존재였다면 피조물과 피조물이 하는 것은 좋은 것이다. 그것은 신이 원했기 때문이다. 그렇지 않다면 유일신은 나쁜 존재이고 피조물이 저지른 악에 대해서 책임져야 한다. 그리하여 신이 사자에게 영양을 죽일 본능을 부여하였듯이, 마찬가지로 나로 하여금 여자들을 때리고 고통과 모욕을 주도록 나를 만들었을 것이다. 그러므로 나는 신이 바라는 욕망을 만족시키는 것이 바람직하다고 생각한다.
사드(Marquis de Sade, 프랑스 소설가)

서론

인간으로서 강자보다는 약자의 편을 들어야 한다는 사실은 너무도 당연한 것이 아닐까? 약자가 강자로부터 억압이나 폭력을 당하는 현장을 목격할 때 우리는 자연스런 분노를 느끼며 약자의 편에서 그를 돕고자 하는 마음을 갖게 되게 마련이다. 그렇다면 '약자의 편에 서야 하는가?'라는 질문은 상당히 도발적으로 보일 수 있다. 모든 사회의 도덕과 종교는 약자를 보호하는 것을 당연한 인간의 도리로 삼고 있으며, 약자를 억압하는 자를 악의 상징으로 간주하였다. 그러나 이러한 당위성에도 불구하고 현실에서 인간은 과연 약자에게 호의적인지 자문할 필요가 있다. 우리는 이론적으로는 약자를 옹호해야 함을 인지하면서도 현실적으로는 강자의 편에 서는 이중성을 갖고 있진 않은가? 인간이 자연의 한 부분임을 인정한다면 항상 약자의 편에 서고자 하는 것은 이상에 불과한 것이 아닐까? 인간은 근본적으로 괴로움을 싫어하고 쾌락을 추구하기에 내게 이익을 줄 가능성이 있는 강한 자에게 아부하게 마련이다. 권력에 종속되어 약자를 괴롭히는 예는 역사 속, 현실 속에서 수없이 목격된다. 심지어 강자들은 패를 지어 약자를 공격하기도 한다. 그러나 위 질문은 '사람들은 실제로 약자의 편에 서는가'라는 사실과 관련된 질문이 아니라 '사람들은 약자의 편에 서야 하는가'라는 당위에 대한 질문이다. 강자의 편에 서고자 하는 인간의 욕망과 약자의 편에 서고자 하는 인간의 의지 사이의 갈등구조에 대해 살펴보기로 하자.

자연스럽다는 것

우리는 자연의 불평등과 무질서를 법으로 다스리는 것이 인간의 의무라고 말하곤 한다. 그러나 모든 분야에서 인간의 본능을 극복할 수 있을까? 예를 들어 의학 분야만 보더라도 의사는 돌보는 자일 뿐 실제로 환자를 낫게 하는 것은 바로 시간이라는 자연이다. 베이컨(F. Bacon)은 자연에 복종하면서 자연에 명령하라고 권고했다. 말하자면 자연의 힘을 무시해서는 안 된다는 것이다. 인간사회를 관찰하다 보면 선천적인 재능, 즉 자연의 논리에 따라 개인의 운명이 정해지는 것을 자주 볼 수 있다. 그런데 이 자연의 논리는 인간을 비롯한 모든 생물체에게 결코 호의적이지만은 않다. 먹이사슬과 적자생존의 논리만 살펴보아도 동물의 세계는 잔인한 경쟁, 권력관계에 기초하고 있음을 알 수 있다. 예를 들어 먹이사슬에 따라 풀 → 메뚜기 → 개구리 → 뱀 → 멧돼지 → 사람 순서로 생물체는 서로를 소비하게 된다. 세상에 존재하는 모든 생물체는 이기적인 욕망에 따라 스스로를 보존하기 위해 노력하며 그 욕망에 따라 서로 잡아먹고 잡아먹히는 관계를 유지한다. 이러한 관계는 단지 자연 속에서만 존재하는 것이 아니라 인간사회에서도 그대로 적용되며 강자의 영광은 항상 약자를 희생시킴으로써만이 가능했다.

홉스는 《리바이어던》에서 "인간은 인간에 대한 늑대이다"라는 유명한 문구와 함께 인간을 남이 가진 것을 빼앗아서라도 나의 기본적 욕구를 충족시켜야 하는 이기적인 존재로 설명했다. 그런데 만약 홉스가 묘사하듯이 인간의 관계가 결국 충돌과 싸움의 관계일 뿐이라면 생존경쟁에 약한 이들은 복종하거나 소멸할 수밖에 없다는 결론에 이르게 된다. 더욱이 비록 나의 안전이 순간적으로 확보되었더라도 죽음에 대한 공포를 조금이라도 약화시키기 위해선 약자가 나의 자리를 혹시라도 차지할 수 있을 가능성 자체를 없애기 위한 전쟁을 벌여야 한다. 그런데 약자를 공격할 수 있는 강자의 능력을 무한정으로 인정할 경우 사회는 치열한 경쟁과 폭력의 장으로 변하여 자멸하게 될 것이 분명하다. 따라서 죽음을 두려워하는 군중이 법으로 자신들을 통치할 권력자 '리바이어던'에게 절대권을 부여하여 전쟁의 문제를 해결한다는 것이 홉스의 논지이다.

사회 안에서건 자연상태에서건 권력투쟁과 생존경쟁은 너무도 치열해 인간에게 두려움을 안겨준다. 투쟁은 자연스러운 것인가? 실제로 우리는 "그것은 자연스러운 것이야" 하며 자연을 인간 행동의 모델로 삼고 있지 않은가? 양이 늑대에게 잡아먹히는 것이 자연스럽듯이 비록 약자를 동정한다 하더라도 약자보다는 강자의 편에 서는 것이 현실적이고 내게 이로운 행동이 아닐까? 만약 자신의 생존을 위해 이기적일 수밖에 없는 것이 인간의 운명이라면 그러한 자연의 흐름을 따르는 것 자체가 규탄의 대상이 될 수 있는가? 《고르기아스》에서 소피스트 칼리클레스(Callicles)는 자연의 법칙에 따라 사는 것이 바로 정의이므로 자연이 인간의 규범이 되어야 한다고 주장했다. 즉, 양을 잡아먹는 늑대를 우리가 윤리적으로 지탄할 수 없듯이 강자의 승리와 약자의 패배를 비도덕적인 것으로 비난해서는 안 된다는 것이다. 그들에 따르면 강자가 약자를 지배하는 것은 잔인한 일일 수는 있어도 대자연의 원리이기에 거스를 수 없다. 오히려 이러한 대자연의 법에 저항하는 인간사회의 법이야말로 거짓 정의이다. 소피스트인 고르기아스(Gorgias)는 법이란 결국 약자들이 스스로를 보호하기 위해 만들어낸 책략이며 자연의 이름으로는 절대 정당화될 수 없다는 주장하에 "도덕이나 법에 복종하는 것은 우매한 자의 일이다"라고 평했다. 이처럼 소피스트적 관점에서 볼 때 절대선이나 절대악은 존재하지 않으며 단지 강자와 약자 사이의 갈등만이 존재할 뿐이다.

니체 역시 도덕은 그들을 억압하는 지배자들의 권력에 대항하기 위한 약자들의 발명품에 불과하며 선과 악의 구분은 사실상 존재하지 않는다고 강조했다. 특히 기독교를 강렬히 비판했던 니체는 폭력을 악으로 간주하고 평등을 강조하는 기독교인들은 바로 "생존경쟁에 허약한 약자들이다"라고 역설했다. "기독교는 …… 가난한 자와 천한 자들에게 설교된 복음이고, 짓밟힌 자, 불우한 자, 실패자, 처우를 잘 받지 못하는 자들이 모두 '계급'에 맞서 벌이는 총체적 봉기이다."

니체에 따르면 약자들은 자신에게 없는 강자의 힘과 자신감, 권력, 지성, 덕을 두려워하고 질시하지만 무기력하여 주인의 자리를 차지할 힘이 없기 때문에 자신들 무리의 가치가 보편적이며 절대적인 것으로 부각시킴으로써 강자를 제압하려고 한다. 니체는 빈곤한 자, 고통받는 자, 결핍된 자만이 선한 사람이고 강자들은 악하고 잔인하고 탐욕스러운 자라는 약자들의 주장은 강자에 대한 증오를 담고 있다고 지적했다. 말하자면 강자들로 하여금 죄책감을 느끼게 하는 약자들의 도덕적 판단은 자연에 의해 약자로 규정받은 사람들이 자연의 혜택을 받은 사람들에게 즐겨 행하는 복수이자, 그들이 강자로 선택되지 못한 것에 대한 일종의 보상심리가 표현된 것이라는 것이다. 니체는 약자의 편에 서는 도덕은 항상 후회, 죄책감, 미안함, 슬픔이라는 부정적인 감정을 유발하므로 강자들은 그 심리적 굴레로부터 해방되어야 한다고 주장했다. 또한 약자도 더 이상 약자이기를 거부하고 약함을 정당화하고 위로하는 도덕과 종교의 논리를 비판함으로써만이 노예의 상태에서 벗어날 수 있다고 명시했다. 물론 여기에서 강자가 과연 누구를 지칭하는지에 대한 논란은 존재한다. 왜냐하면 니체가 말한 강자란 경제력과 정치력을 지닌 세속적 강자가 아니라 지적으로 탁월한 창조자, 자유인을 의미한다는 해석도 가능하기 때문이다. 그러나 그가 평등이나 민주주의적 가치에 반대하여 상하 우열이 있는 인간관을 제시한 것은 분명하다.

니체는 선천적인 요인에 의해 의지가 약한 자를 약자로 규정했다. 그런데 운명의 힘에 과도한 중요성을 부여하는 니체의 인간관은 윤리적 차원에서 비판받을 여지가 많다. 선천적으로 혜택받은 사람들을 옹호한다는 것은 그들이 부여받은 재능이 정신적인 것이건 육체적인 것이건 간에 상당 부분 파시스트적인 의도를 내포하며 다양성이나 평등의 개념을 무시하기에 민주주의 사회에서 통용되기에는 무리가 있는 이론임이 분명하다. 그러나 선천적인 요인 때문이 아니라 후천적인 요인에 의해 한 사람이 약자가 되었을 경우, 가령 유흥만 즐기고 공부를 하지 않아 시험에 떨어졌거나, 마약에 빠져 범죄자가 된 경우에도 우리는 무조건 약자의 편에 서야 하는가? 즉 장애나 가난에 의해서가 아니라 게으름과 쾌락으로 인생을 낭비하고 거지가 되었을 때도 그에게 어떤 책임도 묻지 않고 무조건 그를 옹호해야 하는가? 가난하고 헐벗은 자를 보았을 때 우리는 그의 과거를 묻기보다는 그의 아픔을 동정하고 도와주고자 희망한다. 그러나 그들의 가난함은 게으름의 탓이라고 비난하는 목소리 역시 존재한다. 이들은 불행한 어린 시절을 보낸 사람들이 모두 범죄자가 되는 것이 아니듯, 개인의 노력에 따라 인간은 불행을 극복할 수도 있다는 것을 강조한다. 만약 모든 것을 운명의 탓으로 돌리고 약자를 동정한다면 그것은 인간의 자유의지 자체를 부정하는 것이 아닐까? 아니면 인간의 삶에는 의지나 노력만으로 해결할 수 없는 부분이 있는 것일까?

동정심은 경멸을 내포하는가?

동정심 자체를 비난하는 경우도 있다. 니체에 의하면 타인에게 동정심을 보이는 것은 그와 공감한다는 것, 자신보다 약한 자에게 자신을 동일시하는 것인데 이 과정에서 나의 강한 것은 약화되고 약한 것이 기준이 될 위험이 있다. 요컨대 동정심이란 감정은 슬픔이라는 부정적인 감정이며 타인의 불행에 의해 자신마저 불행해진다는 것은 결국 불행한 사람이 한 명 더 느는 것이므로 결코 권장할 만한 일이 아니라는 것이다. 이 문제와 관련해서 니체는 다음과 같은 의문을 던진다. 왜 나의 슬픔을 타인의 슬픔에 더하고자 하는 것일까? 둘이 같이 괴로워한다 해서 현실적으로 어떤 해결책을 찾을 수 있는가? 그보다는 이성적이고 역동적인 자세로 타인에게 긍정적인 비전을 심어주는 것이 더 낫지 않을까? 니체는 동정심은 생명의 활력을 빼앗아가는 고통의 전염병이며 약자들을 인위적으로 생존하게 하는 것이기 때문에 자연을 거스르는 것이라고 주장했다.

　하지만 과연 동정심이 부정적인 감정일까? 일반적으로 우리는 동정심을 자애롭고 선량한 마음으로 이해한다. 동정심은 어려움에 처했거나 불행하고 약한 이들을 돕고자 하는 이타적 태도이며 타자에 대한 깊은 이해와 공감을 기초로 해야만 가능하다. 우리는 나와 전혀 상관없는 사람들의 아픔을 보고도 가슴 아파할 줄 알고 그의 어려운 삶에 동참하여 도움의 손길을 내밀려고도 한다. 따라서 전통적으로 동정심은 도덕감정의 대표적인 형태로 소개되어 왔다. 일반적으로 사람들은 동정심이 많은 자를 덕스럽고 자애로운 자로 존경한다. 루소는 바로 이 동정심이라는 자연적·보편적 감정 때문에 인류는 아직 멸망하지 않았다고 말하기도 했다. 그외에도 수많은 현자와 철학자들이 이타주의의 중요성을 강조했다. 그러나 동정심이 현대사회에서 고결한 감정으로 승화된 데에는 무엇보다 기독교의 영향이 크다. 기독교는 죽음을 피할 수 없는 유한한 인간을 구원해야 할 약자로 간주했으며, 자비와 동정심을 진정한 신도의 자세로 규정했다.

　그러나 동정은 가끔 경멸적인 의미를 지닐 수 있다. 몰리에르의 한 주인공이 《타르튀프》에서 "나는 당신이 동정할 만한 가치가 없습니다"라는 조소 어린 문장을 통해 동정을 거부한다는 의사를 밝혔듯이 동정을 받는다는 것은 사실 그리 유쾌한 일이 아니다. 모든 사람은 존경을 받고 싶어하지 동정을 받고 싶어하는 사람은 아마 없을 것이다. 앙드레 지드(André Gide)는 자존심을 지닌 모든 사람들에게 돈을 주는 것은 그들에게 큰 모욕이 될 수 있다고 지적한 바

"약자의 머리 위로 걸을수록 강자의 구두를 핥게 될 것이다"라고 토니오 베나키스타는 말했다. 인간은 근본적으로 괴로움을 싫어하고 쾌락을 추구하기에 내게 이익을 줄 가능성이 있는 강한 자에게 아부하게 마련이다. 강자에게 강하고 약자에게 약한 것은 당위적 이상일 뿐인가?

있다. 실제로 자비나 동정을 베풀 때 우리는 상대방의 자존심이 다치지 않게 주의를 기울여야 한다. 상대방은 나의 호의를 부정적으로 받아들일 수 있기 때문이다. 동정심은 기본적으로 타인을 나의 아래에 놓는 것이기에 칸트, 스피노자, 라로슈푸코 등은 동정심을 좋지 않게 생각했다. 알랭(Alain)은 "사람에게 선을 행하는 것은 그 사람을 개처럼 취급하는 것이다"라고까지 말했다. 이들이 주장하고자 하는 것은 자기와 같은 사람을 대할 때는 공정하고 정의로워야 하며 자비나 동정은 귀족의 건방진 태도, 자기보다 열등한 자나 이성의 가치를 갖지 못한 자를 대하는 태도이므로 진정한 선이라고는 볼 수 없다는 것이다. 약자를 돕는 기사도는 도움을 받는 이에게 자신(기사)보다 못하다는 계급의식을 다시 한번 확인시켜 주는 수단으로 많이 사용되었다고 지적하는 사람도 있다. 그러나 "그는 동정심도 없는, 가슴이 없는 냉정한 사람이다"라는 표현이 시사하듯 동정심의 부재는 곧 잔인함, 비인간성과도 연결된다. 이처럼 동정심은 참으로 복잡하고 야누스적인 측면을 지녔으며 이 미묘한 심리적 능력에 대한 고찰은 인간 내면에 대한 이해로 직결된다.

자선행위를 비판함

실제로 동정심은 상대방이 나보다 못하다는 의식에서 비롯된 일종의 자기애일 수도 있다. 즉, 약자의 편에 서서 자발적으로 선행을 행한다고 느끼는 경우에도 그의 선택은 사실상 스스로의 자존심을 높이기 위한 수단일 수 있으며 상대방에 대한 진정한 배려나 이해가 부족할 수도 있다. 따라서 약자를 위한 순수한 자선이나 인류구

제활동에 대한 비판도 가능하다. 언뜻 이해하기 힘든 이런 비판에 따르면 자선사업은 부를 독점하고 있는 자가 자선을 행함으로써 그의 양심적 가책을 덜어주는 역할을 한다는 것이다. 장켈레비치(V. Jankélévitch)는 사회적 모순과 불평등에 의해 발생한 가난을 자선으로 해결할 수는 없는 것이라고 하면서 가진 자의 위선을 맹렬히 비난했다. "생각을 많이 하고 풍족한 생활을 하면서도 양심의 가책을 받지 않는 사람들의 교활한 속임수는 가난한 사람의 권리로서 가난한 사람 자신에게 당연히 돌아가야 할 것을 무슨 특별한 선물인 것처럼 계속해서 주면서 부자 자신의 재산을 너그러운 마음으로 선물하는 것처럼 생각하게 하는 것이다. …… 가난한 사람은 수탈당한 것이고 더 나아가 자신은 아무런 권리가 없다고 믿기 때문에 자기의 도둑에게 감사할 것이다." 장켈레비치에 따르면 자선을 하는 사람은 자신의 의무 이상의 것을 실행하고 사랑이라는 최고선을 실행하는 것 같지만 사실상 그의 행동은 세상에 풍미하는 불의를 간신히 개선하는 정도에 지나지 않는다는 것이다. 알베르 베이예(Albert Bayet)는 마르탱(Martin) 성인이 자기 외투의 절반을 가난한 사람에게 나누어준 행동에 대해 냉소적인 지적을 한다. 이런 사랑은 "성인을 한 분 더 생겨나게 하지만, 가난한 사람 한 사람을 더 줄이지는 않는다." 말하자면 선행을 행한 부자는 자신들의 이기주의가 야기한 사회적 모순과 부조리에 대한 가책을 순간적으로 망각하고 도덕적 의무를 수행했다는 만족감에 젖게 되는데 이러한 감정은 다분히 위선적인 것일 수 있다는 것이다. 더욱이 자선은 그것의 수혜를 입는 자의 자존심을 저하시키는 결과를 야기한다고 아나톨 프랑스는 일침을 가한다. 가난한 자는 단지 가난할 뿐만 아니라 타인에 의해 그 사실을 지적받음으로써 자신의 비참함과 나약함을 객관적으로 인정하게 되고 자비를 베푼 이에게 감사함을 표시하게 되는데, 이러한 구조는 결국 노예와 주인의 관계로 이어지게 된다는 것이다. 사랑의 실천 속에는 착취당하는 사람들에게 불의를 받아들이게 하려는 진정한 마키아벨리즘이 들어 있다고 지적하는 사람도 있다. 말하자면 자선의 논리의 근저에는 핍박받는 사회계층으로 하여금 사회적 부조리를 받아들이고 자신들을 억압하는 계층에게 감사를 표시하게끔 하는 교묘한 권력논리가 숨어 있다는 것이다. 즉, 물고기를 잡는 법을 가르쳐주지 않고 단지 물고기만을 가끔 제공하는 자선행위는 평등과 공동분배를 저해하는 지배계급의 사회적 계략이라는 해석도 가능하다.

과연 이타적인 자선행위란 고차원적인 또 다른 이기주의에 불과한가? 자기애와 타인에 대한 배려 사이에서 인간은 끊임없이 갈등한다. 문제는 타자만을 생각할 경우 자기의 존재 자체가 사라질 위험이 있다는 것이다. 사랑은 무조건적이어야 하며 사랑할 대상은 무한하기에 나의 돈, 시간, 에너지를 타자에게 모두 줄 경우 나는 소멸을 피할 수 없다. 사랑하지 않고 존재하는 것은 진정으로 존재하는 것이라고 볼 수 없다. 그러나 존재하지 않고 사랑한다는 것 역시 불가능하다. 강자만이 약자를 도와줄 수 있기 때문이다. 만약 타인을 위해 나의 모든 것을 희생한다면 그 희생은 원망으로 남을 위험이 크다. 그렇기에 우리는 모든 위계질서를 타파하는 사회정의보다는 자신의 영역을 얼마간 보호하면서 동시에 얼마간의 자기를 내어주는 자선을 선호하게 된다. 즉, 인간의 근본적인 한계와 그 내부적 갈등이 자선행위에서 발견된다고 말할 수도 있다. 그러나 위선적이건 한계가 있건 아무것도 베풀지 않는 사람들이 대다수인 사회에서 타인을 돕는다는 것은 가치 있는 행동임이 분명하다. 나의 에너지를 타인에게 제공할 수 있다는 것은 본능의 논리를 벗어나는 것이며 인간이 단순한 동물 이상임을 증명하는 것이다.

정의로운 동정심

위에서 우리는 자선행위가 약자에 대한 경멸을 내포한 자기애적 행동일 수 있음을 지적했다. 그러나 한편으로 과연 자선행위가 그런 악하고 이기적인 속성만을 지니고 있는지에 대해 의문을 제기할 수 있다. 가난한 자의 불행에 공감하고 동정심을 느끼는 것이 당장은 혁명적 행동으로 이어질 수 없다 하더라도 오늘의 자비가 내일의 정의로 이어질 수도 있기 때문이다. 가령 적십자사의 창시자인 앙리 뒤낭(Henry Dunant)은 제네바협약이 체결되기 전부터 전쟁터에 가서 부상자들을 돌봤다. 결국 그의 개인적 행동이 사회적 정의로 이어진 것이다. 실제로 수없이 많은 자선행위가 모여 사회정의로 발전되는 예를 우리는 자주 목격한다. 만인의 평등을 주장하는 세계인권선언도 핍박받는 약자나 인종에 대한 동정심이 없었더라면 불가능했을 것이다. "타인을 구원하는 것은, 자기 자신을 구원하는 것이다"라고 쥘 미셸(Jules Michel)이 말했듯이 동정심은 타자를 돕고자 하는 자발적 감정인 동시에 내가 속한 사회를 정의롭게 만들고자 하는 의지이기도 하다.

진정한 자비심은 자기애적 우월의식과 구분되어야 한다. 어려운 이웃을 볼 때 그를 돕고 싶다고 느끼는 것은 가장 자연스런 인간의 본성이다. 이성적이고 체계적으로 타인을 돕기에는 현실 속의 타인의 불행은 너무도 직접적으로 내게 다가온다. 배가 고파 울고 있는 아이 옆에서 이성적으로 그 아이의 미래를 염려하고 그 아이의 자존심, 독립성 등을 고려한다는 것은 거의 불가능하다. 우선 우리는 그 아이에게 먹을 것을 줄 생각을 할 것이고, 이는 이성이나 도덕을 뛰어넘는 인간의 본능이다. 동정심보다는 존중이나 존경이 훨씬 더 바람직한 태도겠지만 인간의 삶은 이성이 추리하는 것보다 훨씬 더 복잡하다. 실제로 나를 존중한다는 이유로 나의 불행에 무관심한 친구를 상상할 수 있겠는가? 내가 남을 동정할 수도 남이 나를 동정할 수도 있다는 사실에서 인간 사이에는 더 깊은 신뢰와 존중이 싹트는 것이 아닐까? 동정심을 공감으로 이해할 경우 우리는 그것을 타인과 함께 느끼는 감정으로 해석할 수 있다. 누군가와 함께 기뻐하고 함께 슬퍼할 수 있다는 것은 결국 인간이 혼자가 아니라는 희망을 선사해 준다. 동정심은 인간의 파괴적이고 공격적인 본능을 제어할 수 있는 인본적 방어장치이다. 동정과 공감을 통해 우리는 타자와의 공존을 꿈꿀 수 있다. 염세주의적 세계관을 지녔으나 니체와 달리 동정심을 중시했던 쇼펜하우어는 다음과 같이 말한다. "인간의 동정심이야말로 신비스럽고 놀라운 사실이 아닐 수 없다. 모든 자발적인 그리고 순수한 자선은 인간의 양심에 속한 부인할 수 없는 하나의 사실이다. 이 동정심은 어느 시대, 어느 나라에서나 나타나는데, 이것은 모든 인간이 동정심을 가지고 있다는 것을 뜻한다. 우리의 선망이나 허영심은 나와 남 사이에 장벽을 쌓고 높일 뿐이지만, 동정심은 서로의 장벽을 더욱 얇고 투명하게, 때에 따라서는 뿌리째 뽑아버리기도 한다. 만약 동정심을 모르는 자가 있다면, 그는 우리 인간세계와는 매우 거리가 먼 생물이다."

결론

자연법칙에 따라 강자의 편에 서야 한다는 주장은 언뜻 보기에 설득력을 지닌다. 그러나 그것이 파생시킬 윤리적·사회적 결과를 고려한다면 우리는 이러한 주장을 함에 있어 보다 신중해야 한다. 우선 약육강식의 구조는 가치중립적이므로 강자의 편에서 자신의 이익을 도모해야 한다는 주장은 운명주의로 이어질 위험이 있다. 만약 모든 것이 힘의 논리에 의해 결정된다면 강자들은 자신들의 폭력을 자연의 이름으로 정당화할 것이고 사회는 보다 더 잔인한 형태를 취하게 될 것이다. 한편 스스로를 약자라고 생각하는 자들의 경우 자신의 행위에 대한 책임을 강자에게 또는 약육강식의 시스템에 돌려 더욱더 수동적이고 무책임한 삶을 살 위험이 있다. 수많은 평범한 약자들은 '어쩔 수 없었다'는 변명 아래 침략전쟁에 가담하였으며 유대인 대학살시 침묵을 지켰다. 만약 운명론을 받아들인다면 자신의 의지로 하고 있는 비열한 행동들에 대한 책임도 사회적 강압, 자연의 법칙이란 이름 아래 도매금으로 회피해 버릴 것이다. 그리고 강자들은 그들의 폭력을 경쟁이란 자연의 논리로 정당화할 것임이 분명하다.

왜 우리는 약자의 편에 서야 하는 것일까? 인간은 누구나 스스로의 타자이고 모든 강자도 어떤 면에선 약자이다. 그러므로 약자의 편에 선다는 것은 결국 자기 자신의 또 다른 모습을 옹호한다는 것일 수도 있다. 히틀러, 네로를 비롯한 세상의 모든 권력자들도 결국 허약한 모습으로 죽음을 맞이했다. 아무리 강한 자라도 죽음으로 향하는 유한자인 이상 영원히 강할 수 없다. 즉, 모든 인간은 언제라도 약자가 될 수 있는 가능성을 지니고 있기에 타인을 필요로 한다. 니체는 초인의 가능성을 외치고 권력의 의지를 주장했지만 권력의 의지도 결국 죽음을 맞이하므로 결코 절대적 가치가 될 수 없다. 즉, 우리 안에는 강자의 모습과 약자의 모습이 동시에 존재하므로 강자의 모습만을 강조하여 약자를 경시하는 것은 인간성 자체에 대한 오해이자 착각이라고 할 수 있다.

 더 나아가 인간관계를 강자와 약자의 이분법에 의해 고찰하는 것 자체가 문제점을 지닌다. 인간관계를 반드시 약자/강자, 주인/노예라는 구조에 의해 이해한다면 인간관계는 폭력과 권력의 관계로만 이해해야 할 것이다. 상황에 따라 약자가 강자의 모습으로 변할 수도 있다. 사회에선 강자로 군림하다가도 사랑하는 연인과의 관계에서는 연약한 모습을 보일 수 있다. 반대로 가정에선 강하게 반응하여 자신을 드러내지만 사회에서는 약하게 반응할 수 있다. 결국 인간은 절대강자나 절대약자가 없이 단지 자신의 구체적 삶과 상황에서 강하게 반응하거나 약하게 반응할 뿐이다. 만약 언제나 강자로 군림해야 하고 눈물로 호소할 수 있는 사람이 하나도 없다면 그러한 삶은 행복보다는 불안과 고독으로 가득 찰 것이다. 우리가 약자의 편에 서야 하는 것은 윤리적 의무 때문만은 아니다. 우리가 약자를 바라봄에 동정을 느끼고 돕고 싶은 마음이 드는 것은 아무리 사회적 지위가 높고 부자고 아름답다 하더라도 우리 모두는 스스로가 죽음에 의해 한계지어진 연약한 존재임을 인식하고 있고 언제라도 약자의 위치에 놓일 수 있다는 것을 본능적으로 알고 있기 때문이다. 즉, 약자에게 손을 내미는 것은 수많은 허약함을 지닌 인간의 운명을 보듬어 안는 동시에 냉혹하고 잔인한 자연의 질서에 도전장을 내미는 영웅적 행동이다.

더 생각해 봅시다 ❶

사마천의 《사기》에 나오는 다음 글을 읽고 정의에 대해 생각해 보자

혹자는 "천도(天道)는 공평무사해서 항상 착한 사람을 돕는다"고 하였다. 그러나 백이(佰夷), 숙제(叔齊) 같은 사람은 인덕을 쌓고 행실을 깨끗이 했음에도 굶어죽었고, 공자의 제자 가운데 가장 학문을 좋아했던 안연(顔淵)은 항상 가난해서 거친 음식조차도 배불리 먹지 못하고 끝내 요절하고 말았다. 하늘이 착한 사람에게 보상해 준다고 한다면 이럴 수가 있는가? 도척 같은 큰 도적은 날마다 죄 없는 사람을 죽이고 포악무도한 짓을 함부로 하며 수천 명의 도당을 모아 천하를 횡행하였지만 끝내 천수를 다 누리고 죽었다. 이것은 그가 덕행을 쌓았기 때문인가? 근자에 이르러서도 품행이 정도를 벗어나고 오로지 사람들이 꺼리고 싫어하는 일만 범하면서도 종신토록 안일향락하고 대대로 부귀를 누리는 사람이 있는가 하면, 경거망동하지 않고 공명정대한 일이 아니면 하지 않는 사람들도 재난을 당하는 경우가 헤아릴 수 없이 많지 않은가? 만약 천도가 참으로 존재한다면 이런 일이 과연 일어날 수 있었겠는지 심히 의혹스러울 뿐이다.

더 생각해 봅시다 ❷

'가난한 자는 항상 우리 중에 있다'는 표현에 대해 생각해 보자

각 사회는 가난한 자들을 사회 외곽지역으로 밀어내려 애쓴다. 도시 중심지의 주택값은 끊임없이 상승하고 있고, 이와 같은 경제적 논리에 따라 빈자와 부자 간의 공간적 거리는 갈수록 멀어지고 있다. 또 도시 미관을 위해 혹은 주거민들의 반발에 의해서도 빈민층은 점점 보이지 않는 곳으로 이주하게 된다. 우리가 쉽게 볼 수 없기에 잊기 쉬운 그러나 분명 우리 곁에서 살고 있을 가난한 이들은 지금 어디에 있는가? 같은 나라에 살고 있으면서도 가난한 사람들은 일반시민이 받는 혜택에서 제외된 채 인권이나 법의 힘마저 미치지 못하는 지역을 배회하고 있다.

이것은 한 나라에만 국한된 문제가 아니라 국제적인 차원에서도 논의될 수 있다. 르완다에서 벌어진 학살이나 아프리카의 기아, 에이즈 문제에 대해 사람들이 무관심할 수 있는 것은 그들의 문제에 관심을 가질 기회를 갖지 못하기 때문이다. TV와 언론은 선별된 정보만을 방영하고 다수의 침묵과 무관심 속에서 지금도 수많은 사람들이 고통받고 있다. 적극적인 범죄만이 악인가? 아니면 부자들 간의 협약된 침묵과 무관심도 소극적 악으로 간주되어야 하는가?

마르크스는 빈민층은 사회계급제도의 몰락과 함께 사라질 것이라고 예고했지만 그것은 유토피아적인 계획으로 밝혀졌다. 부르디외는 문화취향과 교육을 통해 사회계층의 논리는 심화되고 약자들은 더욱 불리한 사회조건에 놓이게 됨을 비판했다. 그의 분석에 따르면 상류층과 중·하류층이 즐기는 음식, 스포츠, 문화는 상이하며 어떤 계층에 속하느냐에 따라 개인의 취향도 달라진다. 문제는 계층간의 경제적 차이로 발생한 문화적 차이가 세대를 거쳐 계급을 재생산하는 데 기여한다는 점이다. 상류층은 외국어, 외국문화, 고급예술, 높은 학력을 상속받는 데 반해 가난한 자들은 상업적 대중문화를 소비하면서 점점 더 현실에 대한 비판의식을 잃게 된다. 그렇다면 정치·경제구조에서 문화까지 가난한 자에게 유리하게 작용되는 것은 하나도 없다고 보아야 할까? 권력추구와 인간의 본능적 이기심을 제거할 수 없다면 어떤 방식으로 우리는 가난한 자들이 이방인이 되는 것을 막을 수 있을까? 오늘의 빈자가 영원한 빈자이며 오늘의 부자가 영원한 부자일 것이라는 보장은 있을 수 없다. 누구도 미래를 예측할 수 없다. 가난한 이웃의 모습에서 스스로의 모습을 보지 못하는 자는 인간성에 대한 이해가 부족한 자이며 자신의 진실한 모습을 알지 못하는 자이다.

더 생각해 봅시다 ❸

법은 약자들을 위해 만들어졌는가?

전통적으로 우리는 법을 인간들 사이에서 발생하는 문제점들을 고치고 정돈하는 것을 목적으로 한 규범들의 총체라고 정의해 왔다. 실제로 사람들이 자신들이 원하는 대로만 산다면 그들 사이엔 매우 많은 갈등과 폭력이 발생할 것이다. 홉스는 바로 이 점을 지적하여 사람들이 공동체를 벗어나 자연상태에서 살게 된다면 만인의 만인에 대한 전쟁이 벌어질 것임을 경고했다. 칸트도 인간은 겉으로는 사회적인 존재로 보이나 사실은 상당히 사회생활을 하기 힘든 존재라는 점을 강조한 바 있다. 말하자면 인간은 매우 모순적인 존재로 한편으로는 평화롭게 공존할 것을 꿈꾸지만, 다른 한편으로는 서로 싸우고 대치하고자 하는 욕망에 이끌린다. 이 모순을 극복하기 위해 사람들은 법을 제정하였다.

만약 법이 없었더라면 이익을 보게 되는 사람은 누구일까? 그는 아마도 싸움을 더 잘하고 생존력이 더 강한 자일 것이다. 바로 이 점을 칼리클레스는 플라톤의 대화록《고르기아스》에서 지적하였다. 칼리클레스는 자연의 법으로 돌아갈 것을 주장하면서 사회가 규정한 법이란 강자들의 힘을 제어하려는 약자들의 계략에 불과하다고 말한다. 그러나 법이 단지 약자들의 보호만을 의무로 하고 있다는 주장은 너무 비약이 심하지 않은가? 법은 모든 시민의 자유와 권리를 보호하는 데 유용하며 특히 강자들에게 유리하게 적용되는 경우도 많다. 법적 규제가 느슨해진다면 가장 먼저 피해를 입는 것은 소수의 엘리트일까 다수의 대중일까? 법을 거부하는 칼리클레스의 논지를 비판해 보자.

12

인간은 더 자유로울 수도 덜 자유로울 수도 있는가?

Baccalauréat, 1996

이성에 따라 행동하면 할수록 더욱더 자유로워지며, 정념에 따라서 행동하면 할수록 그만큼 더 노예가 된다.
라이프니츠(Gottfried W. von Leibniz, 독일 철학자)

기억하라, 오직 자유로운 사람들만이 행복할 수 있다는 것을. 그리고 자유를 수호할 용기를 가진 사람들만이 자유를 진정으로 소유할 수 있다는 것을.
페리클레스(Pericles, 아테네 정치가)

완전한 자유는 필연적으로 퇴폐를 뜻한다.
허버트 리드(Hebert Read, 영국 시인·비평가)

서론

자유로움에도 단계가 있는 것일까? 물론 우리가 궁극적으로 지향하는 자유는 절대자유이며, 완벽한 자유에 대한 꿈은 자연스러운 것이다. 하지만 과학적 관점에서 볼 때 절대자유는 명백한 허구이다. 절대자유의 바람이 현실화되기에는 우리의 일상 속엔 너무도 많은 장애와 제약이 존재한다. 따라서 인간은 어느 정도 자유롭고 어느 정도 제약되어 있다고 보아야 옳다.

그럼에도 현실 속에서 나를 구속하는 모든 것들에 대해 내가 느끼는 불만은 인간은 결코 부분적인 자유로는 만족할 수 없다는 것을 일깨워준다. 누구도 선택을 강요받는 것을 원하지 않고 모두가 한계지어진 상황에서 해방되길 바란다는 것은, 자유란 항상 절대적인 것으로서만 인간에게 의미를 지닌다는 것을 의미한다. 비록 현실적으로 불가능하다 해도 절대자유의 개념은 일반자유의 지침이 된다는 면에서 그 자체로 의미를 지닌다. 왜냐하면 사고와 실천은 상호적인 관계 속에서 서로 영향을 미치며 현실은 이상적 모델을 목표로 정해 나아가기 때문이다. 절대자유와 상대자유의 차이에 대해 고찰해 보자.

상대적 자유

현실적으로 상대적인 자유만이 존재한다는 것을 인정하고 받아들여야 할까? 구체적인 일상생활 속에서 우리가 체험하는 자유만을 생각한다면, 우리는 이 질문에 '그렇다'고 답할 수 있다. 우리 모두는 자유에 대한 욕망과 현실 사이의 모순을 경험한다. 더 좋은 글을 작성하기 위해 좀더 많은 시간을 갖길 원하지만 일정한 기간 내에 숙제를 제출해야만 하는 고등학생부터 아무리 급하더라도 빨간 신호등에서 무조건 정지해야만 하는 운전기사에 이르기까지 하루에도 수차례 자신의 자유를 펼치고자 하는 욕망은 그것을 규제하고자 하는 사회규범과 충돌한다.

이러한 사실 때문에 우리는 사회를 떠나 개인의 자유를 맘껏 펼칠 수 있는 자연 속에서 살고 싶다는 생각도 한다. 마르크스와 그외 많은 사회학자들은 노동이 생존을 위해 강제된 것으로 느껴진다면 인간은 사적인 영역에서야 자유를 영위할 수 있을 것이라고 보았다. 그러나 사적인 영역에서도 인간의 자유는 경제적 상황에 의해 한정될 수밖에 없다. 예를 들어 경제적인 이유로 원하는 바캉스를 가지 못할 수도, 원하던 유학을 포기해야 할 수도 있다.

우리 모두는 자신의 인생에서 좀더 자유로웠던 시절을 기억한다. 경제적·시간적으로 보다 여유로웠던 시절을 우리는 행복하고 자유로웠던 순간으로 추억하며, 이러한 사실은 우리가 시간 속에서 덜 자유롭거나 더 자유로울 수 있다는 것을 증명한다. 그러나 자유의 정도를 정확히 평가할 수 있는 기준이 존재할까? 어떤 자유가 더 크다고 확신할 수 있는 보편기준이란 과연 무엇일까? 자유의 개념은 사람마다 다를 수 있다. 예를 들어 자유롭지 않다고 한탄하는 노동자를 가정해 보자. 그는 자신의 일을 매우 곤욕스러워하며 불행하다고 느낄 수 있지만, 감옥에 있는 자에게 노동자의 삶은 자유 그 자체를 의미할 수도 있다.

만약 이런 외적인 차이와 상황에 굴하지 않는 보다 견고한 자유를 보장받고 싶다면 우리는 이성에 기반한 자유관을 추천할 수 있다. 데카르트는 무관심이 최악의 자유 단계이며 명철한 앎과 자유의지를 기반으로 한 자유가 최상의 자유라고 평가했다. 마찬가지로 말브랑슈는 우리의 자유는 절대적이라기보다는 그것을 활용하는 자가 얼마나 이성적인지에 따라 상대적이라고 보았다. 가령 아이들은 이성을 제대로 사용하지 못하기 때문에 자유로울 수 없다. 어른도 욕망의 노예가 되었을 경우 이성적인 인간에 비해 덜 자유롭다고 말할 수 있다. 스토아학파 철학자들은 자유와 행복을 얻기 위해선 이성으로 자신의 욕망을 제압하라고 충고했다. 그들의 이론을 받아들인다면 나의 자유를 증명함에 있어 중요한 것은 이성과 자유의지이며 나의 현실적 상황은 그리 중요하지 않다. 죽음과 재난, 병, 세상의 모순과 같은 것들은 나의 의지로서는 어쩔 수 없는 것이므로 그 어려움들을 초연하게 받아들이는 것이 더 바람직하다. 즉, 세속적 부귀영화에 완전히 무관심해지고 나 자신에게만 의지할 때 나의 현실적 상황과 관계없이 나는 내적 평화와 자유를 얻을 수 있다. 즉, 노력에 따라 나는 더 자유로워질 수 있고 완전한 정신적 자유에 도달했을 때 나는 궁극적 해방감을 맛보게 된다.

그러나 현실적 고통과 억압을 실질적으로 경험하면서도 이런 주장을 할 수 있을까? 물질을 무시하는 것은 물질적 어려움으로부터 벗어날 수 있었던 선택받은 엘리트들의 배부른 주장에 불과한 것이 아닐까? 있는 그대로의 현실을 받아들이는 것은 나의 물질적 상황이 어느 정도 보장되었을 때 가능하다. 그러나 만약 전쟁이나 질병, 기아가 발생한다면 이 같은 내적 자유는 외적 환경에 의해 크게 침해될 것임이 분명하다. 사실 자유에 대한 보다 근본적인 문제는 인간과 세계의 관계 속에서 제기된다. 문명의 초기단계에 인간은 적대적인 자연환경 속에서 먹을 것을 찾고 동물로부터 자신을 방어하기 위해 자연과 투쟁해야 했다. 이후 지혜와 기술을 사용해 인간은 점진적으로 자연을 지배하였으며 보다 자유롭게 되었으나 육체를 지닌 인간에게 있어 완전한 해방이란 여전히 불가능하다. 왜냐하면 인간의 욕망은 계속 새로운 것을 자연에 요구할 것이며 자연이 인간에게 제공할 수 있는 양은 일정하기에 인간은 지속적인 갈망과 결핍에 시달리게 될 것이기 때문이다. 이처럼 우리는 자유에 대해 이야기할 때 주로 사회적 구속과 타인의 간섭을 언급하지만 사실 인간은 인간에게 적대적인 자연과의 관계에서 가장 본질적인 부자유스러움을 경험한다. 추위와 배고픔, 질병과 죽음의 공포 속에서 자유를 느낀다는 것은 불가능하기 때문이다.

인간에게 자유란 무엇을 의미하는가? 무엇보다 자유는 고통과 결핍, 속박이 없는 상태를 의미하지 않을까? 일반적으로 사람들은 물질적 속박에서 벗어나 내가 먹고 싶고 입고 싶은 것을 누리는 것, 누구의 제약도 없이 하고 싶은 것을 하는 것을 자유라고 생각한다. 그러나 이런 형태의 완벽한 자유는 인간의 착각이며 망상에 불과하다. 이러한 꿈은 모든 사람을 지배하는 폭군이 되기를 염원하는 것과 다를 바 없다. 원하는 것을 모두 행하려는 충동적인 자유는 유한한 인간에게 가능하지도 바람직하지도 않다. 도스토예프스키(F. M. Dostoevskii)는 "신이 존재하지 않는다면, 모든 게 허용된다"고 말했다. 그러나 만약 실제로 인간의 자유가 절대적인 것이 된다면 인간은 인간성 자체를 상실하게 될 것이다. 어떤 방해나 제약도 없는 자유란 인간적 차원에서 볼 때 선택의 가능성 자체가 사라지는 결과를 낳기 때문이다. 모든 것을 할 수 있다면 나는 더 이상 선택을 할 필요도 없거니와 그 선택에 필요한 자유의사도 무의미한 것이 된다. 완벽하게 자유로운 존재는 신뿐이다. 만약 신처럼 완벽한 자유인이 존재한다면 그는 어떤 잘못도 범할 수 없으며 자신의 행동에 대해 어떤 변명도 할 수 없는 상황에 처하게 될 것이다.

스토아학파 철학자들은 정신적 자유를 통해 물질적 욕망을 초월할 수 있을 것이라고 확신했다. 물론 세상을 바꾸는 것보다 자기 자신의 욕망을 억제하는 것이 더 중요하다는 주장은 명예, 돈, 권력과 같은 세속적이고 맹목적인 인간의 헛된 욕망에 대한 비판이라는 점에서 의미가 있다. 그러나 추상적이고 이성적인 의지에 의해 나의 또 다른 모습이라 할 인간의 육체적 영역을 완전히 부인할 수 있는지, 과연 나의 의지와 나를 둘러싼 외부적 현실 환경이 분리될 수 있는 것인지 질문할 수 있다. 또한 이런 초탈한 태도가 현실적 불의를 비롯하여 이 세상에서 일어나는 모든 것을 수동적으로 받아들이는 숙명론이나 체념으로 이르게 되지는 않을지 우려할 수 있다. 주관적 판단에 따른 다양하고 상대적인 자유 대신 절대적 자유를 찾고자 한다면 우리는 무관심(adiaphoria)에 기초한 스토아철학의 지혜보다는 칸트의 이성적 자유론을 살피는 것이 더 낫지 않을까?

정치적·윤리적 문제점

완전히 자유롭지 않다는 것은 일반적으로 부정적인 의미를 띤다.

그러나 나의 행동이 외적 상황에 의해 강요되었다는 사실은 내게 유리하게 작용할 수도 있다. 예를 들어 잘못을 저지른 후 변명하기 위해 그것은 상황 탓이었으며 내가 원한 바가 아니었다고 주장한다면 나의 책임과 처벌량은 축소될 수 있다. 즉, 나의 자유가 제한되었다는 사실은 나의 행동결과에 대해 내가 완전히 책임을 지지 않아도 된다는 것을 또한 의미하기에 자유에 따른 부담을 줄여줄 수 있다.

칸트는 이런 상황을 비판하면서 어떤 것도 나의 이성과 의지를 약화시킬 수 없으며 의무와 책임은 절대적임을 강조하였다. 그에 따르면 이성이 만든 도덕률에 나는 복종해야 할 의무가 있으며 예외는 인정될 수 없다. 요컨대 칸트에게 있어 자유의지는 실천이성과 직결된다. 그의 윤리관에 따르면 인간은 도덕적 존재이기 위해서라도 자유로워야 한다. 즉, 현실적 상황에 따라 행동을 달리하는 존재여서는 안 된다는 것이다. 만약 외부적 권위에 복종하여 어떤 행위를 한다고 하면 나의 행위는 변명의 여지를 갖게 된다. 그러나 칸트는 주체가 이성과 의지의 자율성을 벗어나 외적 조건에 의해 타율적으로 움직이는 것을 인정하지 않는다. 주체는 절대적으로 자유로운 존재이며 그렇기 때문에 도덕적 책임을 피할 수 없다. 그렇다면 절대적 자유란 결코 인간의 삶을 용이하게 만들어주는 것이 아님이 분명하다. 완벽한 자유인은 완벽한 이성적 판단과 빈틈없는 도덕의식에 따라 행동할 것이기에 어떤 잘못도 행할 수 없는 윤리적 책임을 지게 될 것이기 때문이다. 칸트에 따르면 도덕법칙 앞에서 나는 덜 자유롭거나 더 자유로울 수 없다. 나는 절대적으로 자유로워야 한다. 마찬가지로 나는 덜 윤리적이거나 더 윤리적일 수 없으며 절대적으로 윤리적일 의무가 있다.

칸트는 루소가 정치적 차원에서 제시한 "법에 복종할 자유"를 윤리적 차원에 적용한다. 칸트에 의하면 우리는 이성적 도덕률에 복종해야 하며 이러한 복종이 바로 자유를 의미한다. 한편 루소에게 있어 자유란 법에 복종하는 것이지 결코 사회에 대한 개인적인 반감이나 저항을 표현하는 것이 아니다. 그런데 루소와 칸트가 역설하는 자유는 우리가 일반적으로 생각하는 자유와 정반대의 모습을 취하고 있음에 주목하게 된다. 우리는 우리가 하고 싶은 것을 하는 것을 자유라고 생각하는데, 칸트와 루소는 개인의 의사나 주관과 관계없는 절대적 자유를 강조한다.

물론 이러한 칸트와 루소의 자유론에 대한 비판은 가능하다. 이들이 제시하는 자유는 매우 정의롭고 이상적이지만 구체적인 상황에 적용하려 할 때 과연 효용성을 발휘할 수 있을까? 너무 추상적인 칸트와 루소의 자유는 현실 속에서 많은 한계를 지닌다. 루소 자신도 "자유롭게 태어난 인간이 쇠사슬에 묶이게 되었다"는 모순적인 표현을 사용하지 않았던가? 만약 모든 인간이 법 앞에서 평등하고 자유롭다면 사회 속에서 억압당하고 착취당할 리 없다. 결국 이것은 철학이론과 현실 사이의 모순이라고도 볼 수 있다. 현실 속에서 자유가 상대적으로 평가된다면, 절대적 자유가 존재한다고 외치는 것이 무슨 소용이 있겠는가?

무결정성

루소가 자연인에게 부여한 자연적 독립성을 문화인류학자들은 본질적 무결정성이라고 부른다. 인간이 무결정적인 존재라는 것은 무엇을 의미하는가? 만약 인간이 본질을 지니고 있지 않다면 그리고 결정론에 종속되어 있지 않다면 그가 어떻게 변해야 한다고 명령할 수 있는 선험적·보편적 인간상은 존재하지 않는다고 말할 수 있다. 즉, 어떤 인간이 되느냐는 그가 속한 환경과 문화 그리고 개인의 의지에 의해서 결정되는 것이지 운명에 의해 정해지는 것이 아니라는 것이다. 문화와 자유 사이에는 연관관계가 존재한다. 문화란 기본적으로 선천적인 것, 자연적인 것을 거부한다. 인간의 자유도 주어진 것, 운명에 대한 거부를 내포한다. 말하자면 인간은 문화와 자유를 통해서만이 발전할 수 있다.

갓 태어난 아기에게 결정된 것은 아무것도 없다. 어떤 기존의 가치와 규범도 그에겐 큰 의미를 지니지 못한다. 아기는 무결정적인 존재이고, 그는 그를 둘러싼 환경과 자유에 의해 스스로의 모습을 구축해 나가게 된다. 사르트르에 따르면 선험법칙이나 신이 존재하지 않는 이상, 어떤 초월적 힘도 나의 결정에 영향을 미칠 수 없고 외적인 요소나 타인이 나를 대신해서 선택하거나 결정할 수 없다. 즉, 나는 모든 것과 모두에 대해 책임을 져야 하며 만약 내 자신의 자유를 포기한다면 그것은 나의 인간성을 포기하는 것과 같다. 사르트르에게 있어 자유는 태어날 때부터 주어진 선물이 아니라 모든 인간이 짊어져야 할 무거운 짐이자 내가 실존적 노력을 통해 정복해야 할 대상이다. 이처럼 사르트르는 무결정성에 얼마간의 비극성을 부여하여 자유란 인간이 피할 수 없는 운명이라고 설명했지만, 사실 무결정성이란 곧 무한으로 열려 있다는 것, 개인은 자신의 의지와 선택에 따라 스스로의 모습을 형성할 수 있다는 긍정적인 메시지를 담고 있다.

  종의 법칙에 의해 결정되지 않고 스스로의 미래를 선택할 수 있다는 사실은 동물과 인간을 구분하는 기준이 된다. 인간에게는 동물들에게서 볼 수 있는 강한 의미에서의 본성이 없기에 인간은 근본적으로 미래로 열려 있는 불확정적인 존재이며, 자유의지에 따라 본능이나 관습에 반하는 일을 할 수 있다. 그리고 이 점에 있어 인간은 상대적으로 자유로운 것이 아니라 절대적으로 자유롭다고 할 수 있다. 인간은 매순간 선택을 해야 하며 자신의 인생을 개척해 나가야 한다. 물론 인간은 스스로 그 자유를 거부하고 자기소외를 선택할 수도 있다. 예를 들어 타인들이 나에게 기대하는 모습에 응하기 위해 혹은 주위로부터 인정받기 위해 진실된 모습을 감춘 채 기만적인 삶을 살 수도 있다. 사회적 요건이 우리에게 스스로의 자유를 포기하고 사회적 규범과 가치를 준수하는 모범시민이 되기를 강요할 수도 있다. 그러나 이러한 어려움을 극복하고 스스로의 자유를 지킬 때 우리는 온전한 인간일 수 있다. "독일의 침략하에서처럼 프랑스인들이 자유로운 적은 없었다"라고 사르트르는 말했다. 이런 모순된 주장을 어떻게 이해해야 할까? 사르트르에 따르면 장애는 자유의 중요성을 실감하게 하는 결정적인 계기가 된다. 그 한 예로 비둘기는 공기의 저항을 경험하면서 공기가 없다면 보다 자유로울 수 있을 것이라는 생각을 하게 된다. 즉, 장애와 어려움을 통해 완벽한 자유에 대한 생각을 갖게 된다는 것이다. 모든 장애는 부족함을 상징하므로 장애요인을 만나게 되었을 때 우리는 자유를 보다 강렬히 원하게 된다. 예를 들어 감옥은 자유를 억제하기에 자유에 대한 열망을 가장 강하게 불러일으키는 장소일 수 있다. 즉, 자유를 빼앗기고 나서야 우리는 완벽하고 절대적인 자유를 염원하게 된다. 어떤 죄수나 인간도 부분적인 자유를 원치 않으며 절대적 자유를 갈구한다는 것은 자유가 인간의 본능임을 증명한다. 랄랑드(Lalande)[5]는 "절대적 자유라는 관념은 자연과 반대된다고 할 수 있는 초-자연적, 형이상학적인 것이라 할 수 있으며 이 관념은 극한으로 이행한 곳에 존재한다"고 절대적 자유에 대해 설명했다. 말하자면 절대적 자유란 초월적 가치이기에 현실을 사는 인간이 그것을 획득한다는 것은 매우 어렵거나 거의 불가능하지만 추구해야 할 이상으로서, 즉 현실과 운명에 대한 도전을 가능케 하는 원동력으로서 충분한 의미를 지닌다.

---

5) 랄랑드(Joseph-Jverome Le Françoise de Lalande, 1732~1807) : 프랑스의 천문학자. 1759년에는 핼리 혜성표의 수정판을 출간했다. 1761년과 1769년 금성의 자오선 통과를 관측하기 위한 국제공동연구의 구성을 도왔고, 이 관측된 자료로 태양과 지구 사이의 거리를 정확하게 계산할 수 있게 했다. 1762년 파리의 콜레주 드 프랑스의 천문학과장에 임명되어 46년 동안 재직했다. 천문학의 보급자로서 1802년 랄랑드 상을 제정하여 해마다 천문학에 가장 공헌한 사람에게 시상했다. 주요 저서로 방대한 양의 《천문학 개론(*Traité d'astronomie*)》(1764)과 《프랑스 천문학사(*Histoire céleste française*)》(1801), 《천문학 서지(*Bibliographie astronomique*)》(1803)가 있다.

르네 마그리트(René Magritte)의 〈위대한 가족〉, 1947.
"넓은 하늘 안에 하늘을 가로지르며 날고 있는 새"라고 시인 앙리 미쇼(Henri Michaux)는 이 그림에 대해 설명하고 있다. 이는 실재하는 것과 부재하는 것 사이의 상호 경계선을 표현한 좋은 예들 중 하나이다. 절대적 자유와 상대적 자유 사이에서 인간은 방황하는 존재이다.

자유와 해방

역사를 뒤돌아볼 때 인류가 누렸던 자유는 매우 불충분했음을 우리는 쉽게 감지할 수 있다. 특히 피지배계층이 사회적·정치적 기구로부터 받은 지속적 억압은 과연 자유가 이들에게도 존재했는지를 의심케 한다. "모든 역사는 자유의 역사다"라는 유명한 말을 남긴 헤겔은 역사와 함께 자유의 개념이 진보, 확장된다고 확신했다. 그에 의하면 절대자는 이성이고 그 본질은 자유이다. 역사는 이성과 자유가 그 속에서 전개해 나가는 과정인 것이다. 헤겔에 따르면 그리스인들은 현대인들보다 덜 자유로웠다. 고대 그리스에서는 시민만이 자유로운 존재였다. 그러나 모든 인간의 평등을 단언한 프랑스혁명 이후 자유 개념은 변화하였고 자유는 인간 현실 속에 뿌리내리게 되었다. 단 한 사람 전제군주만이 자유인이었던 고대로부터, 소수의 사람이 자유롭던 시대를 거쳐 모든 사람이 자유로운 시대로 옮아간 것이다. 그리하여 헤겔은 자신의 시대야말로 바로 자유의 마지막 단계가 실현되어야 할 시대라고 보았다.

마르크스 역시 이 같은 변증법적 진보구조를 옹호했지만 그것을 보다 구체적인 현실에 적용하고자 했다. 마르크스에 따르면 역사는 착취의 모든 형태에서 벗어나고자 하는 인류의 노력을 보여준다. 즉, 진행 중인 해방에 대해 이야기하는 것이 각 계급의 이익과 관련되어 있는 자유 개념에 대해 이야기하는 것보다 낫다는 것이 마르크스의 의견이다. 헤겔과 달리 마르크스는 자유가 전혀 완성되지 않았다고 보았다. 마르크스에 따르면 프랑스대혁명을 통해 획득된 자유는 한 사회의 특정 계급만이 누릴 수 있는, 즉 다른 계급의 자유를 희생시키고서야 가능한 자유였다. 그는 부르주아 혁명이라 할 프랑스혁명은 부르주아 계급은 해방시켰으나 프롤레타리아의 착취를 야기했다고 설명했다. 즉, 자유는 계속 더 확장되어야 하며 계급 철폐라는 궁극적 해방으로 이어져야 한다는 것이 마르크스의 주장이었다. 마르크스는 혁명에 의한 프롤레타리아의 승리야말로 최종적 인류의 승리로서 역사의 마지막 단계에서 이루어질 것이며 완벽한 자유의 개념을 실현하게 될 것이라고 확신했다.

  그러나 자유의 실현에 대한 이들의 관점은 너무 낙관적이지 않은가? 사르트르의 자유론이나 마르크스의 자유론 모두에서 우리는 주어진 운명에 반항하는 정신과 운명을 피할 수 없는 인간의 구체적 현실 사이의 모순을 만나게 된다. 인간은 모든 결정론에서 무관한 초월적 존재가 아니다. 동물들과 비교할 때 운명적인 '본성'이 인간의 모든 행동을 결정하는 것은 아니지만, 그러한 본능이 인간에게도 내재해 있고 매우 중요한 역할을 한다는 것만은 부인할 수 없다. 그렇다면 자유의 개념을 해방의 개념으로 대치시키는 것이 어떨까? 해방이란 이상과 현실 간의 조화를 가능케 하는 역사적 움직임을 의미한다. 이 경우 자유란 이미 주어진 것이 아닌 노력과 투쟁을 통해 획득해 나갈 가치로 정의된다. 즉, 해방으로서의 자유란 인간을 속박하는 현실적 장애와 어려움을 정복한 결과로 이해될 수 있다. 그러나 이 경우 다시 자유란 더 큰 자유와 덜 큰 자유로 구분되지 않을까? 더 많이 노력하고 투쟁한 사람이 더 큰 자유를 갖게 됨은 분명하기 때문이다. 물론 우리는 이 사실을 개인적·집단적 차원에서 받아들일 수 있다. 그러나 도덕적·이성적 주체를 생각한다면 우리는 절대자유를 인정해야 한다. 절대자유란 존재하거나 존재하지 않는 것이지 상대적으로 존재하는 가치가 아니기 때문이다. 어떤 절충적인 해결책이나 비겁함도 용납하지 않는 절대적 자유는 상대적 자유의 이상적 모델이 되는 해방의 형이상학적 모델이라고도 말할 수 있다.

결론

자유에 대해 이야기할 때 우리는 현실로부터 너무 동떨어진 이론적이고 이상적인 개념만을 전개할 위험이 있다. 그러나 형이상학적이기보다는 인류학적인 관점에서 자유를 고찰할 때 우리는 자유가 동일한 방식으로 구현되지 않음을 쉽게 살필 수 있다. 사회적·역사적 상황은 부분적으로 자유에 영향을 미친다. 그러므로 우리는 자유를 완성된 것이 아닌 항상 진행 중인 것으로 이해할 필요가 있다.

 자유는 순수 개념이기 때문에 우리는 그것이 무엇인지 말로 설명할 수 없다. 단지 실천을 통해 증명할 수 있을 뿐이다. 인간의 삶에 있어 내재하는 본질이란 아무 의미도 없다. 천재성은 작품을 통해서만이 증명될 수 있고 사랑도 애정이 깃들인 말과 행동을 통해서만이 알 수 있다. 천재적 재능은 있었으나 상황에 의해 재능을 키우지 못했다거나 사랑했으나 제대로 표현하지 못했다는 것은 구차한 변명에 불과하다. 마찬가지로 우리의 행동을 통해 사람들은 선과 악에 대한 우리의 의지를 측정할 수 있고 우리가 얼마나 자유로운지도 알 수 있다.

바칼로레아의 질문들

- 자유는 외적 구속의 부재를 의미하는가? (1993)
- 자유롭기 위해 우리에게 두 가지 선택, 절대군주거나 현자여야 한다는 두 가지 선택밖에는 없는가? (1998)
- 자기 자신의 주인이 된다는 것은 무엇을 의미하는가? (1997)
- 인간은 자유로우며 자연은 법칙에 종속되어 있다는 주장을 동시에 할 수 있는가? (1997)
- 즉흥적인 행동은 자유의 표시인가? (1998)
- 용기 없는 자유란 가능한가? (1999)
- 자유로움을 배울 수 있는가? (1992)
- 사유의 자유란 아무것이나 생각한다는 것인가? (1991)

더 생각해 봅시다 ❶

대마초 합법화와 개인의 자유

얼마 전 한 토론 프로그램에서 있었던 유명가수의 대마초 합법화 주장은 많은 사람들의 관심을 모았다. 그의 논지에 따르면 대마초는 개인의 취향이자 기호로서 개인적 선택의 영역이므로 대마초 흡연자에 대한 단속과 처벌을 완화해야 한다는 것이다. 남에게 피해를 주지 않는다는 조건하에서 스스로 결정할 수 있는 성인의 자유를 국가가 규제한다는 것은 공권력의 폭력인가? 그러나 한편 충동적 욕망에 끌려 자신의 건강을 해치는 것이 과연 진정 자유로운 행동인지에 대해서도 생각해 볼 수 있다. 대마초 합법화에 반대하는 사람들은 대마초의 장기적 복용은 판단력을 흐리게 하고 반사회적 행동을 유발하여 결국 사회의 건강을 저해할 것이라는 우려를 표명한다. 자신의 결정을 국가나 다른 사람의 개입 없이 스스로 책임지는 것이 자유인가? 대마초의 비범죄화와 관련해 개인의 자유에 대해 논의해 보자.

더 생각해 봅시다 ❷

자유란 거절할 수 있는 능력인가?

우리는 자유를 모든 것을 할 수 있는 능력으로 간주하곤 한다. 그러나 우리가 진정 바라는 바는 거절에 의해서도 표현될 수 있다. 반항아의 정치적 불복종은 주어진 정치체제를 비판하고 거부하고자 하는 그 나름의 자유 표현이다. 그러나 무조건적인 거부가 자유를 의미하는 것은 아니다. 이 경우 타자와의 대화 자체가 불가능할 수 있기 때문이다. 거부가 자유로 인정받을 때는 견고한 이성과 독립성을 지닌 개인이 건설적인 대안을 제안할 수 있을 때이다. 즉, 무조건 타인의 의견을 무시하는 것이 아니라 타인과 함께 "아니다"라고 말할 수 있어야 한다. "아니다"라고 말하는 것은 의지의 표현이며, 이것은 외부적 압박뿐 아니라 내부적 욕망이나 정념에 대항하는 인간 의지의 실현이다. 즉, 거절할 수 있는 능력은 인간의 자유 실현에 있어 필수조건이다. 어떤 경우에 거절이 불가능한지 생각해 보자.

더 생각해 봅시다 ❸

자유롭다고 믿는 것과 진정 자유로운 것을 구분하는 것은 쉬운 일인가?

일상적인 삶 속에서 우리는 자주 우리는 자유로우며 우리가 하는 것들을 스스로 선택한다는 느낌에 사로잡힌다. 내가 공원에 가지 않고 도서관에 간 것이나 친구의 부탁을 거절한 것 등은 모두 내가 자유롭다는 것을 증명하지 않는가? 그러나 이런 느낌은 착각에 불과할 수 있다. 공원에 가지 않은 것은 햇빛을 싫어하기 때문인데 그런 체질은 집안 내력일 수도 있고 피부미용을 위해 햇빛을 피해야 한다는 뉴스를 많이 접했기 때문일 수도 있다. 또 특수한 문화와 시대에 살고 있기 때문에 그런 생각을 하게 된 것일 수도 있다. 친구의 부탁을 거절한 것도 무의식적으로 그 친구에게 질투를 느끼고 있었기 때문이며 그가 과거 나의 안 좋은 기억을 떠올리게 했기 때문일 수도 있다.

 스피노자는 의식의 착각에 대한 분석을 시도했는데 그에 의하면 우리는 우리의 욕망 자체는 의식하지만 왜 그것을 욕망하는지는 모르는 경우가 많다. 우리는 무엇인가를 하기로 결정하면서 스스로 자유롭다고 생각하며 우리 스스로가 그 욕망의 주체라고 생각하는데 그것은 착각이라는 것이다. 자유롭다고 착각하는 것과 진정으로 자유로운 것은 다르다. 왜냐하면 진정한 자유는 선택이나 의지에 의해 주어지는 것이 아니라 우리 욕망의 원인에 대한 앎에 근거하기 때문이다. 그러나 욕망의 근본 원인이 무엇인지를 안다는 것은 세계와 자신에 대한 깊은 통찰 없이는 불가능하기에 우리는 대부분 착각에 사로잡혀 살게 된다. 일반적으로 우리가 생각하는 자유란 사람들 사이에 가장 많이 퍼져 있는 착각인가, 아니면 현실인가? 스피노자의 자유론은 숙명론으로 이어질 위험이 있지 않을까? 언제 나는 스스로의 자유를 확신하는지 생각해 보자.

13

나쁜 사람도 행복할 수 있는가?

Baccalauréat, 1998

외향적인 영혼의 힘이 나를 나와 유사한 사람과 일치시킬 때, 그래서 내가 그에게서 나를 느낀다고 말하게 될 때, 나는 내가 고통스럽지 않기 위하여 그가 고통스럽지 않기를 원하게 된다. 나는 나에 대한 사랑을 위하여 그에게 관심을 갖는 것이다. 그렇기 때문에 앞에서 말한 교훈의 이유도 내가 살고 있다고 느끼는 그곳에서 나 자신의 행복이라는 욕망을 추구하는 본성 자체 속에 있다.

루소(Jean-Jacques Rousseau, 프랑스 사상가)

서론

흔히 우리는 건강, 미, 부, 권력, 사랑 등을 얻었을 때 행복하다고 말한다. 그러나 행복이 단지 개인의 이익추구에만 국한되는 문제라면 우리는 '나쁜 사람도 행복할 수 있는가?'라는 질문을 던질 필요도, 선과 행복의 관계에 대해 생각해 볼 필요도 없을 것이다. 만약 행복이 욕망의 충족만을 의미한다면 우리는 그저 원하는 것을 축적하기만 하면 된다. 그러나 행복에 있어 보다 본질적인 문제는 욕망의 대상들을 축적하는 방법과 연관된다. 다른 사람들의 욕망에 전혀 개의치 않고 자신의 욕망만을 추구하는 삶을 행복하다고 간주하기에는 행복이란 개념은 인간의 삶에서 너무 큰 의미를 갖는다. 이기적 쾌락 이상의 행복이 인간에게 가능한가? 만약 가능하다면 그것에 다다르기 위한 조건은 무엇일까?

'욕망하는 것은 좋은 것이다'라는 말은 현대사회의 대표적 구호이다. 자본주의 사회는 경제적 성공을 행복의 모델로 제시하며 최대한 욕망을 실현할 것을 권유한다. 이에 따라 돈이 모든 것을 대변한다는 믿음과 함께 모든 전통적 도덕가치에 냉소적인 태도를 보이는 젊은이들이 늘고 있고, 소수 권력자들이 과연 그들의 재력에 걸맞은 덕을 갖추었는지, 혹은 덕을 갖추었는지 아닌지가 그들의 행복을 결정하는 데 중요한 역할을 하는지에 대해서 사람들은 더 이상 큰 관심을 기울이지 않는다. 오히려 어느 정도 이기적이고 능력 있는 사람이 더 현명한 사람으로 평가받기도 한다. 현대의 권력자들은 소피스트들이 되어가고 있는가? 과거 소피스트들이 권력의 쟁취를 위한 부도덕성을 암묵적으로 인정했듯이 오늘날의 권력자들은 생존경쟁에서 강자로 살아남기 위해서는 기만과 폭력을 사용할 수밖에 없고, 결국 인간은 모두 이기적이기에 타인을 희생시켜서라도 자신의 욕망을 실현하는 것이 타당하다는 주장 쪽으로 여론을 이끌고 있다.

그러나 나의 행복추구가 필연적으로 타인의 행복을 저해한다면 행복한 자는 악한 자일 수밖에 없지 않은가? 우리가 일반적으로 나쁜 사람이 행복할 가능성이 많다고 생각하는 이유는 나쁜 사람은 폭력을 쓰거나 타인에게 해를 입히는 것에 큰 양심적 가책을 느끼지 않기에 보다 효율적으로 자신의 이익을 추구할 수 있을 것이라고 생각하기 때문이다. 반면 마음이 여리고 타인을 돕는 착한 사람들은 바로 그런 태도 때문에 생존경쟁에서 불리할 것이라고 추측한다. 칸트는 타인을 수단이 아닌 목적으로 대할 것을 강조했다. 그러나 타인을 항상 존중하고 사랑하는 것이 공격성으로 가득한 현실에서 과연 가능한 일일까? 왜 나쁜 사람이 성공하고 착한 사람이 불행해지는 것일까? 행복이 권력욕에 가득 찬 이기주의자들의 꿈에 불과하다면 그것을 인생의 목표로 설정하기에는 무리가 있다.

왜 착한 사람이 희생당하는가?

정의로운 인간이란 현실적 모순과 불의를 거부하고 그에 저항하는 자이기에 만약 행복이 선과 일치한다면 정의로운 자들은 보상을 받아야 마땅하다. 그러나 불의와의 타협을 거부하고 이상을 수호하는 자는 대부분 억압을 당하거나 사회로부터 배척을 당한다. 반면 약자의 불행에 등을 돌린 채 부정한 방법으로 자신의 이익만을 도모하는 자는 부귀영화를 누리며 평생 안락한 생활을 영위하는 경우가 많다. 악한 사람이 행복하거나 착한 사람이 불행할 수 있다는 사실은 결국 정의와 행복이 비대칭적 관계를 이루고 있음을 보여주는 것이 아닐까? 만약 권력에 대항하여 선과 정의를 수호하려는 노력이 한 개인의 불행을 가져온다면 우리는 세상에 대해 비관적인 시각을 가질 수밖에 없다. 행복은 권력을 떠나서는 생각할 수 없는 것일까?

사람들은 모두 강자가 되기를 원한다. 권력과 돈을 얻는다면 행복해질 것이라고 생각하기 때문이다. 그런데 만약 행복을 위한 첫 번째 조건이 '힘'이라면 나의 힘을 키우기 위해 타인의 힘을 억압해야 한다는 결론이 자연스레 도출된다. 비윤리적 가치관으로 유명한 소피스트들은 인생에서 성공하기 위해서는 어린아이들이나 믿을 법한 순진한 휴머니즘과 도덕적 양심을 버리라고 강조했다. 남의 것을 훔치는 것도 나의 행복을 위해선 필수적이고 효과적인 방법이라고 조언하기까지 했다. 소피스트들에 따르면 우리가 주의해야 할 것은 양심이 아니라 들키지 않고 영리하게 일을 해치우는 것이다. 이러한 도발적이고 냉소적인 가치관을 제시하는 소피스트들을 철학자들은 강렬히 비판했다. 그러나 우리의 현실을 살펴볼 때 소피스트들의 조언은 현실에 그대로 적용되고 있지 않은지 의구심이 든다. 우리는 공공연하게 사업가들의 세계와 정치계가 부패했으며 그들은 이기적이고 교활하다고 비판한다. 그러나 동시에 많은 사람들이 그들과 같은 권력을 갖는다면 행복해질 것이라고 생각한다. 행복에 있어 권력이란 어떤 의미를 지니는 것일까? 소피스트들이 주장했듯이 불의의 희생자가 되는 것보다는 불의를 저지르는 것이 더 현명한 태도일까?

행복을 자신만을 생각하는 자의 이기적인 이상으로 파악한 칸트는 나의 행동을 결정짓는 것이 행복의 원리여서는 안 된다고 강조하면서 행복이라는 개념을 윤리철학에서 추방시켰다. 칸트에 따르면 착한 사람이 반드시 행복한 것은 아니며 오히려 그 반대일 경우가 더 많다. 예를 들어 나쁜 사람이 편법을 써서 시합이나 게임에서 이겼다고 할 때, 그는 승리에 기뻐하겠지만 윤리적 차원에서 그는 과오를 범한 것임이 분명하다. 즉, 도덕적 관점에서 중요한 것은 시합에서 이겼거나 졌다는 사실이 아니라 속임수를 썼는가 아닌가 하는 것이다. 칸트에 따르면 의무를 지키는 데 있어 우리가 행복을 느끼느냐 아니냐는 그리 중요하지 않다. 물론 타인들이 지키지 않는 의무와 도덕을 홀로 지킴으로써 우리는 실질적으로 많은 손해를 볼 수 있다. 그러나 그러한 행동은 인간에게 자존감을 안겨주기에 행복을 포기하고서라도 희생적인 자비, 봉사, 정의를 행해야 한다고 칸트는 명시한다. 칸트가 주장하듯이 윤리란 불행할 것을 감수하고서라도 의무를 수행하는 것을 의미하는가?

'고르기아스'라고 명명된 플라톤의 대화록에서 폴로스와 소크라테스는 행복에 대해 상반된 의견을 제시한다. 폴로스가 정의란 부정의보다 아름답지만 현실적으로 자신에게 그리 이롭지 못한 것이라고 정의한다면, 소크라테스는 부정의를 저지르느니 부정의의 희생자가 되는 편이 낫다고 이에 반박한다. 그리고 결국 법의 이상을 좇아 스스로 죽음을 선택함으로써 자신의 주장을 실천에 옮겼다.

그러나 이상을 위해 현실을 포기하는 것이 과연 바람직한지, 현실적으로 그의 주장을 따를 수 있을지에 대해선 의문이 남는다. 이상을 위해 반드시 현실적 행복을 포기해야 할까?

칸트가 행복과 도덕 사이에는 아무 관계가 없다고 생각했다면, 도덕적 행동이 행복을 안겨준다고 주장하는 이들도 많다. 가령 스스로가 선하고 자비롭다는 것을 확인하는 데서 오는 자부심이나, 세상이 내가 믿는 신념과 일치하여 움직인다는 것을 확인함으로써 느낄 수 있는 감정 역시 행복이 아닐까? 우리가 간과해선 안 될 사실은 착한 사람이 정의와 이상을 지키는 과정에서 겪는 가난, 절망, 고난 등의 어려움은 불행이나 비극의 동의어가 아닌 더 큰 행복을 위한 과정일 수 있다는 것이다. 작은 고통을 겪어나가면서 착한 사람들은 더욱 지혜로워질 것이고 결국 진정한 행복에 이를 수 있다.

악인의 행복

'나쁜 사람도 행복할 수 있는가?' 하는 질문에 답하기에 앞서 우리는 행복이 과연 무엇인지 그 정의를 검토할 필요가 있다. 행복이 단지 물질적·사회적 충만상태라면 행복을 얻는 방법은 이기적일 수밖에 없다. 그리고 물질을 더 많이 차지하는 것이 행복과 비례한다면, 이기적이고 나쁜 사람이 행복할 가능성이 더 많다고 말할 수조차 있다. 하지만 타인의 행복을 고려하지 않는 이기적인 행복은 결국 쾌락의 영위에 불과하다.

쾌락은 착각에 의한 행복이기에 지속될 수 없으며 근본적으로 공허하다. 인간은 우연적이고 순간적인 행복에 만족하지 못하며 필연적이고 영원한 행복을 꿈꾼다. 행운이 가져다준 환희의 감동이 아무리 크다 해도 그것은 결코 지속되지 못하며 곧 권태로워지고 시들해진다. 우연히 찾아왔다 우연히 떠나버리는 행운은 행복과 근본적으로 성격이 다른 것이며 인간을 더욱더 불안하게 할 뿐이다. 로마제국 말기에 귀족들은 수많은 오락과 유흥을 끊임없이 반복했는데 이는 그들의 행복이 일시적이었음을 잘 보여준다. 자극적인 기쁨은 항상 더 큰 자극을 요구하며 중독성이 있어 결국 우리를 쾌락의 노예로 만든다. 우리는 그 쾌락을 즐긴다고 생각하지만 나중에는 그 쾌락 없이 살 수 없는 더 큰 불행을 경험하게 된다. 로또복권에 당첨된 사나이가 퇴폐적인 삶에 빠져 불행하게 되었다든가, 만인의 연인이라 불리는 스타가 알코올중독과 우울증에 시달리게 되었다는 기사는 과연 진정한 행복이란 무엇인지에 대해 다시금 생각하게 한다.

철학자들은 매우 적은 재산을 갖고 있더라도 자신이 갖고 있는 것에 만족할 수 있는 능력이야말로 행복을 의미한다고 주장한다. 그렇다면 나쁜 사람이 추구하는 끝없는 권력과 욕망의 추구는 결코 행복으로 정의될 수 없다. 이러한 행복은 지속적이지 않으며 불안을 동반하거나 가중시킬 뿐이다. 행복과 쾌락은 동일한 것이 아니다. 사람은 악하고 정의롭지 않은 일을 저지르면서도 쾌감을 느낄 수 있다. 그러나 남을 굴복시키거나 괴롭히면서 느끼는 외설스럽고 불건전한 감정도 행복이라고 할 수 있는가? 가난한 사람들 앞에서 자신의 부를 과시하고 약자 앞에서 자신의 힘을 과시함으로써 사람들은 자신의 허영심을 채우지만 이것이 행복이라고 생각하는 것은 환상에 불과하다. 즉, 어리석기에 그들은 남들의 불행에서 자신의 행복을 발견하는 것이다.

　소크라테스가 말했듯이 대부분의 사람들은 고의적으로 악을 저지르기보다는 어리석은 쾌락을 행복으로 착각함으로써 악을 저지르게 된다. 남을 괴롭히고 억압하는 가운데 느끼는 쾌감은 자신에 대한 불만과 불안에서 비롯되는 것이지 진정한 자신감과는 관계가 없다. 게다가 나쁜 사람은 사랑이라는 중요한 행복의 원천을 놓치게 될 것이므로 그의 고독과 불안은 가중될 것이다. 인간은 타자의 인정 속에서만 행복할 수 있고, 공동체 안에서만 자신의 생존을 보존할 수 있기 때문에 만약 나쁜 사람의 실체가 공개될 경우 그는 물질적 쾌락은 누릴 수 있을지 몰라도 인간으로부터 소외될 것이고 사회적 지탄을 면할 수 없을 것이다.

　수많은 철학자들은 미덕(la vertu)과 행복이 일치함을 강조했다. 아리스토텔레스는 명상적인 삶만이 행복을 끊임없이 재생산하고 지속시켜 줄 것이라고 주장했다. 에피쿠로스와 스토아학파 철학자들도 덕과 깨달음이야말로 행복에 이르는 유일한 수단이라고 말했다. 예를 들어 세네카(Seneca)는 "인간에게 있어 완전성은 모두 정신적인 것이며 이 정신적 완벽함은 이성의 완벽함으로 덕의 근원이 된다"고 말한 바 있다. 세네카가 살았던 당시 철학은 자연철학, 논리학, 윤리학으로 나뉘어 있었는데 그가 윤리학에 가장 큰 비중을 두었다는 점은 그의 철학이 지혜와 덕을 목적으로 하고 있었음을 증명한다. 그러나 윤리성에 대한 강조는 과거에만 한정되는 것이 아니다. 자연과학이나 실용성이 중시되는 현대에도 지혜에 대한 관

"모든 정복은 패자를 불행하게 하기에 증오를 유발한다. 승리나 패배에 대한 집착을 비운 평화로운 사람만이 행복할 수 있다." —붓다

심은 끊이지 않고 있다. 미덕이 지니는 함의는 여전히 유효하며 정신적인 감동이 없는 행복의 부질없음은 수많은 부자들의 자살과 불행을 통해 확인되고 있다. 데카르트는 나 스스로의 부나 영광이 아니라 선을 위해 노력했다는 것을 깨닫는다면 나의 영혼은 내적으로 만족할 것이라고 말했다. 그를 비롯한 수많은 현자와 철학자들이 강조했듯이 앎과 덕, 행복이 필연적으로 연결된 것이라면 어리석고 악한 사람이 본질적인 행복을 누릴 수 없다는 사실은 자명하다.

행복을 위한 사회적 조건

한편 사회적인 관점에서 볼 때 자신의 쾌락만을 추구하는 것은 지극히 이기적인 것으로, 즉 사회공동체를 훼손하는 공공의 악으로 간주될 수 있다. 진정 내가 행복하기 위해선 타인의 행복 역시 추구해야 함을 아리스토텔레스는 《니코마스 윤리학》과 《정치학》 초반부에서 밝히고 있다. 그에 따르면 사회적 안정과 사회구성원들 간의 화합은 한 개인의 발전과 행복에 있어 필연적인 조건이다. 행복에 대한 고찰은 개인적 차원에서만 다루어질 수 있는 성격의 것이 아니다. 사회의 불행은 곧 개인의 불행으로 직결된다. 따라서 자신의 이익만을 추구한다면 그 행복은 지속되지 못할 것이다. 진정한 행복은 타자를 완전히 무시하고서는 실현될 수 없다.

마찬가지로 외부적 물질상황을 무시한 내적이고 정신적이기만 한 행복은 존재하지 않는다. 오랫동안 행복과 덕은 소수 엘리트에 의해서만 실천될 수 있었던 것이 사실이며, 결과적으로 귀족계급에 속하지 못한 대중들은 덕과 행복으로부터 동시에 소외되어 왔다.

실제로 앎과 지혜의 습득은 기본적인 욕구가 채워졌을 때에야 가능하다. 즉, 노예들이 학자들 대신 물질적 노동을 수행한다는 것을 전제로 한다. 고대 스토아 철학자들은 인간의 의지에 의해 노예마저도 내적 평안함과 자유의 상태에 이를 수 있고, 고문받는 순간에도 고통을 느끼지 않을 수 있다고 주장했다. 그러나 과연 의지만으로 행복이 가능한가? 무관심의 자유를 강조한 스토아 철학자들의 행복관은 찬사와 비난을 동시에 받아왔다. 외부적 환경과 전혀 상관없이 지속될 수 있다는 행복론은 이론적으론 매우 매혹적이지만 사실상 형식적 담론에 머물 가능성이 많기 때문이다.

18세기 들어서야 행복은 본격적으로 사회적 조건과 연관되어 고찰되기 시작했다. 행복은 더 이상 덕에 따른 상벌이 아닌 개인과 그가 속한 사회환경의 조화를 나타내는 표시로 전환되었다. 마르크스는 상대적이고 주관적인 것에 만족하는 개인주의적 행복을 노동계급을 착취하는 부르주아의 이기적이고 비윤리적인 행복으로 간주했다. 그는 행복은 계급투쟁을 통해 그리고 사회 전체의 개혁을 통해 이루어져야 한다고 주장했다. 그렇지만 행복이 공적·정치적 영역에서 다루어지는 것이 과연 바람직할까? 국가가 국민의 행복에 얼마간 기여할 수는 있다 하여도 국가가 행복은 어떠해야 한다고 정의내린다는 것은 위험한 시도가 아닐 수 없다. 이렇게 형식화되고 공식화된, 거의 강제된 행복은 자유를 추구하는 개인에게 새로운 억압장치로 작용할 수 있기 때문이다.

분명한 것은 아무리 자신을 연마하고 덕을 쌓고 행복을 추구한다 해도 행복은 개인적 영역에만 국한되는 것이 아니라는 점이다. 부분적으로는 나의 행복을 내가 결정할 수 있지만, 나의 삶은 나의 의지와 상관없는 수많은 요소들에 의해서 끊임없이 제약과 영향을 받는다. 가령 전체주의 국가에서 표현의 자유를 잃어버린 채 개인의 행복을 추구한다는 것은 현실적으로 불가능하다. 마찬가지로 전쟁 상황에서 안정과 평화를 상실한 채 행복을 언급하는 것은 매우 어려운 일이 될 것이다. 또한 내가 아무리 부자고 현명하고 행복하더라도 내 주위의 이웃이 굶어 죽어가는 것을 보면서 과연 완벽한 행복과 안정을 찾을 수 있을지도 의심스럽다. 그렇다면 나의 진정한 행복을 위해서는 남의 행복도 보장되어야 한다는 결론에 이르게 된다. 즉, 우리는 개인의 가치관과 취향에 따라 각기 다른 개인적 행복을 추구하는 동시에 극단적 이기주의를 견제하여 모든 사람이 행복에 이를 수 있는 평등한 사회적 환경을 조성해야 한다.

결론

나쁜 사람도 행복해질 수 있는가? 만약 행복을 쾌락의 의미로 이해한다면 우리는 그렇다고 말할 수 있다. 그러나 복수의 순간이나 권력을 쟁취하는 순간 느끼는 쾌감은 결코 지속적이지 않으며 이러한 행복을 추구할 때 우리는 쇼펜하우어가 말하는 권태와 불만족의 상태를 왕복하는 악순환에 빠지게 될 것이다.

"행복감은 미덕의 실행 속에 이미 포함되어 있다"는 입장을 취한 스토아 철학자들처럼 고대 대부분의 철학자들은 행복과 미덕의 필연적 관계를 강조했으며, 자기수행을 행복추구의 중요한 수단으로 간주했다. 그들에 따르면 덕을 지향하지 않는 행복은 덧없고 허무한 쾌락에 불과하며 지속적일 수 없다. 물론 덕과 정의를 추구한다 해서 성인과 같이 개인적 쾌락이나 이익을 모두 포기하라는 것은 아니다. 중요한 것은 물질적 쾌락과 안정은 행복의 조건일 뿐 결코 행복 그 자체를 의미하지 않는다는 사실을 직시하는 것이다. 많은 철학자들이 앎을 동반하지 않는 행복은 불안하다고 주장한다. 타인을 배려하지 않는 행복은 공허하다. 니체는 행복이란 타인과의 관계의 문제이며 진정한 행복은 행복을 선물하지 않고선 얻을 수 없다고 말했고, 성 토머스는 행복이란 덕을 행함으로써 주어지는 최상의 보상이라고 했다. 추위와 굶주림에 떨고 있는 이웃들을 보면서 홀로 행복할 수 있는 자는 이미 인격을 상실한 자, 즉 진정한 행복을 누릴 자격이 없는 자이다. 스펜서(H. Spencer)는 모두가 행복해질 때까지 아무도 완벽하게 행복해질 수 없다고 말했다. 수많은 철학자들이 언급했듯이 진정한 행복이란 타인에게 행복을 선사하고자 하는 노력의 부산물이 아닐까? 타인의 행복을 바라는 좋은 사람만이 행복을 누릴 자격이 있는 것은 궁극적으로 행복과 선행은 둘이 아니라 하나이기 때문일 것이다.

바칼로레아의 질문들

- 교육을 통해 미덕을 배울 수 있는가?
- 자유시장경제가 윤리적일 수 있는가?

더 생각해 봅시다 ❶

나쁜 사람도 존중받아야 하는가?

일반적으로 우리는 인간은 모두 존중받아야 한다고 생각한다. 그러나 모든 인간이 존중받을 자격을 지니고 있는가? 약자를 괴롭히는 잔인하고 이기적인 사람을 볼 때 우리는 죄를 미워하되 사람은 미워해서는 안 된다는 당위적 윤리와 인간적 분노 사이에서 갈등하게 된다. 고문을 동반한 살인, 유아 성추행, 폐륜 범죄 등 현실 속에선 수많은 비인간적 행동이 벌어지고 있다. 세계인권선언은 범죄자들도 기본 권리를 갖는다고 명시하고 있지만 범죄자의 비인간적인 행동은 이미 그가 인간으로 대우받기를 포기했음을 증명하고 있지 않은가 하는 질문을 우리는 제기하게 된다. 물론 악에도 그 정도와 차이는 있을 수 있다. 그렇다면 우리가 타인을 더 이상 존중하지 않아도 되는 기준이 되는 것은 무엇일까? 만약 악한 자를 악으로 대할 경우 우리 또한 악을 저지르는 격이 되지 않을까? 악을 벌하는 것은 정의일까? 아니면 또 다른 악일까? 나쁜 사람이 악한 행동을 저지르기까지의 불우한 환경과 심리를 이해하여 그를 용서하고 존중하는 것이 더 훌륭한 태도일까? 아니면 정당한 처벌과 사회적 비난을 통해 그런 악한 행동의 재발을 억제하는 것이 더 현명한 행동일까? 개인적인 경험을 토대로 나쁜 사람도 존중해야 하는지를 생각해 보자.

더 생각해 봅시다 ❷

불행하기 때문에 악을 저지르는 것일까?

악과 불행의 관계에 대해 생각해 보자. 대부분 불행한 사람은 외로운 사람이며 사랑을 받지 못하는 사람이다. 이 경우 그들은 사회나 인간 전체에 대해 앙심을 품게 된다. 그리고 자신을 인정하지 않는 세상에 대한 복수를 꿈꾸게 된다. 타인의 고통을 보고 기쁨을 느끼는 변태적인 범죄자도 있다고 주장할 수 있지만 이 경우에도 범죄자는 아마 정신적으로 상처를 입은 사람일 가능성이 높다.

 개인적인 경험을 살펴봐도 우리는 내가 기분이 좋을 때는 남들에게도 친절하지만 아프거나 피곤할 때는 주위 사람들에게 괜한 신경질을 부리거나 트집을 잡는 경우가 많다. 그렇다면 불행과 악의 상관관계는 분명히 존재한다고 할 수 있다. 삶이 여유롭고 풍요로울수록 사람들은 타인에게 관대하며 생존위험에 몰렸을 때, 가령 전쟁터와 같은 위기상황에서는 자신도 상상할 수 없었던 잔혹하고 이기적인 모습을 취하게 된다. 그렇다면 선한 사람이 되기 위한 첫 번째 조건으로 자기 자신의 행복을 들 수 있지 않을까? 도덕주의자들은 의무와 책임감만으로 타인에게 행복을 줄 수 있다고 주장하지만 장기적으로 스스로 불행한 사람이 타인을 행복하게 할 수 있다는 주장은 납득하기 어렵다. 남을 행복하게 하기 위해서라도 자신이 행복해야 하며, 남을 사랑하기 위해서라도 자신을 사랑해야 하지 않을까? 불행과 악의 연관관계에 대해 생각해 보자.

14

우정은 가장 이상적인 인간관계인가?

Baccalauréat, 1998

우정에는 다음과 같은 법칙이 있다. 친구에게 부당한 것을 요구하지 않으며 만일 요구받더라도 응하지 않는다. …… 친구에게는 올바른 것밖에는 요구하지 않는다.
키케로(Marcus T. Cicero, 고대 로마 문인·철학자)

독재자는 친구를 만들지 않으며, 우정을 자신을 위험에 빠뜨리는 덫이라고 경계한다. 우정은 민주적인 국가의 미덕이다.
프란체스코 알베로니(Francesco Alberoni, 이탈리아 사회심리학자)

사랑과 우정의 가장 큰 차이는 상호적이지 않은 우정은 존재하지 않는다는 것이다.
투르니에(Michel Tournier, 프랑스 소설가)

서론

친구는 "내가 선택했을 형제이다"라고, 비다르(C. Bidart)는 말했다. 실제로 우리는 친한 친구들을 가리켜 "그들은 형제와 같다"라는 표현을 쓴다. 우정 관계에서 특징적인 것은 가족과 달리 친구는 선택할 수 있다는 것이다. 어떤 부모 밑에서 태어나느냐 하는 것은 우리가 결정할 수 있는 문제가 아니다. 사랑에 빠질 때도 운명이나 우연, 육체적 유혹에 더 영향을 받는다. 반면 우리는 이성과 자유의지에 의해 친구를 선택할 수 있다. 즉, 가족이나 연인이 혈연, 정념으로 이루어진 운명공동체라면 친구는 자유에 의한 정신공동체라고 볼 수 있다. 그렇다면 정념이나 욕망보다는 이성을 중시했던 철학자들이 우정을 다른 인간관계보다 더 높이 평가한 것은 놀라운 일이 아니다.

그러나 철학자들이 소개한 우정은 너무 이상적으로 묘사되었기 때문에 쇼펜하우어는 "과연 우정이 존재하는가, 아니면 소설 속에서나 볼 수 있는 꿈인가"라는 질문을 던졌다. 사랑과 마찬가지로 모든 이기심을 배제한 우정은 너무 이상화된 타자와의 관계형태가 아닐까? 가령 마르셀 에메(Marcel Aymé)의 소설을 기반으로 한 영화 〈우라누스〉의 마지막 장면을 생각해 보자. 이 영화에서 두 주인공은 오랜 시간이 흐른 후 다시 만나게 되는데 한 명은 공산주의자이자 항독 운동가로 다른 한 명은 나치 협력자로 변해 있다는 사실을 알게 됨에 따라 그들의 우정은 파국을 맞게 된다. 이처럼 어릴 때 절친했던 친구들이 성장한 후 다른 정치적·지적 이데올로기를 갖게 될 경우 그들은 계속 우정을 유지할 수 있을까? 시간이 흐르면서 우리의 관심사는 변하고 새로운 친구를 사귀게 되며 옛 친구를 생각할 여유는 줄어들게 된다. 시간을 초월한 우정이 과연 가능할까?

우리가 절대적인 사랑을 이야기할 때 주로 언급하는 것은 남녀간의 사랑이나 부모와 자식 간의 사랑이다. 우정이 정신적인 가치를 대표한다고 해도 수많은 부모의 희생이 보여주듯이 가족은 우리가 마지막으로 기댈 수 있는 곳이 아닐까? 혹은 가족이나 연인 간의 사랑에도 우정의 차원이 내포되어 있는 것이 아닐까? 애정이나 가족 간의 정과 비교할 때 우정은 어떤 특별한 가치를 지니는가?

우정과 가족

절대적 가치로 여겨졌던 가족은 20세기에 들어 반사회적 이데올로기가 등장하면서 거센 비판을 받게 된다. 지드의 유명한 문장 "가족이여, 나는 당신들을 증오합니다"가 보여주듯이 현대 작가들에 의해 가족은 이기적인 혈연공동체 혹은 공유재산을 지속적으로 소유하기 위해 가족구성원들을 희생시키는 부르주아적 악덕의 산실로 자주 묘사되었다. 그들은 과거 행해졌던 정략결혼제도와 가부장제도가 보여주듯이 자유를 바라는 개인에게 있어 가족은 감옥과 같은 것이며, 가족주의는 국가주의와 마찬가지로 개인의 희생을 요구한다고 비판했다. 가족제도에 비판적인 학자들은 사랑의 공동체로 정의되는 가족제도가 사실상 아이들에겐 부모에 대한 복종을, 아내에겐 남편에 대한 순종을 요구하는 폭군적인 면을 지니고 있다는 점을 지적했다. 권력자에 대한 복종을 중시하는 기독교적 전통에 기반한 가족제도는 개인의 욕망과 발전을 저해하고 집단의 논리에 순응할 것을 요구한다는 점에서 사회의 권력구조와 매우 흡사하다는 점도 강조했다. 정신분석을 받기 위해 온 많은 이들의 가족사를 살펴본 프로이트는 가족이 신경쇠약이 걸릴 수 있는 최상의 장소라고 말하기까지 했다. 사회는 끝없이 가족의 소중함을 강조하고 그 가치에 동참하기를 요구하지만 잘못된 가족주의는 파시즘의 '씨앗'으로서 민주주의의 장애물이 되고 개인의 행복을 저해할 수 있다는 것이 가족주의에 반대하는 사람들의 공통된 주장이다.

공동체를 중시하는 사회에서 오랫동안 결혼은 개인이 선택하거나 거부할 수 있는 것이 아니었고 독신은 매우 위험하고 불길한 사회적 실패로 간주되었다. 그러나 정부기관에 의해 개인의 삶에 대한 허가를 얻을 필요가 없어졌고 스스로 인간관계를 형성할 수 있다는 자유와 독립의 목소리가 거세지는 오늘날 독신, 동거, 편부모 등 새로운 삶의 방식은 오랫동안 지속되었던 전통적 가족주의에 도전하고 있다. 여성, 남성으로 성공하기 위해 반드시 어머니, 아버지가 될 필요가 없다고 생각하는 젊은이들도 늘어가고 있다. 이러한 상황 속에서 우정은 과거 가족의 견고함을 대신하는 인간관계로 부각되게 된다. 가족제도를 비판하는 사람들은 그리스 신화에서 볼 수 있는 아버지와 아들 간의 권력투쟁, 기독교 성서에 등장하는 형제간의 질투, 부부간의 갈등, 가족-애인이 아니면 타자라는 배타적 인간관계 등을 내세워 가족제도가 우리가 생각하듯 평화의 전당만은 아니라고 명시한다. 이와 반대로 친구란 개인적 이익이나 성공과 상관없는 비물질적인 의리와 지속성의 상징으로 그려진다. 자식들이 자신이 원하는 모형에 맞춰 직업을 선택하고 자라기를 희망하는 부모와 달리 친구는 나의 모습 그대로를 인정하고 사랑하는 사람이라고 주장하는 사람들도 있다. 이미 고대 로마시대 때의 《우정론》에서 키케로는 "가족관계는 자연에 의해 만들어졌으므로 그 관계는 연약하다. 우정은 그보다 훨씬 견고하다. 부모 중 한 명은 언제라도 사라질 수 있지만 친구의 경우에는 그렇지 않다"고 말하기도 했다.

우정의 가치를 높이 샀던 에피쿠로스학파 철학자들은 사회적 삶과 절연하고 뜻을 같이하는 사람들과의 친목만을 도모했다. 그들은 사회제도와 가족을 경멸했으며 아이를 낳는 것도 거부했다. 그들에 따르면 가족이란 인생에 근심을 안겨주며 개인의 자유를 저해하는 인위적 제도일 뿐이다. 그러나 가족의 부정은 곧 사회의 부정을 의미하게 되는데 사회 없는 인간의 행복을 생각할 수 있을까? 콩트(A. Comte)는 "자연질서를 가장 완벽하게 재현하는 것이 가족이며 가족 없는 사회도 사회 없는 가족도 존재하지 않는다"고 말한 바 있다. 실제로 에피큐리언들의 주장을 보편화할 경우 사회는 곧 붕괴되고 인류는 멸종하게 될 것이다. 가족은 사회의 기본 단위임이 분명하며 인간은 본질적으로 사회적 동물이라는 점을 감안할 때 그 중요성은 결코 간과될 수 없다.

우정을 가족애보다 높이 평가하는 것은 우정에 대한 지나친 이상화 때문이 아닐까? 또한 가족이 지닌 본능적 견고함과 지속성을 너무 과소평가한 것이 아닐까? 나를 부모나 형제보다 더 사랑해 주는 친구를 갖는다는 것은 물론 행운이겠지만 현실적으로 친구보다는 가족에게 더 의지하는 사람들이 대부분이다. 특히 병이나 금전적인 문제 등이 생겼을 때 가장 큰 힘이 되어주는 것은 역시 가족이다. 이처럼 가족은 인간에게 기본적인 안식을 제공해 주며 내게 정체성을 제공해 주는 곳이다. 가족이 없다면 나는 이름도 근본도 갖지 못할 것이고 더 나아가 인류는 소멸하게 될 것이다. 즉, 가족을 부정하는 것은 나의 일부분을 부정하는 것과 같다. 더욱이 산업도시의 고독을 생각할 때 과거 전통가족의 안식과 따뜻함은 사회적·개인적 안정을 위해 더욱 필수적인 것으로 보여진다. 가족 없이 나는 존재할 수 없으며 원하건 원하지 않건 나는 부모로부터 취향, 가치관, 성격을 물려받았다. 그렇다면 가족 안의 분쟁을 무조건 피하려 하지 말고 보다 이성적으로 해결하도록 노력해야 하며, 가족구성원들 간에 우정을 닮은 상호관계가 가능할 수는 없는지를 모색해 보아야 한다.

우정과 사랑

우정을 논함에 있어 그 비교대상으로 어김없이 언급되는 것이 바로 사랑이다. '사랑과 우정 중 어떤 것을 선택할 것인가'라는 자주 듣는 물음이 보여주듯이 사람들은 우정과 사랑을 자주 비교한다. 여기서 사랑은 남녀간의 사랑, 즉 정열을 가리키는 경우가 많다. 사람들은 지속성에 있어서는 우정이 더 우수하지만 그 강도에 있어서는 사랑을 따라올 수 없으며 정열이 없는 인생은 의미가 없다는 이유로 사랑을 더 선호하는 경향이 있다.

　사랑과 우정을 구분하는 가장 큰 기준은 무엇일까? 우정과 사랑 사이에는 거의 경계가 없다고 말하는 이들도 있다. 그러나 연애와 우정에는 분명한 차이가 존재한다. 사랑과 우정을 구분짓는 것은 무엇보다 정열의 유무이다. 일반적으로 사랑은 성적 욕망을 포함하고 있다. 따라서 육체적 관계를 포함한 우정관계는 애정관계로 보아야 옳다. 연인들의 시간은 농밀하고 긴장으로 가득 차 있다. 반면 우정관계는 평화롭다. 우정관계에서 주체는 바로 우리 자신이며 친구도 자신의 의지와 생각에 따라 선택하므로 운명이 개입할 여지가 적다. 반면 남녀간의 애정을 표현하는 정열은 수동성에 어원을 두고 있다. 정열이란 어떤 의미에서 운명적으로 우리에게 닥치는 것이다. 정열에 휩싸인 사람은 그것에 도취되어 희열을 느끼기도 하지만 동시에 정열은 심각한 고통의 원인이 되기도 한다. 사랑에 빠지면 상대의 모습은 이상화되며 세상의 모든 가치를 체현한 귀한 존재로 다가오게 된다. 사랑에 빠진 사람은 상대방이 좋은 사람인지 나쁜 사람인지, 그 정신이 고귀한지 아닌지에 상관없이 이상화된 상대방의 모습에 빠지게 된다. 즉, 사랑이란 초월적인 무언가를 향한 절규와 같은 절대성과 위험성을 동시에 지닌다. 자신의 이상을 현실적 존재에게 투사하기에 선물을 고를 때도 연인의 선물은 자신의 눈에 멋지게 보일 수 있는 것으로 고르게 되며 상대방을 자신의 이상에 맞추려고 애쓰게 된다. 반면 우정은 있는 그대로의 상대방을 바라보기에 환상에 의한 실망의 위험이 적다. 선물을 고를 때도 친구가 좋아하는 것을 선택한다. 즉, 상대를 자신의 이상에 맞추려고 노력하지 않는다. 자신의 이상이 중심이 되는 정열적 사랑의 경우 환상이 현실에서 이루어지지 않았을 때 정열은 실망, 증오, 질투, 복수 등의 부정적 감정으로 이전되기도 한다. 때문에 사랑은 숭고하면서도 초라하고 감동적이면서도 어리석다. 사랑에 빠져 있을 때는 상대를 알 수 없다. 반면 우정의 눈빛은 뜨거운 시선이 아니라 사려 깊은 시선이다. 우정은 상대방에 대한 이해를 기초로 하고, 이해는 미래에 대한 두려움을 제거하기에 우정은 고뇌의 씨앗이 아니라 평화이며 과정 자체가 목적지이다. 우정은 혈연, 사회적 신분, 육체적인 외양을 중시하는 다른 관계들에서보다 인간 내면의 더 미묘한 것들을 발견하게 하는 장점을 가지고 있다. 따라서 전통적으로 철학자들은 이성을 왜곡하는 정열을 비판했으며 우정을 더 높은 인간적 가치로 평가했다. 가령 아리스토텔레스에 따르면 우정이란 이성을 갖춘 정치적 동물인 인간을 스스로 발전하게끔 하는 기제이다.

우정과 사랑을 구분하는 또 다른 기준은, 사랑은 많은 경우 연인들 간의 상이성에 의해 형성되는 데 반해 우정은 친구들 간의 유사성에 근거하고 있다는 점이다. '유사한 것들은 모이게 된다'는 속담이 보여주듯이 우리는 자신과 비슷한 사람에게 쉽게 호감을 느끼고 그를 친구로 삼게 된다. 만약 서로가 서로를 이해할 수 없다면 친구관계는 이미 끝난 것이다. 따라서 친구와의 만남에서는 상대를 알면 알수록 자기 자신에 대해 통찰력을 갖게 된다. 반면 연인들은 내가 갖지 못한 상대방의 장점에 매혹당하는 경우가 많다. 실제로 우리를 유혹하는 것은 나와 같은 유사성보다는 나와 다른 상이성일 수 있다. 그리고 그 경우 호기심이나 동경에 따라 욕망의 정도도 달라지게 된다. 유사성에 기반한 우정은 그 유혹의 정도가 더 낮다고 해도 더 안정적이고 지속적인 성격을 띤다. 《니코마코스 윤리학》에

"자신을 털어놓을 수 있는 친구가 없는 사람은 자신의 마음을 잡아먹는 사람이다"라고 프랜시스 베이컨은 말했다. 고독의 문제가 심화되고 있는 현대사회에서 우정은 어떤 의미를 지니는가?

서 아리스토텔레스는 비슷한 사람들 사이에서만 진정한 우정이 존재할 수 있다고 말했다. 그의 분석에 따르면 상이성은 친구들 간의 관계에서 불균형을 유발할 위험이 있다. 즉, 상이성은 쉽게 불평등성으로 변질될 위험이 있으며 연인들 사이에 권력관계를 형성할 수 있다.

또 시간적인 측면에서도 사랑과 우정은 차이점을 드러낸다. 첫눈에 반했다는 표현이 말해 주듯이 연애는 시작에서 많은 것이 결정되지만, 우정은 시간을 필요로 하며 만남을 통해 점차적으로 깊어진다. 말하자면 연애는 처음에는 완벽에서 시작하여 변질되는 경향이 있지만, 우정은 반대로 시간이 지날수록 더욱 깊어지고 발전한다. 우정은 시간이 만들어내는 세공품과 같다. 또 연인들은 서로 싸우고 미워하고 헤어지기도 하지만, 우정은 일관성과 지속성이 놀랍도록 강하다. 변함없음과 한결같음은 우정의 힘이다.

우정은 상호적이며 평등하다

우정과 사랑이 다른 점은 상호성에서도 찾을 수 있다. 우정이란 "성적 끌림을 제외한 두 사람 사이의 존경심을 동반한 애정과 호감의 상호관계이다"라는 우정의 정의에서도 볼 수 있듯이 짝사랑이나 불행한 사랑, 애증, 질투 등의 부정적 감정을 동반하는 애정과 달리 우정은 둘 사이의 상호적이고 평등하며 평화로운 관계를 지칭한다. 상대방이 친구가 아니라고 하는데 혼자서 친구라고 우길 수는 없다.

본질적으로 우정은 대등한 사람끼리의 만남이다. 아리스토텔레스는《니코마코스 윤리학》에서 "부자와 가난한 자, 교양이 있는 사람과 없는 사람, 어른과 아이 사이에도 우정이 존재할까?"라는 문제를 제기했는데, 이에 대한 철학자들의 대답은 대부분 부정적이다. 즉, 통치자와 국민, 부모와 자식, 형제, 부부 사이에 위계적 상하관계가 존재한다면, 우정에 있어서는 동등한 상호관계가 형성된다. 상대방의 평등성을 인정하고 그의 자유를 존중하고 소유하려 하지 않는다는 점에서 우정은 단순한 감정의 차원이 아닌 윤리적 덕목으로 간주될 수 있다. 연애관계일 경우 상대방은 독점해야 할 소유의 대상이 된다. 그러나 우정에 있어 친구는 한 사람이 늘어도 상관이 없고 두 사람이 늘어도 상관이 없다. 친구의 또 다른 친구는 내가 존중하는 친구의 인정을 받았다는 사실만으로 나의 호감을 얻기에 충분하다. 즉, 질투는 우정과 관계가 없다.

여기서 우리는 '존경하는 것은 욕망을 배제하는가' 하는 문제를 제기할 수 있다. 타인을 존중한다는 것은 타인을 나의 욕구를 만족시키는 수단이 아니라 인간의 존엄성을 갖고 있는 존재 자체로 대하는 것이다. 나와 평등하고 자유로운 타자이기에, 즉 나와 같은 주체이기에 나는 친구를 내 욕망의 대상으로 삼을 수 없고, 따라서 육체적 관계는 금지된다. 이런 의미에서 이탈리아 사회학자 프란체스코 알베로니는《우정론》에서 "우정은 에로스의 윤리적 형태"라고 말했다.

우정은 소수의 관계이다

오늘날에도 우정은 존재하는가? 인간관계에 내재하는 경쟁과 권력 투쟁을 볼 때 우리는 회의적인 반응을 보일 수 있다. 겉으론 우정으로 보이는 관계도 결국 서로의 필요에 의한 동맹관계에 불과한 것이 아닐까? 엘베시위스가 "우정의 힘은 두 친구의 선함에 기반한 것이 아니라 그들을 결합시키는 이익의 힘에 따라 측정된다"고 냉소적으로 지적했듯이 대부분의 우정관계는 공동이익에 의해 형성된 경우가 많다. 그렇다면 우정관계를 맺는 것은 또 다른 형식의 간접적 이기주의가 아니겠는가? 우리는 집단적 연대감을 우정으로 착각하기 쉽다. 전쟁터에서 아군에게 느끼는 전우애를 우리는 우정과 혼동하기도 한다. 기독교인들은 서로를 형제·자매라고 부르고, 공산주의자들도 서로를 동지라고 부른다. 그러나 이러한 연대감 속에는 타인의 개인적 가치에 대한 고려가 결여되어 있기 때문에 동지애는 진정한 우정이라고 볼 수 없다.

 사람들은 여러 종류의 우정이 있다고 말한다. 유희적 우정이 있고, 정치적 직장관계인 동료관계의 우정이 있다. 이처럼 많은 사람과 친하게 지내지만 그렇다고 그들이 나의 진정한 친구인 것은 아니다. 다른 부족과 사회의 공격을 효율적으로 막기 위해, 혹은 고독에서 벗어나기 위해 나는 나의 부족원들과 교우관계를 맺을 필요가 있다는 사실 자체는 비판할 수 없지만 우정은 사회적 시민, 동료의 관계를 넘어 정치적 영역이 아닌 사적인 관계에서 이루어져야 진정한 우정으로 발전할 수 있다. 그리고 이 점에 있어 아리스토텔레스는 공리성에 근거한 우정과 미덕에 근거한 우정을 구분하여 후자만이 진정한 우정이라고 말했다. 우정은 상호 이익을 가져다주기 때문에 유지되는 목적지향적인 인간관계가 아니다. 이 점에 있어 우정은 거래조건에 기초한 이해관계나 정치가들의 이해관계, 그리고

274

집단적 결속감을 강조할 때 흔히 동원되는 '의리' 혹은 패거리 의식과는 확연히 구별된다. 또한 우정은 서로에게 즐거움이나 쾌락을 제공하고 오락을 함께 즐길 수 있기 때문에 만나는 유흥의 관계도 아니다.

우정은 상대방의 인격, 인생관, 지성 등에 대한 상호 존경을 포함하므로 다수의 사람들과는 가능하지 않다. 인간의 타인에 대한 감정적·정신적 에너지는 제한되어 있기 때문에 소수의 사람들과만 우리는 진정한 우정을 나눌 수 있다. 즉, 사람들은 모두 친구를 갖고 있다고 말하지만 사실 진정한 우정은 일반적이기보다 오히려 매우 드물게 관찰된다. 진정한 친구가 누구인지를 알려주는 것은 시간이다. 아리스토텔레스는 "우정에의 의지는 급격히 생겨날 수 있으나, 우정 자체는 급격히 생겨날 수 없다"고 말했다. 우정은 오랜 관찰과 시간을 요구하며 친구는 그 과정에서 선택된다. 즉, 우정은 편애이기도 하다.

우정은 비이기적인 윤리적 덕목이다

앙드레 지드의 소설 《위조지폐자》의 주인공 베르나르는 "우리의 우정에서 아름다운 것은 지금까지 우리가 서로를 이용하지 않았다는 것이야"라고 말한다. 실제로 사회의 여러 사무적·정치적 관계 속에서 우정관계가 특별한 것은 그것이 비이기적이고 비타산적인 감정에 기반하기 때문이 아닐까? 우정이란 권력이나 이해관계를 배제한 순수한 관계를, 진정한 친구란 그 앞에서 계산이나 연극을 하지 않아도 되는 사람을 지칭한다. 루소는 사회가 고독과 소외의 장인

까닭은 그 안에서 인간은 끊임없이 경쟁하고 가식적인 연극을 하도록 요구받기 때문이라고 말했다. 실제로 우리는 사회에서 살아남기 위해 그리고 개인의 욕망을 실현하기 위해 수없이 많은 형식적 관계를 맺게 된다. 그렇다면 우정은 이런 모든 인위적인 관계로부터 우리를 구원해 주는 역할을 맡고 있다고 볼 수 있다.

절제와 이성, 자유 등의 덕목을 동반하는 우정은 오랫동안 도덕적 미덕으로 간주되어 왔다. 철학자들은 연애가 환상에 근거한다면, 우정은 있는 그대로의 상대방에 대한 존중이므로 보다 공정하고 진실되다고 평했다. 우리는 존경할 수 없는 인물을 친구로 삼지 않는다. 연인을 선택함에 있어 그의 키, 머릿결, 눈빛 등이 평가의 대상이 된다면, 친구의 경우에는 그의 지성, 윤리적 자질, 취향 등이 평가의 대상이 된다. 즉, 우정은 상대방의 내면세계와 인격에 대한 존경심을 표현하므로 만약 상대방이 내게 아무리 많은 돈과 정성을 쏟아붓는다 해도 그가 객관적으로 좋은 사람이 아닐 경우 그와는 우정관계가 성립될 수 없다. 요컨대 우정은 윤리적 덕목이기에 악한 이들 사이에서는 우정이 존재할 수 없다. 조직의 목적을 달성하기 위해 서로 협조하는 악당들의 모습이 언뜻 우정을 떠올리게 하는 것은 사실이다. 그러나 악인들에게 신의란 큰 의미가 없는 것이기에 그들에게 있어 오늘 나의 친구인 사람이 상황과 이해관계에 따라 내일 나의 적으로 변할 수 있음을 쉽게 예상할 수 있다. 즉, 그동안 친구의 악한 행동을 수없이 목격했다면 내가 그의 다음 희생양이 되지 않으리라는 것을 어떻게 보장할 수 있겠는가? 악한 자는 의리나 충직함, 인간미를 상실한 이이므로 우정의 기본인 견고성을 해칠 수밖에 없다. 더욱이 우정은 상호 존경을 근간으로 하는데 어떻게 약자에게 무자비하며 물질적 이익만을 밝히고 이기적인 사람을 존경할 수 있겠는가?

아리스토텔레스는 우정을 이익이나 쾌락을 초월하는 사랑의 관계(필리아), 하나의 덕으로 설명한다. 우정은 이익의 피상성과 쾌락의 한시성을 넘어서는 정화된 사랑의 양식이다. 친구란 그냥 아는 사람, 지인이 아니다. 친구란 그에게 나의 비밀과 생각, 감정을 전할 수 있는 사람이다. 이런 특별한 관계를 잘 보여주는 역사적 인물로 우리는 몽테뉴와 라보에시를 들 수 있다. 왜 라보에시를 사랑했는가 하는 질문에 몽테뉴는 "그는 그이고 나는 나였기 때문이다"라고 답했다. 즉, 우정관계를 맺는 사람들은 '있는 그대로의' 상대방을 사랑한다. 우정은 오랜 교제를 통해서 지속적으로 상대방의 인격의 심층에까지 지대한 영향을 미치면서 완전한 것이 된다. 나의 고뇌를 터놓고 상의할 수 있을 만큼 신뢰하고 존경하는 사람, 곁에 있는 것만으로 행복과 웃음을 주는 자만이 진정한 친구이다. 그는 또한 나의 자유를 소중히 여기는 자로 나를 좋아한다는 이유로 나를 소유하거나 질투하지 않는 자이다. 친구가 나의 뜻대로 움직이기를 바란다면 그것은 이미 우정이 아니라고 말할 수 있다.

결론

인간은 친구 없이 살 수 없다. 우정이란 행복을 위해 필수적이다. 그러나 우정은 한번에 획득되는 것이 아니라 평생을 두고 쟁취해 나가야 하는 과업이자 덕의 수양과정이기도 하다. 아리스토텔레스는 친구란 "다른 사람을 위해서 선을 원하고 행하는 사람이며, ……우리와 함께 생활하고 우리와 함께 같은 것을 원하며 벗과 함께 아픔과 기쁨을 나누는 사람"이라고 정의했다. 즉, 모든 물질적 이해관계를 넘어 서로를 존경하는 선한 자들 사이에서만이 우정은 존재할 수 있기에 우정은 특별한 관계임이 분명한다. 그러나 사랑의 영역에도 분명 우정이 가미될 수 있다. 넓게 보면 진정한 사랑은 우정의 형태를 지니고 있다. 예수는 '네 이웃을 너 자신과 같이 사랑하라'고 말했고 성서에 나오는 비육체적이고 비이기적인 사랑도 결국 우정을 그 모델로 하고 있다. 우정은 도덕적 선을 지향하며 상대방의 자유와 선을 소망하고 그의 행복에 기여한다는 점에서 가장 아름답고 이상적인 가치 중의 하나임이 분명하다.

바칼로레아의 질문들

- '친구란 두 몸 안에 있는 한 영혼이다'라는 표현을 설명하라.
- 모든 사람의 친구가 될 수 있는가?
- 우정이 경쟁심을 극복할 수 있는가?

더 생각해 봅시다 ❶

아리스토텔레스와 앙드레 지드는 "모든 진정한 우정은 반란과 같다"고 말했다. 이 말이 의미하는 바는 무엇인가?

우정에 대한 정의라고 하기엔 놀랍기도 하고 모호하기도 한 위 문장을 어떻게 해석해야 할까? 반란을 일으킨다는 것은 정치구조나 위계질서에 반대하여 봉기를 일으키는 것을 의미한다. 따라서 반란이라는 표현은 한 민족이 침략국가에 저항할 때, 혹은 민중들이 폭군에 대항할 때 사용하는 단어이다. 우정과 반란 사이에는 어떤 유사성이 존재한다는 말인가?

　우선 어떤 경우에 반란이 일어나는지를 생각해 보자. 반란은 정의와 이상이 더 이상 지켜지지 않고 추악한 힘의 논리에 의해서만 권력이 유지될 때 발생한다. 그렇다면 가식과 위선, 이해관계를 초월하는 우정이라는 인간관계는 피와 힘의 논리로 점철되어 있는 현실에 대한 이상적 도전으로 간주될 수 있다. 그러나 이런 순수한 형태의 우정은 현실적으로 매우 드물기에 아리스토텔레스는 진정한 우정은 뛰어난 소수의 사람들, 즉 비슷한 지성과 덕목을 지닌 사람들 사이에서만 가능하다고 강조했다. 정치적·이념적 동료와 진정한 친구가 어떤 점에서 다른지에 대해 토론해 보자.

더 생각해 봅시다 ❷

우정보다 진리를 더 소중히 여겨야 하는가?

진정한 우정관계에 있어 나는 친구의 성격과 가치관, 덕성을 염두에 둘 것이며 그를 신임할 수 있다는 확신 아래 그와의 우정을 키워나갈 것이므로 우정과 진리가 모순되는 경우는 거의 존재하지 않는다. 그러나 우정에 대한 이 같은 해석은 너무 이상적인 것이 아닐까? "플라톤은 내게 소중하지만 진리는 그보다 더 소중하다"고 아리스토텔레스는 말했다. 물론 이것이 우정을 소홀히 해도 된다는 것을 의미하는 것은 아니다. 다만 그가 강조한 것은 사람이 자신의 에너지를 가장 많이 투자해야 할 것은 진리추구이며 진리에 따라 스스로를 완성해 가는 일이라는 것이다.

이처럼 아리스토텔레스는 진리를 최고의 가치로 간주했기에 진리에 비추어 그릇된 것으로 판명된 인간관계는 포기해야 옳다고 주장한다. 예를 들어 선하고 정의롭다고 생각되어 친구로 삼았던 사람이 거짓말쟁이로 밝혀졌을 경우 나는 더 이상 그를 친구로 생각하지 않을 권리가 있다. 아리스토텔레스에 따르면 이런 우정을 끝내는 것은 결코 배반이 아니라 진리에 대한 사랑을 의미한다. 그의 충고를 따른다면 친한 친구가 인종차별주의자나 나치 당원이 되었을 경우 우리는 양심의 가책 없이 그와 헤어지는 것이 정당하다. 실제로 10년 전에는 진실했던 친구가 사기꾼이 되어 나타날 경우를 가정할 수 있다. 이 경우 친구를 이해하고 용서할 것인지 아니면 우정을 파기할 것인지에 대해 생각해 보자.

15

도덕은 관습들의 총체에 불과한가?

Baccalauréat, 2003

참다운 도덕은 도덕을 무시한다.
파스칼(Blaise Pascal, 프랑스 철학자·수학자)

도덕은 철학의 한 분야가 아니라 첫 번째 철학이다.
레비나스(Emmanuel Levinas, 프랑스 철학자)

예술에 있어서는 남과 다르게 해야 하고 도덕에 있어선 남과 같게 해야 한다.
쥘 르나르(Jules Renard, 프랑스 작가)

사랑이 없기에 도덕이 필요한 것이다.
앙드레 콩트스퐁빌(André Comte-Sponville, 프랑스 작가·철학교수)

서론

"피레네 아랫지방에서 진리인 것이 그 윗지방에서는 잘못으로 간주된다"고 파스칼(B. Pascal)은 말했다. 인간의 판단이 이토록 상대적이라면 도덕의 기준 역시 임의적인 관습에 불과한 것이 아닐까? 여행담을 듣거나 먼 나라의 신비하고 이국적인 풍습을 담은 자료들을 볼 때 우리는 우리 사회가 수호하는 도덕도 결국은 다른 도덕들 중의 하나이며 그 본질적 근원을 찾기란 불가능한 것이 아닌지 의문을 갖게 된다. 이러한 의심은 보편적 가치를 수호하며 종교적 기원을 갖고 있는 도덕들에도 적용될 수 있다. 종교인들은 그들이 믿는 신의 뜻을 온 세계에 전하는 것을 본질적 의무로 생각하며 무신론자들을 구원해야 할 탕아로 간주한다. 바로 이러한 믿음 때문에 서구인들은 식민지 정책을 통해 타대륙을 정복하고 원주민들에게 기독교로 개종할 것을 강요했는데 이러한 행동은 현대인의 눈에 독단과 독선으로 비춰질 수 있다. 그러나 반대로 모든 것을 상대적인 것으로 간주할 경우 도덕적 허무주의를 피할 수 없다. 니체는 "도덕이란 어떤 종류의 관습이든 간에 관습에 대한 복종 이외에 아무것도 아니다. 관습은 그러나 습관적인 행위와 평가방식이다"라고 주장했다. 도덕이 시대와 장소에 따라 달라질 수 있는 관습에 불과하다면 그것은 언제라도 변경될 수 있을뿐더러 개인적 요구에 따라 존중되지 않을 위험이 있지 않을까? 도덕이 보다 큰 설득력을 갖기 위해서는 좀 더 진지한 토대와 원리에 근거할 필요가 있다. 도덕적 가치는 상대적인지 보편적인지에 대해 고찰해 보자.

시간 속에서 도덕은 변한다

관습이 역사적으로 얼마나 진화했는지를 살펴보기만 해도 도덕은 시대와 사회구조에 따라 달라진다는 것을 알 수 있다. 신과 왕에 대한 의무나 가족, 사회적 규율 등 고대 그리스인에게 필수적이고 귀중하게 여겨지던 것이 오늘날의 사람들에겐 매우 낯설고 이상한 것으로 비춰질 수 있다. 예를 들어 노예제도와 같이 고대에는 당연하고 평범한 것으로 여겨지던 것들이 현대사회에선 받아들일 수 없고 비난받아 마땅할 제도로 간주된다. 아리스토텔레스는 그리스 언어와 풍속에의 입문을 가능케 하는 노예제도는 야만인들에게도 유용할 것이라고 말했다. 이 저명한 철학자의 주장을 블랙유머라고 해석할 수도 있지만 당시에 블랙유머는 거의 존재하지 않았다는 점으로 보아 고대 그리스의 가치관과 현대의 윤리관은 일치하지 않는다고 보는 편이 좀더 타당할 듯하다. 또 서양사회에서 자주 감행되었던 공개사형제도를 상기해 보자. 20세기 초만 해도 사람들은 목을 자르는 광경을 보면서 인권이나 잔인함, 동정심 등에 대한 생각을 거의 하지 않았다고 한다. 당시에는 공개사형이 사회결집을 위한 필수불가결한 의미를 지녔다고 주장할 수도 있지만 공개적인 사형을 구경거리로 만든다는 것은 현대인들에게 납득하기 어려운 외설스럽고 잔인한 행동으로 여겨진다. 마찬가지로 중세에 행해졌던 마녀사냥과 종교전쟁이 당시에는 신의 뜻에 복종하는 신성한 행동으로 간주되었다는 것은 과연 보편적 선이 존재하는가 하는 의심을 낳게 하기에 충분하다. 우리에게 윤리적 적대감과 혐오감을 불러일으키는 행위들이 선의 명목으로 혹은 신의 이름으로 행해졌다는 것에 우리는 당혹감을 느끼며 이러한 사실로부터 과연 우리가 지금 신임하고 있는 가치도 시대적 주장에 불과한 것이 아닌가 하는 의문이 생겨난다.

공간 속에서 도덕은 변한다
도덕규범의 상대성은 다른 문화의 도덕과 서구의 도덕을 비교할 때에도 발견된다. 인디언 사회의 식인풍습이나 희생자의 가슴을 도려내는 아스테크인들의 종교의식은 서양인에게 매우 잔인하고 비도덕적인 행위로 여겨질 수 있다. 그러나 문화의 상대성을 인지했던 몽테뉴는 16세기를 사는 그의 동시대인들에게 "프랑스인들에게 식인종들의 풍습이 생경해 보이듯이 식인종들에게 프랑스인들의 풍습은 역시나 황당한 것으로 보일 수 있다"고 지적했다. 과연 비인간적인 것, 인간적인 것을 구분하는 뚜렷한 기준이 존재하는가? 힌두교인들은 쇠고기를 먹는 것을 불경한 것으로 간주하고 불교인들은 육식을 악으로 여기지만, 과학자들은 고기를 먹는 것이 정신건강에 유익하다고 말한다. 충과 효, 애국심을 더 중시하는 사회도 있고, 개인의 자유와 행복에 더 가치를 두는 사회도 있다. 또 혼전 섹스나 사형제도, 낙태 등에 관해서도 각 문화권의 입장은 첨예하게 대립한다. 이처럼 각 문화권은 서로 다른 도덕적 규범을 갖고 있으며, 한 사회에서 옳은 것이 다른 사회에서는 악으로 규정될 수 있다. 이 사실을 알고 있음에도 각 사회가 자신의 규범만을 정당하다고 여기고, 다른 규범과 가치는 받아들이지 못하는 것이 현실이다.

"도덕은 사회마다 다르며, 그것은 사회적으로 승인받은 관습에

붙여진 편리한 명칭에 불과하다"고 베네딕트(R. Benedict)는 말했다. 만약 도덕규범과 가치관이 문화권에 따라 달라진다면 보편적·도덕적 진리에 대한 믿음은 환상에 불과한 것일까? 상대론적 윤리관을 주장하는 자들은 도덕과 관습이 문화적 다양성과 연관된다는 사실을 강조하면서 도덕에는 '1+1=2'라는 초문화적이고 객관적인 진리가 존재하지 않는다고 말한다. 그리고 어떤 기준도 문화권 사이의 충돌과 대립을 해결해 주기에는 불충분하므로 각 문화권에 좀더 관용적인 태도를 취할 것을 촉구한다. 즉, 자신이 선호하는 것을 절대적이고 우월한 것이라고 가정하는 오만불손한 태도를 버리고 개방된 정신을 가져야 한다는 것이 이들의 일관된 주장이다. 각 문화는 고유한 가치를 지니기에 더 이상 다른 사회의 관습이 우리 자신의 관습보다 더 열등하다고 말할 수 없다는 주장은 일면 타당하다. 문제는 문화적 상대주의는 어떤 보편적 기준도 인정하지 않기에 다른 사회의 관습을 비판하지 못하게 할 뿐만 아니라 스스로의 문화에 대해서도 반성하거나 비판하는 것을 금한다는 사실이다. 만약 모든 것을 관습의 문제로 이해한다면 유대인 학살을 후회하지 않는 독일인이나 인종차별이나 노예 관습을 정당화하는 사람들의 출현을 우리는 어떻게 저지할 것인가? 나아가 사회개혁이나 진보 등의 개념도 불가능한 것이 되고 만다. 이처럼 겉으로 매우 세련되어 보이는 문화상대주의는 윤리적 차원에서는 많은 한계를 지닌다.

관습으로서의 도덕

니체는 도덕에 대해 좀더 도발적인 의견을 제시한다. 그에 따르면

피타고라스는 "인간은 만물의 척도"라고 말했다. 오늘날에도 상대론적 윤리관을 주장하는 자들은 도덕에는 '1+1=2'라는 초문화적이고 객관적인 진리가 존재하지 않는다고 말한다. 과연 보편적 도덕가치란 허구에 불과한가?

도덕적 가치는 인간에게 내재하는 본질적인 것이 아니라, 어떤 특정한 역사단계에서 어떤 특정한 유형의 인간에 의해 만들어진 특수한 관습들의 총체일 뿐이다. 그러므로 그는 객관적인 시각으로 자신이 수호하는 도덕을 평가할 것을 요구한다. "우리의 유럽적인 도덕성을 저 멀리서 한번 알아보기 위해서, 그것을 과거의 것이든 미래의 것이든 다른 도덕성들에 견주어보기 위해서, 사람들은 한 도시의 탑들이 얼마나 높은가를 알고자 하는 나그네가 하는 것처럼 하지 않으면 안 된다. 즉, 그는 이를 위해 도시를 떠나야 한다. 편견에 대한 편견이 되지 않고자 한다면 '도덕적 편견에 대한 사고'는 도덕 바깥의 한 위치, 즉 사람들이 올라가고, 기어오르며, 날아가야만 하는 선과 악의 저편 어딘가를 전제한다."

니체에 따르면 도덕적인 편견을 벗어버렸을 때 나타나는 도덕의 본모습은 강자들에 대한 약자들의 원한의 감정과 정신적인 복수를 내포하고 있다. 자신의 힘으로 권력을 차지할 수 없게 된 노예와 약자들이, 다수인 자신들의 가치를 보다 더 보편적이고 절대적인 것으로 만들고, 주인과 강자의 힘과 권력을 증오의 대상인 악으로 죄악시한다는 것이다. 이처럼 니체는 도덕을 약자가 강자를 굴복시키려는 이데올로기로 파악하였으며 가난한 자를 선한 자, 부자를 악한 자로 간주하는 기독교적 논리를 비판했다. "빈곤한 자들만이 선한 사람이다. 가난한 자들, 천박한 자들만이 선한 사람이다. 고통받고 있는 자들, 결핍된 자들, 병든 자들, 추악한 자들만이 경건한 자들이고, 신의 은총을 받은 자들이다. 은총은 그들에게만 있으며, 반대로 너희, 너희 고귀한 자들, 강자들, 너희들은 영원히 악하고, 잔인하고, 탐욕스러우며, 만족할 줄 모르고, 신을 모르는 자들이다. 너희들은 또한 영원히 은총을 받지 못하고, 저주받으며, 낙인찍힌 채로 존재할 것이다."

기독교의 도덕이 보편성을 강조했다면, 니체는 차이성을 강조하였으며 도덕이란 특수한 시대 특수한 계급의 관습이 체계화된 이데올로기일 뿐이라고 말했다. 그에 따르면 관습은 한 공동체에 이익이 되는 것, 해가 되는 것에 대한 인간의 경험을 반영하고 시간과 함께 강제성을 띠게 된다. 그런데 그가 주장하듯이 도덕이 관습들의 총체라는 것을 받아들인다면 그리고 그것이 순수한 윤리규범이라기보다는 사회적·종교적 필요에 의해 산출되었다면 우리는 그 관습들 간의 갈등과 충돌이 필연적임을 예견할 수 있다.

니체와 마찬가지로 마르크스도 도덕이란 이데올로기의 일종이며 경제적 하부구조에 따라 진보한다고 생각했다. 그러나 니체가 도덕이 약자계급에 속한 것으로 보았다면, 마르크스는 도덕이 필연적으로 지배계급을 옹호한다고 주장했다. 물론 도덕이 지배계급의 이익을 옹호한다는 사실이 반드시 겉으로 드러나는 것은 아니다. 역사적으로 볼 때 고대에서 중세까지 이러한 사실은 은닉되었다가 부르주아 계급이 권력을 잡으면서 좀더 노골적으로 가시화되기 시작했다. 그런데 만약 도덕이 권력이데올로기와 필연적인 연관관계를 맺고 있다면, 지배계급의 도덕은 피지배계급의 가치관과의 충돌을 피할 수 없다. 가령 경쟁과 자본의 논리를 중시하는 사장과, 인정과 믿음이라는 전통적 가치를 중시하는 직원 사이의 갈등을 예상할 수 있다. 마찬가지로 다른 두 가치관을 지닌 공동체가 만난다면 이 둘은 서로의 가치가 더 우수함을 증명하기 위해 인식론적 투쟁에 들어갈 것임이 분명하다.

그렇다면 도덕의 다양성은 각기 다른 도덕관을 지닌 사회들이 서로 연락하지 않고 무관심 속에서 떨어져 산다는 가정하에서만 존중될 수 있다는 결론이 도출되는데 이러한 경우는 과거에도 힘들었지만 정보와 교통이 발달한 현대에 와선 더욱 불가능하다. 서로 다른 가치관과 관습들 간의 충돌을 피할 수 없다면 이 문제를 해결하기 위해선 두 가지 방법밖에 없다. 첫째, 파시즘에서 볼 수 있듯이 더 강한 사회의 도덕이 그렇지 못한 사회의 도덕을 지배하는 것. 둘째, 서로 다른 도덕들이 병존하면서 개인에게 각자에게 맞는 것을 선택하도록 권유하는 것. 첫 번째의 경우 도덕은 강제화, 획일화될 것이므로 사회는 전체주의적 성격을 띠게 될 위험이 있다. 반면 두 번째 방법을 좇아 각 시민이 자기가 원하는 대로 도덕을 선택하게 한다면 그 사회는 거의 아나키즘적인 상태에 이르게 될 것이다. 너도 옳고 나도 옳다는 허무주의적 상대주의 속에서 사회가 유지될 수 있을까? 모든 가치관을 존중한다는 것은 이론적으로 가능하지만 현실적으로 사회는 선과 악, 적군과 아군을 가정하는 한에서만 존속될 수 있다.

도덕의 기원

도덕의 기원은 무엇이기에 이토록 가변적인 것일까? 어떤 이들은 도덕의 기원이 사회 자체라고 말하고, 또 어떤 이들은 그것이 종교라고 말한다. 우선 도덕의 기원이 사회 자체라는 주장을 살펴보자.

우리는 사회가 그 자체의 이득, 결속, 보존을 위해 그 구성원에게 일정한 행동을 요구할 것임을 상식적으로 예상할 수 있다. 사회란 거대한 유기체이며 법과 공동규칙은 집단 자체를 보존하려는 생물적 유기체의 성향을 표현한 것에 지나지 않는다. 요컨대 사회 존속을 위한 행동들이 점차적으로 습관화되면서 한 사회의 선과 악을 결정하게 되는 것이다. 가령 에스키모족은 겨울철 이동시 늙은 부모와 동행하지 않고 추위 속에서 죽게 내버려두는데 이것이 그 사회에서 악으로 간주되지 않는 것은 이 관습이 그 사회의 존속과 다른 구성원들의 생존을 위해 필수적이기 때문이다. 이런 이야기를 들으면 우리는 즉시 '원시적', '야만적'이란 평가를 하게 되지만 에스키모인들의 이 같은 선택은 도덕적 양심에 따른 자발적 행동이었다기보다는 적대적인 자연에 대항하여 살아남기 위한 어쩔 수 없는 결정이었다고 볼 수 있다.

한편 한 개인이 비도덕적인 행동을 했을 경우 그가 속한 사회는 사회의 발전을 저해하는 악에 의해 타격을 받았다고 생각하게 되며 그 개인을 제거하거나 억압함으로써 원래 상태를 회복하려 한다. 마치 암에 걸린 환자가 암세포와 그것이 침투한 일정 부분을 제거함으로써 건강을 회복하려 하듯이 사회는 자신의 존속을 위협하는 개인들을 소멸시킴으로써 기존의 질서와 안정을 되찾고자 하는 것이다. 그렇다면 사회라는 유기체의 번영과 존속을 추구하는 효율성의 원리에 의해 개인의 행동은 도덕적, 비도덕적이라는 평가를 받게 되고 징벌과 포상이 결정된다고 말할 수 있다.

도덕적 가치의 기원이 종교적 믿음이라는 추론은 도덕의 사회적 성격뿐 아니라 초월적 성격 역시 보여준다는 장점을 지니고 있다. 종교적 관점에서 볼 때 도덕적 가치는 평범한 인간과 다른 우수한 인간들의 행위를 구분하는 기준이 되며, 도덕적으로 우수한 인간은 성인이나 덕자(德者)로 존경받게 된다. 베르그송의 《도덕과 종교의 두 원천》도 이런 관점에서 도덕의 문제를 고찰하였다.

　베르그송에 따르면 도덕은 폐쇄적인 도덕과 역동적인 도덕으로 나뉜다. 폐쇄적인 도덕이란 예절이나 질서를 강조하고 집단 단위의 사랑, 예를 들어 가족애나 민족애 등을 강조하는 도덕으로, 이러한 도덕에서는 '의무'가 가장 큰 비중을 차지하게 된다. 어린이들이 부모를 존경하고 가족이라는 사회에 적응하는 과정이나 학교나 사회의 규칙을 준수하고 복종하는 태도 등도 모두 이 폐쇄적 도덕에 포함된다. 폐쇄적 도덕을 잘 지키는 어린이에게 우리는 철들었다, 성숙하다라고 칭찬하며, 그렇지 못한 어린이는 처벌을 통해 규칙을 준수하도록 명령한다. 이 폐쇄적 도덕은 모든 사람들이 의무적으로 행하는 일상적이고 공통적인 도덕이라고 할 수 있으며, 이 경우 도덕은 집단적인 습관 전체로 환원된다. 즉, 폐쇄적인 도덕이란 공공도덕에 지나지 않으며 보수적이고 인습적인 특징을 지닌다.

　반면 역동적인 도덕은 일정한 형식이나 규범을 뛰어넘는 것이다. 역동적인 도덕 행위는 의무나 규정에 의해 행해지는 것이 아니라 개인의 자유에 의해 행해지기에 행위 자체가 이미 덕이라고 말할 수 있다. 베르그송에 의하면 참된 도덕은 영웅의 의식이나 성자의 의식 속에서 구현되는 역동적인 도덕이다. 영웅과 성자는 집단의 관습에서 벗어나 새로운 도덕가치를 창조하는 선구자들이다. 사회적 관습, 규범으로서의 도덕이 어떤 한 집단의 이익에 근거한다면 영웅과 성자의 도덕은 인류의 행복을 위해 열려 있는 도덕이며 인류 전체의 선이라는 보편적 가치를 지향한다.

우리가 흔히 도덕, 선이라고 지칭하는 것은 복잡한 사회관계 속에서 좀더 편리하게 살기 위해 사람들이 쓰고 있는 초라한 가면일 수도 있다. 보다 원활한 인간관계와 위계질서를 유지하기 위해 우리는 진심으로 좋아하지 않는 사람에게도 미소를 짓고, 원하지 않는 의무를 수행하기도 한다. 손님에게 정직하게 돈을 돌려주고 친절하게 대하는 행동이 진심으로 타자를 배려하기 때문인지 아니면 자신의 평판을 유지하기 위한 행동인지를 판가름하는 것은 쉽지 않다. 물론 베르그송적 의미에서의 폐쇄적 도덕에 상응하는 에티켓으로서의 도덕이 인간의 사회적 삶에 있어 필수불가결하다는 것을 부정할 수는 없다. 그러나 보다 고양된 삶과 행복을 위해선 관습과 의무감에서 벗어나 진심에서 우러나오는 사랑의 도덕을 행할 필요가 있다.

보편성에의 희망

상대주의적 도덕관에 반대했던 칸트는 도덕은 모든 관습적인 것을 뛰어넘는 보편적인 것임을 강조했다. 그에 따르면 모든 도덕적 행위는 보편도덕법칙에 복종하는 것을 목표로 한다. 그렇다면 이런 도덕법칙의 근간이 되는 것은 무엇인가? 그것은 인간 안에 있는가? 아니면 사회나 종교적 환경과 관계하는가? 칸트는 도덕행위의 원인을 종교, 사회 등 외부에서 찾는 것은 의지의 타율성을 보여주는 것이기에 불충분하다고 생각했다. 그에 따르면 도덕적 주체는 선택을 하는 존재이므로 수동적일 수 없다. 즉, 우리가 우리 의지의 자율성을 주장하는 것은 도덕적 주체가 자기 자신의 입법자임을 강조하는 것과 같다. 그리고 이 모든 과정은 이성에 의해서만 실현 가능하다. 이성은 모든 인간에게 보편적이며, 이 이성에 근거해서 인간은 동일한 도덕법을 지킬 수 있다는 것이다. 다시 말해 도덕이 관습들의 총체라고 말하는 것은 도덕의 피상적인 차이만을 볼 때 발생하는 오류이다. 우리에게 매우 낯설게 느껴지는 문화적 차이들도 자세히 고찰하여 그 본질적 논리를 이해한다면 외형적으로 나타나 보이는 것만큼의 차이가 있지 않다는 것을 알 수 있다. 예를 들어 살인을 금하는 규범을 가지지 않은 사회가 존재하는가? 안전과 평화를 추구하는 것은 인간의 기본 욕망이기에 살인을 금하고 생명을 구하는 것이 도덕규범의 기본이 됨을 우리는 모든 문화공동체에서 발견할 수 있다.

성자와 영웅의 도덕이 보여주듯이 사회의 이해관계와 관습을 뛰어넘는 보편적 가치가 존재하지 않을까? 시대와 문화를 불문하고 사람들은 정직하고 자애로우며 약자를 돕는 자를 덕자로 존경해 왔다. 반면 잔혹하고 이기적인 사람은 항상 악인으로 규정했다. 말하자면 인류는 돈과 권력의 노예가 되기보다는 착하고 덕스러운 삶을 추구한 사람들에게 항상 존경을 표시해 왔다. 자신을 도와주고 위로해 주는 자를 배척할 문화와 문명은 존재하지 않는다. 왜냐하면 아무리 다른 가치와 문화를 지니고 있다 하더라도 모든 인간은 고통을 싫어하고 행복을 추구한다는 공통점을 지니고 있기 때문이다.

흄은 선악의 구분은 이성에서 유래하는 것이 아니라 도덕적 감정(moral sentiment)에서 유래한다고 설명한다. "선악의 구분은 우리의 감정상태에 의해서 이루어진다. 즉, 감정상태를 즐겁게 하는 행동이나 성격은 선이고 그 반대는 악이다. 도덕적 감정은 의욕을 자극하고 행위를 유발하는 것이다. 이성만으로는 어떤 행위도 유발할 수 없다. 물론 상황판단과 수단을 결정하는 경우에는 이성이 작용한다. 그러나 어디까지나 정념이 주도적 역할을 한다." 흄이 주장하듯이 보편감성에 근거하여 타인의 행복을 추구하는 행동을 선으로 규정할 수 있지 않을까? 인간에게는 양심이라는 특수한 의식이 있고 타인과 공감할 수 있는 감수성이 존재하며, 우리는 이 공감능력을 통해 상대방의 행복과 불행을 가늠할 수 있는 능력을 갖게 된다. 따라서 진정한 선을 행하는 자는 이성적·감성적 공감능력을 통해 이기적인 욕망을 채우기보다는 타인의 행복을 고려할 것이며 우리는 이런 이타적 행위를 보편적 선으로서의 도덕으로 정의할 수 있다.

결론

도덕은 시대와 문화에 따라 변하는 임의적 가치에 불과하다고 주장하는 상대주의적 윤리론자들은 보편적 진리를 주장하는 사람들이 독선에 빠져 타문화에 대해 비관용적인 태도를 취하게 될 것을 우려한다. 반면 보편타당한 선의 원리가 존재하며 그것을 인지할 수 있는 능력이 인간에게 존재한다고 믿는 사람들은 상대주의는 결국 모든 것을 옳다고 인정하게 되는 가치론적 허무주의에 이를 것임을 경고한다. 여기서 우리는 베르그송이 시도한 폐쇄적인 도덕과 역동적인 도덕의 차이를 다시금 상기할 필요가 있다. 한 사회의 구성원으로 살아가면서, 우리는 사회에 따라, 변화하는 관습에 따라, 의무로서의 소극적 도덕을 수행할 의무가 있다. 그러나 개인의 진정한 행복을 추구한다면 거기에서 한 걸음 더 나아가 의무에 의해서가 아니라 스스로의 자유에 의해 사랑이라는 보편선을 행해야 할 것이다. 진정한 도덕은 관습, 의무를 강제로 수행해야 하는 억압으로서의 도덕이 아니라 사랑을 자발적으로 지향하는 동경으로서의 도덕이다. 즉, 진정한 도덕은 관습들의 총체와 뚜렷이 구별되며 변화하는 시대상황과 가치관적 혼란 속에서도 인류가 나아가야 할 궁극적 지표와 이상을 제공해 준다는 점에서 그 가치가 있다.

바칼로레아의 질문들

- 도덕의식은 교육의 결과인가? (1993)
- 도덕의 근원이 무엇이라고 생각하는가?
- 모든 것을 받아들여야 하는가?
- 기존의 도덕을 비판할 수 있는가?
- 용서할 수 없는 행동이 존재하는가?

더 생각해 봅시다 ❶

도덕은 감정의 문제인가 이성의 문제인가?

우리는 자주 "양심의 가책을 느낀다"는 표현을 쓴다. 이것은 우리가 잘못 행동했음을 감정적으로 느낀다는 것을 의미하는 것일까? 일반적으로 우리는 선과 악이 무엇인지를 알려주는 내적 지표가 있다고 생각하고 그것을 도덕적 양심이라고 부른다. 그러나 스스로의 양심에 비추어 잘 행동했다고 생각한 것이 도리어 나쁜 결과를 초래할 수도 있다. 예를 들어 중세시대의 종교인은 마녀사냥을 정의로운 일로 간주했을 수 있고, 끔찍한 전쟁범도 자신의 나라를 위해 애국적인 행동을 했다고 주장할 수 있다. 그렇다면 주관적 감정이란 결국 우리를 속일 수 있으며 믿을 수 없는 것이 아닐까? 그보다는 이성을 더 신임해야 하지 않을까? 칸트는 도덕은 감정의 영역을 벗어난 이성의 법에 기초해야 한다고 강조하였다. 이 점에 있어 루소의 도덕관과 칸트의 도덕관이 충돌하는데 루소는 만약 도덕이 이성에 근거하고 있다면 인류는 벌써 오래 전에 파괴되었을 것이라고 말하면서 감정을 이성보다 우위에 두었다. 그러나 나의 감정과 동정심에 의거하여 착한 행위를 했다고 '생각'하더라도 그것이 반드시 보편적으로도 좋은 일일 수 있을까? 도덕적인 행위는 정확하나 차가운 이성의 요구에 의해 이루어지는가, 아니면 따뜻하나 무분별한 감정의 요구에 의해 이루어지는가?

더 생각해 봅시다 ❷

자신의 의무를 다하는 것만으로 충분한가?

의무를 다한다는 것은 행하도록 명령된 것을 수행하는 것이다. 칸트는 정언명법에서 무조건적으로 의무에 복종해야 하며 법을 거스르는 것은 불가능하다고까지 말했다. 그러나 절대적으로 수행해야 할 의무는 이성에 부합될 경우에만 가치가 있다. 만약 사회에 의해 주어진 의무에 무조건 복종해야 한다면 우리는 우리가 수행하고자 하는 의무의 본질이 무엇인지에 대해 숙고할 기회를 잃게 되는데, 과연 이성적 사고를 배제한 행위도 도덕적 행동이라고 말할 수 있을까? 스스로의 숙고가 동반되지 않은 채 단지 전통과 명령에 따라 의무를 수행한다는 것은 자기 행동의 책임을 남에게 전가할 수 있다는 냉소적인 태도로 여겨질 수도 있다. 즉, 의무를 수행하기 전에 그 행위가 무엇을 의미하며 어떤 목적을 지니는지를 충분히 숙고해야만 의무 수행은 도덕적으로 의미를 지닐 수 있다. 의무와 복종의 윤리적 가치에 대해 비판적으로 고찰해 보자.

더 생각해 봅시다 ❸

도덕은 개인적인 차원에서 이루어지는가?

우리는 자주 "내 생각에는" 또는 "각자의 의견에 따라 다르지"라는 표현을 사용한다. 이 표현은 가치란 결국 개인적이고 역사적이며 문화적 산물이라는 사실을 보여주고 있지 않은가? 피타고라스는 "인간은 만물의 척도"라고 말했다. 그렇다면 보편적 가치란 허구에 불과하다고 결론지을 수 있을까? 실제로 우리는 우리가 속한 환경, 교육 등에 따라 다른 도덕적 시각을 지니게 된다. 그러나 만약 모든 사람들이 제각기 다른 도덕관을 갖게 된다면 도덕이라는 개념 자체가 의미를 상실할 것이다. 도덕이란 보편적인 경우에만 그 의미를 지니기 때문이다. '2+2=4'인 것처럼 살인이 악인 것은 보편도덕률이 아닐까? 상대주의와 허무주의를 피할 수 있는 관용정신이 가능한지에 대해 생각해 보자.

16

환상을 배제한 행복이 가능한가?

Baccalauréat, 1999

불가능은 소심한 자의 환상이요, 비겁한 자의 도피처이다.
나폴레옹(Napolén Bonaparte, 프랑스 군인·황제)

삶에 대해 얼마간의 환상을 갖는 것은 필요하다.
장 클로드 이조(Jean-Claude Ezzo, 프랑스 기자·시나리오 작가)

사물의 모든 것을 알게 되면 환상을 잃게 되고 그것은 영혼의 죽음을 가져온다. 즉, 다른 사람들의 관심을 끄는 모든 것에 대해 무관심하게 된다.
샹포르(Chamfort, 18세기 프랑스 작가)

서론

가난한 자는 자신의 행복을 부와 연관지어 상상하고, 고아는 부모가 있음을 행복의 기준으로 생각한다. 행복은 이처럼 내게 부족한 것이 무엇인지에 따라 사람마다 다르게 상상되게 마련이며 항상 얼마간의 환상을 동반한다. 그러나 이러한 행복은 조건적이므로 부족했던 것이 충족되면 그 행복 역시 사라질 것임을 우리는 짐작할 수 있다. 예를 들어 갑자기 복권에 당첨되어 부자가 된 가난한 이가 처음 그가 느꼈던 행복을 망각하고 불행해진 사례는 수없이 많다. 욕망의 실현은 우리에게 결코 행복을 가져다주지 않는다. 그러나 욕망이 기본적으로 허망한 것이라 해서 행복 자체가 존재하지 않는 것은 아니다. 다만 행복에 대해 사람들이 잘못 생각하고 있기 때문에 행복은 허망하고 일시적인 것으로 느껴질 수 있다.

현자는 어떤 행복을 추구해야 하며 어떤 욕망을 포기해야 하는지를 잘 알고 있다. 그는 또한 행복이 일종의 선물처럼 운명에 의해 주어지는 것이 아니라 개인의 노력으로 이루어야 하는 것임을 알고 있다. 진정한 행복이란 환상에 머무는 것이 아니라 나에 대한 진정한 앎과 노력으로부터 시작되는 것이 아닐까? 즉, 환상 때문에 행복이 가능한 것이 아니라 환상을 배제하고서야 행복이 가능하다고 말해야 하지 않을까?

환상과 결핍

프로이트가 《환상의 미래》에서 지적했듯이 독일의 민족주의자들은 아리안 인종들만이 세계를 지배하고 문화를 영유할 자격이 있다고 주장했다. 마찬가지로 도박가는 게임이 그에게 큰 재산을 가져다줄 것이라 생각하며, 사랑에 빠진 연인들을 그들의 사랑이 모든 현실적 어려움으로부터 그들을 구원할 것이라고 생각한다. 이러한 예는 모든 환상이 나의 욕망과 연관되어 있음을 보여준다. 환상은 결코 우연적으로 발생하는 것이 아니다. 계산에 오류가 발생하는 것은 어쩔 수 없는 우연의 결과일 수 있으나 환상은 당사자가 부분적으로나마 그것을 적극적으로 바라고 원하기 때문에 발생하게 된다. 환상을 믿는 것은 그것을 믿음으로써 얻는 이득이 있기 때문이다. 환상은 현실적 불만에 사로잡혀 있는 우리를 위로해 주고 불안으로부터 해방시켜 준다. 실제로 있는 그대로의 진리가 반드시 행복과 일치하는 것은 아니다. 진리는 내게 전통과 선입견에서 벗어날 것을 요구하고, 당연하다고 생각하고 있던 믿음을 의심하게 한다. 그리고 그로부터 심리적 갈등이 유발된다. 진리를 추구하자면 항상 나의 믿음을 의심해야 한다. 이것은 결국 어떤 고정된 것도 용납하지 않는다는 것, 즉 항상 유동적인 불안한 상태에 놓여져야 한다는 것인데 이런 상태를 오래 견딜 수 있는 사람은 많지 않다. 환상에 의지하는 태도를 유아적이라고 비판한다 해도 이성이 환상을 제거할 수는 없다. 우리는 고정되고 절대적인 무엇인가에 기대어 쉬길 바라는데 그 대상을 제공해 주는 것이 바로 환상이다. 정신분석학적으로 본다면 환상은 심리적 균형을 찾기 위한 필수불가결한 요소로 간주될 수도 있다.

모든 사람은 자신의 욕망이 완전히 충족되기를 바라며 부족함이 없는 행복에 대한 환상을 갖는다. 그리고 환상은 이러한 욕망에 동참하지 않는 현실의 부정적인 요소를 모두 삭제한다. 사랑에 빠진 사람은 연인의 단점을 보고 싶어하지 않기 때문에 연인을 이상화할 수 있고, 너무나 사랑을 갈망하기 때문에 사랑받지 못하고 있다는 사실마저도 무시할 수 있다. 그러나 현실은 곧 환상을 붕괴시키고 사람들은 불행에 빠지게 된다. 즉, 행복은 환상을 동반하지만 현실과 모순되기 때문에 지속되지 못한다. 왜 우리는 환상 없이 있는 그대로의 현실에서 만족하지 못하는 것일까? 만약 언제라도 파괴될 가능성이 있는 환상이 행복의 필수조건이라면, 행복은 인간에게 불가능한 꿈에 불과하다고 말해야 옳지 않을까?

삶은 행복에 가까울까, 불행에 가까울까? 항상 결핍과 두려움에 싸여 있는 인간이라는 유한한 존재가 과연 행복에 다다를 수 있을까? 대부분의 인간에게 행복이란 과거나 미래에 존재하는 비현실적인 것으로 인지된다. 따라서 과거를 이상화하거나 미래를 희망하는 자는 많아도 있는 그대로의 현실에 만족하는 자는 별로 없다. 데카르트의 유명한 문구(나는 생각하기에 존재한다)를 패러디한 "나는 고통받기에 존재한다"는 얼마간 인간의 현실을 반영하고 있다. 그러나 삶의 궁극적 목적이 행복이라면 행복이 불가능하다고 말하는 것은 실로 모순적이지 않은가? 여기서 우리는 진정한 행복과 단순한 기쁨을 구분할 필요가 있다. 우리가 일반적으로 행복이라고 말하는 것은 사실상 외부 상황에 의해 좌우되는 일시적 쾌락이나 기쁨처럼 불안전하고 유동적인 감정일 수 있다. 만약 행복이 지복(beatitude)처럼 강한 기쁨이 영원히 지속되는 상태라면 행복의 사라짐을 두려워할 필요는 없을 것이다. 그러나 보통 기쁨이란 순간적인 물질적 만족이나 긴장의 풀어짐을 의미한다. 따라서 이러한 기쁨이 영원하기를 바라는 것은 그 자체로 모순이다. 보다 정신적인 기쁨이라 할지라도 그것은 강한 만족의 일시적인 감정상태를 나타내며 행복과 동일시될 수는 없다.

또한 외부적 상황에 의해 좌우되는 행복 역시 의심의 대상이 된다. 건강, 아름다움, 재산, 사랑처럼 행복의 실현에 가장 중요하다고 여겨지는 것들의 문제는, 그것들이 순식간에 사라져 버릴 수 있다는 점이다. 아무리 큰 부자라 할지라도 불안에서 해방된 자는 존재하지 않는다. 그리고 만약 풍요롭고 행복한 상태가 장시간 지속된다면 우리는 행복하면서도 행복을 인지하지 못할 수 있다. 즉, 새롭거나 변화가 없을 경우 습관화된 풍요에 우리는 특별한 감흥을 느끼지 못할 것이며 따라서 더 행복하지도 않을 것이다. 실제로 불행해져서야 과거 자신이 누리던 행복의 소중함을 깨우치는 경우를 우리는 자주 목격한다. 그렇다면 현실 속에서 행복이란 모순적인 이상일 뿐인가? 대부분의 행복은 곧 사라지도록 운명지어졌고 실현된다 하더라도 그것이 지속될 경우 우리가 그것을 인지하지 못한다면 시간과 행복을 어떻게 조화시킬 수 있을 것인가?

환상은 욕망과 마찬가지로 현실적 결핍에 그 근거를 두고 있다. 프로이트가 《환상의 미래》에서 밝힌 바에 따르면 멋진 왕자가 자신과 결혼해 줄 것을 꿈꾸는 가난한 소녀와 벼락부자가 되기를 꿈꾸는 도박꾼의 경우, 그들은 실제로 이런 일이 벌어진 것을 목격한 적이 있고 이를 근거로 하여 자신의 부족함을 환상으로 위로하고자 하는 것이다. 즉, 행복의 조건들도 결국은 우리가 경험한 것으로부터 유래한다. 당시에는 너무도 당연하게 여겨졌기에 특별히 인지하지 못했던 것을 기억이 되살려 다시 갈구하게 만드는 것이다. 말하자면 개개인이 추구하는 행복은 환상적 성격을 띠고 있는 듯해 보이나 결국 스스로의 현실을 투사하고 있다. 축구황제를 꿈꾸는 사람은 어린 시절 축구를 좋아했을 것이 거의 분명하며, 재벌이 되기를 꿈꾸는 자는 돈과 관련된 좋은 기억을 가지고 있을 것이다. 그러나 이러한 환상과 욕망의 논리는 결국 충족보다는 새로운 결핍과 불만족을 낳으며 사람들을 끊임없는 갈증으로 이끈다. 가령 자본주의라는 소비사회에서 행복은 다양한 물질의 모습으로 제시되지만 결코 인간은 물질적 풍요만으로 자신의 실존적 허전함을 채울 수 없다. 사람들은 좋은 옷과 좋은 집으로 자신의 특별함을 과시하지만 그것은 특별하다는 환상에 불과하다. 프로이트가 지적했듯이 환상에는 끝이 있으며 결국 현실이 그 모습을 드러내게 마련이다. 벌거벗은 임금님이 자신의 진실을 알아차리기까지는 그리 오랜 시간이 걸리지 않았다. 그리고 더 이상 환상으로 진리를 은닉하지 못하는 순간이 올 때 환상의 높이만큼 추락의 고통도 클 것임이 분명하다. 환상은 사라지는 운명을 타고났기에 결코 인간의 행복을 보장해 줄 수 없다. 그렇다면 어떻게 인간은 욕망과 환상의 논리에서 벗어나 자유롭고 행복할 수 있을까?

환상 없는 행복은 가능하다

프로이트는 거부된 욕망이 이상적인 목표나 대상으로 전도되는 과정을 승화라고 불렀다. 승화에 의해 우리는 욕구의 즉각적인 충족을 추구하기보다는 욕구를 초월적인 존재에 투사하고 그 안에서 행복을 느끼게 된다. 충족되지 않은 리비도나 성욕을 보다 고차원적인 일, 예술이나 종교에 투자함으로써 느끼게 되는 희열을 우리는 이러한 논리를 통해 이해하게 된다. 또한 사회적으로 높이 평가되는 정열을 선택함으로써 새로운 행복을 얻을 수 있다. 한편 철학자들은 진리에 대한 인식을 통해 자유와 해방을 얻을 것을 권고한다. 가령 아리스토텔레스는 인간의 미덕이란 사고하는 것이므로 행복한 삶은 인간이 일차적 욕구에서 벗어나 지적 활동으로 향하는 것이라고 기술했다. 스피노자도 신(자연)에 대한 이해가 지복에 이르는 최선의 길임을 강조했다. 많은 철학자들이 강조했듯이 진리를 마주하는 것이 처음에는 힘들 수도 있겠으나, 환상이란 정신적 노예상태이므로 이러한 상태를 벗어남으로써만이 진정한 자유와 행복을 경험할 수 있음은 분명하다.

행복이 다다를 수 없는 환상적이고 불가능한 것으로 보이는 것은 우리가 행복의 진정한 성격을 오해하고 있기 때문이다. 우리는 행복을 우연의 산물, 즉 외부로부터 우리에게 주어졌으며 우리의 욕구불만을 채워주는 선물로 생각하는 경향이 있다. 그러나 스스로 실현하지 않은 행복은 궁극적으로 허무할 뿐이다. 고대부터 윤리학자들은 운수나 요행처럼 의지와 무관한 행복에 의미를 부여하지 않았으며 행복과 덕의 조합을 통해서만이 최고선에 이르게 됨을 역설하였다. 이런 의미에서 본다면 행복은 운명과 관련된 것이라기보다는 한 사람이 추구하는 도덕적·이성적 바람과 관계한다고 볼 수 있다.

어느 누구도 자기 자신에 대한 진정한 앎과 지혜 없이는 행복을 실현할 수 없다. 행복은 나의 모든 욕망을 실현함으로써 얻어지는 것이 아니다. 그보다는 충분한 앎과 지혜를 통해 여러 욕망 중 어떤 것을 실현해야 하고 어떤 것을 포기해야 하는지를 선택하는 통찰력을 전제로 한다. 다시 말해 행복이란 환상에 기반한 불안정한 상태가 아니라 앎에 기반한 지속적인 상태로 '자신을 어떻게 다스리느냐'라는 자기 배려, 수신의 문제와 관계한다. 노예 출신의 현자 에픽테토스는 《삶의 기술》이란 책에서 행복은 믿음, 경향, 욕망, 거절과 같이 나의 의지에 의해 좌우되는 것을 건강, 부, 평판, 명예 등 나의 의지에서 벗어난 것으로부터 구분하는 것에서 시작된다고 설명했다. 그에 따르면 우리 스스로의 능력의 한계를 인지함으로써 우리는 타자나 외부 세상에 대해 보다 적은 기대를 하게 되고 결국 자유를 얻게 된다. 이런 자세를 취하게 되면 어쩔 수 없는 병에 걸릴지라도 불필요한 한탄을 하지 않게 된다. 또한 우리가 수행할 수 있는 것만을 욕망하기에 우리는 더 이상 외부적인 것에 의해 구속되었다거나 방해되었다는 느낌을 받지 않게 된다. 이러한 자유의 상태는 덕과 일치하며 물질적 유혹에 흔들리지 않는 최고선에 이르러서야 우리는 비로소 진정한 행복을 맛보게 된다. 이러한 이유로 우리는 환상이 가미되지 않은 행복이 가능할뿐더러 이러한 행복만이 진정한 행복이라고 말할 수 있다. 그러나 이러한 덕의 단계에 다다르는 것은 매우 어렵기 때문에 고대 철학자들이 주장했던 행복관은 많은 사람들에 의해 실천되기 어렵다는 한계를 지닌다.

행복의 현실적 한계와 극복

그 내용이 어떠하건 행복이란 항상 나와 나를 둘러싼 세계와의 완벽하고 지속적인 조화의 상태를 의미한다. 그리고 이러한 이상과 나의 실제 경험 간에는 반드시 모순과 차이가 있게 마련이다. 첫째, 덕스러운 삶을 요구하는 행복의 조건을 살펴볼 때 자신을 완전히 제어하고 욕망에 굴복하지 않는 완벽한 인간을 기대한다는 것은 불가능하다. 둘째, 덕을 추구하고 행복을 실현하려는 나의 의지가 아무리 강렬하다 해도 나의 행복은 나 자신에 의해서만 좌우되는 것이 아니라 나를 둘러싼 사회적·객관적 상황에 의해 크게 영향을 받는다. 아리스토텔레스는 이와 관련해 《니코마코스 윤리학》에서 다음과 같이 기술했다. "행복한 사람도 신체적·외적 조건, 재산 등을 어려움 없이 구비하고 있어야 한다. 힘든 노동에 노예상태로 있거나, 엄청난 가난으로 괴로움을 받고 있는 자가 덕스럽다는 조건만으로 행복하다고 주장하는 것은 헛소리에 불과하다." 만약 자신의 물질적 현실(돈, 건강, 미 등)이 지속적으로 만족스럽다면 우리는 환상이 필요하지 않을 수 있다. 그러나 인간의 현실은 너무도 불안하고 불완전하기에 완전한 행복의 이상을 실현하고자 한다면 얼마간의 환상이 필요한 것이 사실이다.

그렇다면 나는 어떤 환상을 지녀야 할까? 어떤 환상이 진정한 행복과 좀더 밀접한 관계를 맺고 있을까? 일반적으로 행복이란 사랑하는 것, 부자가 되는 것, 지식을 갖게 되는 것 등으로 요약된다. 그런데 아무리 강하고 지혜로운 인간이라 하더라도 인간은 유한하며, 자신이 진정으로 원하는 행복이 무엇인지조차 모르는 사람이 거의 대부분이다. 부자가 되는 것? 이 경우 얼마나 많은 질투와 탐욕, 함정이 도사리게 될 것이며 돈을 잃을지도 모른다는 불안이 나를 괴롭힐 것인가? 명예를 가질 경우 나는 항상 남의 시선을 의식해야 할 것이고 자유를 상실하게 될지도 모른다. 요컨대 행복의 이상을 결정하기 위해선 신적인 앎을 지니고 세상 전체를 통찰할 수 있어야 하는데, 신이 아닌 인간이 어떤 행동을 함으로써 진정한 행복에 다다를 수 있을지를 아는 것은 거의 불가능하다. 타인의 자유와 재산을 존중하라는 도덕명법은 절대적인 것으로 내게 주어진 반면, 나 스스로가 행복하기 위해 반드시 지켜야 할 것이 무엇인지를 결정해주는 절대적 규범은 존재하지 않는다. 나를 행복하게 해주는 것이 다른 이들에게도 행복이 될 것임을 보장하는 것은 아무것도 없다. 칸트는 행복이란 진정한 의미에서의 개념이라기보다는 "상상적 이상"이라고 밝힌 바 있다. 이상적인 행복이란 개인의 감성과 주관적 판단에 따라 각기 다르게 정의되고, 한 사람에게 있어서도 행복의 기준은 끊임없이 변화하므로 지속적인 행복을 추구한다는 것은 시작부터가 어려운 일이라는 것이다.

　대부분의 철학자들은 행복과 선, 앎이 동시에 이루어진다고 주장했다. 그러나 칸트가 말했듯이 명철함과 지성이 반드시 모든 사람을 행복하게 만들어주는 것도 아니다. 많은 지식을 갖게 될 경우, 나는 세상을 보다 더 명철하고 깊이 있는 시선으로 바라보게 되겠지만 바로 그 때문에 무지했을 때 볼 수 없었던 세상의 악을 통찰하게 될 것이고 그로 인해 괴로움을 겪게 될 수도 있다. 인간의 유한성을 자각하고 인간의 사악함과 어리석음에 대해 더 많이 알게 될

샤갈(M. Chagall)의 〈도시 위에서〉.
도시라는 현실적 공간과 사랑, 하늘이라는 이상적 공간의 만남이 인상적이다. 샤갈은 동심의 꿈과 환상이 깃든 작품을 많이 그렸다. 환상을 통해 우리의 현실은 재탄생되는가?

수록 그는 비관주의자가 될 가능성이 높다. 만약 진리를 마주할 용기가 없다면 환상 속에서 마음의 안정과 행복을 찾는 것이 더 낫지 않을까? 가령 죽음을 앞둔 사람에게 천국이라는 환상은 큰 위안이 될 것임이 분명하다. 마르크스는 종교적 신앙이 현세의 불행에 대한 보상의 욕구에서 비롯된 것이라고 비판했지만, 그렇다고 급박한 상황에 몰린 사람에게 항상 이성적이기를 강요할 수만은 없다. 인간은 자기 안에 강함과 약함을 모두 지니고 있다. 약한 존재로서의 우리는 환상을 통한 위로를 갈구하고, 강한 존재로서의 우리는 진리를 통한 자유를 꿈꾼다. 물론 부족함이 없는 진정한 자유만이 행복이라고 말할 수 있지만 인간은 항상 완벽할 수 없기에 때론 환상 속으로 도피할 수 있다는 가능성도 남겨두어야 한다. 또한 일상의 작은 행복들도 무시할 수 없는 소중한 것들임을 잊어서는 안 될 것이다.

결론

행복이 그 자체로 환상적인 것은 아니다. 수많은 사람들이 행복을 구체적 현실 속에서 경험했으며, 지금도 누군가의 삶 안에서 행복의 가능성이 증명되고 있을 것이다. 그렇지만 행복이 여러 가지 환상적 측면을 내포하는 것은 부인할 수 없는 사실이다. 문제는 그 환상들 중 대부분은 물질적·세속적 만족에 근거하고 있기에 환상과 행복은 지속되지 않고 순식간에 사라져 버릴 수 있다는 것이다. 우리가 쉽게 환상에 빠지는 것은 그것이 우리의 마음을 달래주고 일상적 권태와 불안으로부터 우리를 벗어나게 해주기 때문이다. 그러나 달콤한 환상의 부질없음을 인지한 고대의 현자들은 진정한 앎과 욕망의 포기, 덕의 실천을 통해서만이 지복에 이르게 된다고 역설했다. 물론 현실적 삶을 사는 일반인들이 그러한 현자의 단계에 이르는 것은 매우 어려운 일이다. 그러나 좀더 초월적이고 절대적인 대상을 행복의 매개로 삼고 자신이 찾는 진정한 행복이 무엇인지를 자문함으로써 우리는 환상을 배제한 진정한 행복에 가까이 갈 수 있다.

바칼로레아의 질문들

- 환상을 잃는 것은 좋은 일인가? (2001)
- 신앙은 안도감을 주는 환상인가? (1994)
- 모든 환상은 위험한가? (1982)
- 환상이 수행하는 기능은 무엇인가? (1980)

더 생각해 봅시다 ❶

우리는 왜 환상을 필요로 하는가?

우리는 자주 환상이 우리를 기쁘게 하고 안심시켜 준다고 말한다. 세상에 대한 환멸과 공포를 안겨주는 진리보다는 환상을 믿는 것이 더 나은 것처럼 느껴지기도 한다. 진리를 감당하지 못할 바에야 환상 속에서 행복하다고 착각하는 것도 그다지 나쁘지 않다고 생각하는 사람들도 있다. 디즈니랜드와 오락, 연속극, 스포츠, 스타의 모습에서 우리는 모두 환상을 찾는다. 왜 사람들은 환상을 필요로 하는 것일까? 니체는 신이란 초월적이고 불멸하는 무엇인가에 의해 위로받기를 간절히 원하는 인간들이 만들어낸 환상 중의 하나라고 설명했다. 마르크스도 종교란 현실의 고통을 잊게 하고 피지배계급의 불만을 잠재우기 위한 헛된 망상이라고 비판하였다. 우리가 환상 속에서 찾는 것은 부와 명예, 완벽한 인간, 완벽한 행복, 영광, 아름다움, 영원한 생명 등 대부분 현실에서 인간이 이룰 수 없는 것들이다. 이성적으로 우리는 환상을 비판할 수 있고 그것과 최대한 냉정한 거리를 유지할 수 있다. 그러나 죽음에의 공포가 자연스럽게 종교를 탄생시켰듯이 현실의 초라함을 위로해 주는 위대한 것에 대한 현대인들의 갈망은 끝없이 환상의 모습으로 지속될 것이다. 니체는 "진리에 의해 죽지 않기 위해 환상이 필요하다"고 말했다. 모든 환상이 거부되어야 하는지, 어떤 환상이 위험한지에 대해 토론해 보자.

더 생각해 봅시다 ❷

이 세상은 허무한가?

우리는 자주 세상이 부조리하다고 말한다. 우리는 결국 죽을 수밖에 없는 존재이며 아무리 노력을 한다 해도 세상은 강자의 논리에 의해 돌아갈 뿐 정의나 사랑 등의 가치가 실현되고 있는 듯해 보이지 않는다고 세상을 비판하기도 한다. 고독과 병, 가난 등 우리에게 불안과 절망을 안겨주는 것은 너무도 많다.

샤프츠버리(Shaftesbury)와 같은 학자는 세상은 조화로우며 바로 그 사실 때문에 신의 존재를 믿을 수 있다고 주장했다. 라이프니츠는 악도 궁극적으로는 선에 이바지할 것이며 우리는 최선의 세계에 산다고 역설했다. 과연 우리는 최선의 세계에 살고 있는 것일까? 볼테르는 《캉디드》에서 리스본 지진이 초래한 불행이 과연 어떤 선에 이바지하며, 어떻게 어린아이의 고통을 정당화할 수 있는지를 질문하며 라이프니츠의 낙관주의를 비판했다.

  홉스나 니체에 의하면 세상은 본질적으로 투쟁과 죽음의 논리에 의해 이루어졌으며, 인간은 법과 도덕을 세워 간신히 균형을 지켜나가고 있지만, 인간의 이기심과 공격성을 근본적으로 제거하지 못하는 이상 궁극적 평화와 행복은 불가능하다. 특히 유대인 학살 이후 큰 충격을 받은 지식인들은 이런 악행을 허락한 신은 존재하지 않을 것이라는 비관론과 함께 그동안 믿어온 인간의 휴머니즘에 회의를 제기하였다. 17세기에 이미 유사한 논란에 휩싸였던 라이프니츠는 인간은 신의 깊은 뜻을 이해할 수 없다는 말로 자신의 이론을 변호하였다. 그러나 과연 인간의 현실적인 불행을 신의 이름으로 정당화할 수 있을까? 만약 선한 존재 원리인 신의 죽음으로, 내가 아무리 선하게 산다고 해도 천당에서 보답받을 가능성이 없다면 그래도 인생은 의미가 있을까? 실존주의자들은 죽을 수밖에 없는 존재라는 것을 인식함으로써 자유와 삶에 대한 새로운 의식을 갖게 된다고 주장한다. 수많은 실존적 악과 고통에도 불구하고 세상을 아름답다고 말할 수 있게 해주는 것들에 대해 토론해 보자.

더 생각해 봅시다 ❸

희망한다는 것은 환상의 일종인가?

희망은 환상의 일종으로 생각되기 쉽다. 내가 희망하는 것은 아직 현실 속에서 실현되지 않은 것이기에 나의 희망은 얼마간 비현실적인 것으로 이해될 수도 있다. 희망한다는 것은 미래에 자신을 투사하는 것이며 그 과정에서 현실을 망각할 위험도 존재한다. 그러나 환영이나 광기에 사로잡히지 않고도 나는 충분히 희망할 수 있다. 이성적이고 보편적인 관점에서 희망할 가치가 충분히 있는 것을 갈구하는 것은 결코 이상한 행동이 아니다. 더욱이 희망은 나로 하여금 나 자신의 한계를 극복하게 할 것이며 나의 욕망과 현실 사이의 간격을 줄이려고 노력하게 할 것이다. 또 희망은 내게 훨씬 많은 에너지와 힘을 주어 보다 더 적극적인 삶을 살게 할 것이다. 그런 의미에서 희망은 매우 긍정적인 의미에서의 환상이라고 볼 수 있다. 희망은 인간에게 삶의 원천이다. 만약 인간에게 희망이란 것이 없다면 삶도 없다고까지 말할 수 있다. 쇼펜하우어는 희망에 대해 다음과 같이 이야기했다. "진정한 희망이란 바로 나 자신을 신뢰하는 것이다. 행운은 거울 속의 자신을 바라볼 수 있을 만큼 용기가 있는 사람을 따른다. 자신감을 잃어버리지 말라. 자신을 존중할 줄 아는 사람만이 다른 사람을 존중할 수 있다." 각자가 생각하는 희망에 대해 논의해 보자.

17

타인을 이해할 수 있는가?

Baccalauréat, 1994

타자, 그는 다른 사람, 다시 말해 내가 아닌 나이다.
사르트르(Jean-Paul Sartre, 프랑스 철학자·작가)

타인과의 관계에서 우리는 자신에 대해 알게 된다. 바로 그것이 타인과의 관계를 그토록 괴롭게 만드는 이유이다.
미셸 우엘벡(Michel Houellebecq, 프랑스 작가)

타인은 타인이기에 신비롭다.
데리다(Jacques Derrida, 프랑스 철학자)

서론

타자에 대한 가장 쉬운 정의는 "그는 바로 내가 아닌 자이다"라는 것일 것이다. 그레이엄 그린(Graham Greene)은 《문제의 근거》에서 "어떤 인간도 타자를 실제로 이해할 수는 없다"고 말했고, 레비나스는 "타자란 내가 알 수 없는 무한성이다"라고 명시했다. 그러나 만약 타인이 이토록 먼 존재라면 우리는 왜 일상생활에서 자주 "내 입장이 되면 이해할 것이다"라는 표현을 사용하는 것일까?

비록 남을 이해하는 것이 어렵다고는 하나 한 사람을 오래 사귀고 그와 이야기를 하다 보면 우리는 그를 알고 있다는 생각을 하게 된다. 즉, 그의 사고와 감정, 어떻게 행동하는지를 짐작할 수 있다고 자신하게 된다. 그러나 과연 함께 경험을 공유한 것만으로 타인에 대한 이해에 도달할 수 있을까? 우리는 단지 내게 보여지는 타인만을 사랑하는 것이 아닐까? 타인의 진정한 모습과 내게 비춰진 그의 이미지 간의 차이를 어떻게 극복할 수 있을까?

우리는 자주 사랑과 우정에 대해 이야기하지만 진정한 대화와 이해의 문제는 사실 매우 진지하고도 어려운 문제이다. 상대방의 입장이 되어 타인을 이해하는 것이 과연 가능할까? 2차대전시 아우슈비츠 수용소 생활을 했던 유대인 작가 프리모 레비(Primo Levi)[6]는

---

6) 프리모 레비(Primo Levi, 1919~1987) : 유대인 출신의 이탈리아 화학자·작가. 2차대전 직후 출간된 그의 첫 번째 저서 《인간이었다면》은 아우슈비츠 수용소에서의 그의 생존 일화를 담고 있는데, 이 책은 세계적으로 큰 영향력을 발휘했다. 이 작품은 현재 걸작으로 인정받고 있다. 이외에도 그는 아우슈비츠의 기억을 담은 반은 환상적이고 반은 현실적인 많은 단편소설을 발표했다. 1987년 튀랑에서 자살했다.

살인자의 입장이 되어보는 것은 불가능하기에 나치즘은 결코 이해 될 수 없다고 말했다. 아무리 이해하려 해도 도저히 이해할 수 없는 '타인만의 것'은 무엇일까?

우리는 타자를 이해할 수 없다

신체적 고통을 겪고 있는 친구를 볼 때 우리는 그와 비슷한 체험을 했던 기억을 떠올리며 그의 고통을 이해한다고 말하곤 한다. 그러나 피를 흘리는 감각적 고통은 결코 공유될 수 없는 것이다. 물론 사고에 의한 공감은 가능하다. 그러나 그가 피를 흘릴 때 느끼는 그 순간의 아픔, 따가움, 쓰림, 갈증 등을 내가 느낄 수 있는 것은 아니다. 그렇다면 이성을 통해 이해하고자 하는 노력은 분명한 한계를 지닌다고 볼 수 있다. 길거리에서 피부가 헐고 다리가 절단된 걸인을 보았다고 가정해 보자. 나는 그에게 연민을 느껴 순간 우울해질 수도 슬퍼질 수도 있다. 그러나 이러한 나의 감정을 '공감'이라고 표현할 수 있을까? 어쩌면 불행한 자에 대한 나의 동정은 내가 바로 그런 상태에 있지 않기 때문에 가능한 것일 수도 있다. 내가 같은 육체적 고민에 사로잡혀 있다면 나는 남의 불행에 관심을 가질 만한 여유를 지니지 못할 것이기 때문이다. 즉, 그 사람의 비참함을 몸으로 직접 실감하지 않기에 나는 그를 동정하는 것일 수도 있다. 그러나 만약 항상 완벽하고 풍요로운 생활을 영위했던 사람이라면 그는 동정심마저 느끼지 못할 것이다. 친구가 피를 흘리는 것을 보고 가슴 아파한다거나 걸인을 보고 슬퍼하는 것은 나 역시 과거에 육체적 고통을 경험해 보았기 때문이다. 흔히 볼 수 있는 어린아이들의 동물에 대한 잔혹한 행동을 생각해 보자. 그들의 행동은 사디즘을 반영하는 것이라기보다는 경험과 지적 반성의 부족으로 다른 존재들의 고통을 추론할 능력이 없기 때문에 발생하는 것이다.

'타인을 이해할 수 있는가'라는 문제로부터 '내가 아는 타자는 항상 같은 모습을 하고 있을까' 하는 또 다른 의문이 도출된다. 내 앞에서 지극히 소극적인 그가 다른 사람들과 있을 때는 매우 활발하다는 소문을 접하게 되었을 때 우리는 매우 당황하게 되며 다시금 타인의 정체성에 대해 의심하게 된다. 그가 상황과 장소에 따라 다른 모습을 보인다면 어떻게 내가 그의 진정한 모습을 알 수 있다고 장담할 수 있겠는가? 문제는 여기서 그치지 않는다. 시간 속에서 끊임없이 변하는 타인을 어떻게 규정할 것인가 하는 문제도 존재한다. 어릴 때 좋아한 친구가 완전히 다른 사람이 되어 나타났을 경우 나는 여전히 그가 나의 친구이며 그를 좋아한다고 말할 수 있을까? 시간과 공간에 따라 내가 변했기에 타자가 다른 모습으로 다가올 수도 있다. 예를 들어 한 친구에 대해 내가 10년 전 갖고 있던 생각과 지금 나의 평가는 상이할 수 있다. 이 경우엔 타인이 변했기 때문이라기보다는 내가 변했기 때문에 '너는 누구인가'라는 질문은 더욱 모호해질 수밖에 없다. 나와 타자는 동시에 변하기에 타자에 대한 나의 의견은 어떤 상황에서 그를 만났는지에 따라 결정될 수밖에 없다. 즉, 타자에 대한 나의 이해는 국한적이며 상대적일 수밖에 없다. 타자는 무한한 가능성의 영역이며 그 다양성은 세상을 풍요롭게 하지만 나의 인식이 포착하기에는 그 영역이 너무 넓고 방대하다.

르네 마그리트(René Magritte)의 〈연인〉.
두 사람은 정말 사랑하고 있는 것일까? 진짜 얼굴을 보지 못한 채 진짜 모습을 이해하지 못한 채 우리는 너무 쉽게 '사랑'을 이야기하는 것이 아닐까?

보편추론의 한계

언어를 통하지 않고 타인을 이해할 수 있는 방법은 없을까? 비언어적 표현들을 생각해 보자. 가령 내 앞에서 친구가 웃고 있다면 나는 그의 웃음을 통해 그가 행복하다는 것을 직감적으로 알 수 있다. 이러한 추론은 어떤 결과 뒤에는 특정한 원인이 있다는 인과론적 논리를 통해 무의식적으로 이루어지는데 나는 나의 친구에게서 인간의 보편적 특성을 발견하고 그로부터 그의 감정을 추측하게 되는 것이다. 같은 방식으로 우리는 타인의 눈물에서 슬픔을 직감하여 동정심을 느끼게 된다. 우리는 공통감정에 의거하여 어떤 상황에서 어떤 감정이 유발되는지를 추론할 수 있기에 막스 셸러(Max Scheler)가 말했듯이 "죽음에 대한 불안감을 체험하지 않고서도, 물에 빠진 사람의 죽음에 대한 불안감을 잘 이해할 수 있다." 마찬가지로 우리가 분노에 찬 시선에서 증오를, 아이의 미소에서 천진함을 느끼는 것은 자연스러운 현상이다. 논리적 측면에서 보면 이러한 추론은 정확하다. 그렇지만 현실에서도 그러할까?

'내 친구는 웃는다. 웃음은 행복의 표시이다. 그러므로 내 친구는 행복하다'라는 추론에 있어 우선 "웃음은 행복의 표시이다"라는 전제가 옳은지에 대해 알아볼 필요가 있다. 웃음이 행복의 표시라는 것을 보장할 보편적 원칙이 과연 존재하는가? 같은 행동이 같은 의식상태를 반영한다고 확신할 수는 없지 않은가? 우리는 상황에 따라 의식적으로 기쁨을 가장할 수도 슬픔을 억제할 수도 있다. 또한 너무 큰 기쁨이 울음으로 표현되거나 너무 큰 절망이 웃음으로 표현되는 예도 얼마든지 찾을 수 있다. 즉, 유사성에 근거한 추론은 타인의 외적인 모습, 반응만을 참작하기에 타인의 감정에 대한 정확한 이해라고 보기에는 한계가 있다. 우리는 상대방의 뇌 속까지 들여다볼 수 없기에 대부분 외부적인 표현을 통해 그가 누구인지, 무엇을 생각하는지를 추론한다. 그러나 직접적으로 보이는 것, 감각적으로 느껴지는 것을 과연 신임할 수 있을까? 직관과 지각에 의거한 추론은 착각에 불과한 것이 아닐까? 소크라테스의 저속하고 못생긴 얼굴, 두툼한 입술, 크고 튀어나온 눈 등을 생각해 보자. 소크라테스와 대화를 나눠보지 못한 사람이라면 그는 결코 소크라테스의 볼품없는 외모에서 위대한 철학자의 영혼을 감지할 수 없을 것이다. 반면 아름답고 덕스러운 모습의 웅변가가 거짓말을 일삼는 사기꾼일 수도 있다. 우리는 자주 타인의 외면이 아닌 내면을 보아야 한다고 주장하지만 그럼에도 끊임없이 외양에 유혹되는 것이 사실이다. 그토록 순수하고 아름다운 얼굴 안에 추악하고 어리석은 마음이 있으리라는 것을 어떻게 상상한단 말인가? 그러나 우리가 경험을 통해 알고 있듯이 외면과 내면이 반드시 일치하는 것이 아님은 확실하다. 거짓 미소도 있고 못생긴 모습 뒤에 숭고한 영혼이 감추어져 있을 수도 있다. 루소는 《인간불평등 기원론》에서 사회의 탄생과 함께 진실보다 외양을 더 중시하는 문화가 생성되었음을 비판했다. 실제로 사회적 삶을 영위하는 우리는 항상 타인의 시선과 평가를 의식하기에 마음에도 없는 말을 하고 연극을 하며, 가식과 위선을 생존경쟁에서 이기는 수단으로 사용한다. 현실이 이러하다면 나의 동료가 하는 말이 과연 진실인지 거짓인지를 어떻게 알아낼 수 있단 말인가?

내가 타인과 관계 맺을 때 나는 단지 그뿐 아니라 그가 상징하는 모든 문화적 차이, 사회적 위계질서와도 충돌하게 된다. 가령 그가 사장이고 나는 그에게 봉사해야 하는 직원일 때, 그가 부자이고 내가 가난할 때, 그가 백인이고 내가 차별대우를 받는 흑인일 때, 그 집단적 모순을 나는 받아들일 수 있을까? 가난하고 교육을 받지 못한 내가 저명한 작가에게 호감을 갖고 다가가려 해도 신분적·문화적 차이는 그에 대한 이해를 방해할 수 있다. 내가 한번도 들어보지 못한 음악을 듣고, 내가 이해하지 못하는 책을 읽는 그를 관심과 호감만으로 이해할 수 있을까? 즉, 그와 나를 가르는 사회적·문화적 차이 때문에 그를 개인적으로 이해하고자 하는 나의 노력은 좌절될 수 있다. 이 경우 나를 두렵게 하는 것은 그의 세계 자체가 아니라 그가 소속되어 있는 집단 전체이다.

또한 타인을 이해한다는 것은 현재 그의 모습뿐 아니라 그의 역사와 과거, 나아가 그의 무의식까지 이해한다는 것을 의미하는데 그 자신도 인식하지 못하는 무의식을 일반인인 내가 이해한다는 것은 거의 불가능하다. 타인은 내게 최대한 명확하게 자신의 의사를 전달하려고 노력한다. 그러나 언어를 통해 그의 생각을 알 수 있다 해도 과연 그의 무의식마저 나는 명확히 이해할 수 있을까? 그는 의식적으로 거짓말을 하고 있을 수도 있고 자기도 모르게 나와 자신을 모두 속이고 있을 수도 있다. 가령 나를 칭찬하고 있는 문장이 사실은 비난을 내포하고 있을 수도 있고, 나를 비난하는 문장이 사실은 나에 대한 깊은 애정의 표현일 수도 있다. 언어의 교환과정에서 발생하는 이 수많은 오해와 침묵을 우리는 어떻게 극복할 수 있을까? 언어만으로 이해할 수 있는 타인의 모습이 있고, 언어적 차원을 넘어 보다 은밀하게 숨겨진 타인의 모습이 있다. 따라서 언어는 진실한 소통을 보증하지 못할 뿐만 아니라, 인간이 자신의 생각을 위장하기 위해 사용하는 도구일 뿐이라고 말하는 사람들도 있다. 우리는 대화를 타인을 이해하기 위한 최고의 수단으로 제시하는데 만약 대화마저도 타인을 이해하기 위한 근본적 해결책이 될 수 없다면 우리는 '타인을 이해할 수 있는가' 하는 질문에 회의적인 답변을 제시할 수밖에 없다.

타자의 주관적 이해

타인을 이해하기 어려운 또 다른 이유는 바로 나 자신에게 있다. "이해하는 만큼 사랑한다"라는 문장이 암시하듯 사람들은 자신이 아는 만큼만 타인을 이해한다. 그리고 바로 그렇기 때문에 경험과 앎이 부족한 어린아이는 세상과 타자를 판단함에 있어 대부분 오류를 범하게 된다. 타인에 대한 객관적 평가는 사실상 불가능하다. 모든 사람은 자신의 관점, 가치관에 비추어 타인의 옳고 그름, 우열을 평가한다. 그런데 이처럼 모두가 자신의 입장에서 타인을 평가한다면 "나의 입장이 되어보라"는 요구는 허망한 욕심에 불과하지 않을까? 아무리 타인을 그의 입장에서 이해하려고 해도 나는 결국 나의 가치관과 관점에서 벗어나지 못할 것이기 때문이다.

　타자의 문제를 다룰 때 자아의 지평 속에서 타자를 구성하고 이해하는 작업은 소크라테스 이래로 서양철학이 줄곧 해온 작업이다. 오랫동안 서구에서 타자는 내가 동등한 위치에서 이해해야 할 존재가 아니라 내가 분석하고 내게 복종해야 하는 사물적 존재로 인식되어 왔다. 서구의 자아관에서 타자는 내가 감시하고 통제해야 할 분석대상일 뿐이다.

타자가 나를 배척할 때 혹은 내가 내 앞의 타자를 있는 그대로 받아들일 수 없을 때 나는 그를 정복하고자 하는 욕망에 사로잡히게 된다. 그는 이제 단순한 인식의 대상이 아닌 욕망의 대상이 되며 이 경우 그에 대한 이해는 진실에서 더욱더 멀어지게 된다. 사랑에 빠진 한 남자를 생각해 보자. 그는 한 여자를 사랑하고 그녀를 소유하고 싶어한다. 그런데 그는 과연 그 대상의 성격을 정확히 알고 갈망하는 것일까? 아니면 그가 이해하지 못하는 무엇에 의해 이끌리게 된 것일까? 신비하고 알 수 없는, 내가 갖지 못한 그녀의 "것"에 매혹된 그는 그것에 대한 욕망으로부터 착각에 빠지게 된다. 타인을 욕망하는 나는 다양한 이미지로 타인을 상상할 수 있다. "사랑은 상대방에 대한 오해에서 시작된다", "사랑은 눈을 멀게 한다"는 옛 격언이 입증하듯이 그가 상상하는 연인의 모습은 착각에 지나지 않을 수 있다.

단지 연인 사이뿐 아니라 수많은 인간관계의 충돌과 갈등은 내가 아는 너와 네가 주장하는 네가 일치하지 않음에서 발생한다. 말하자면 타인에 대해 내가 객관적일 수 없는 것은 그가 잠정적인 내 욕망의 대상이기 때문이다. "사실상 타인에게서 우리가 볼 수 있는 것은 자기 자신의 모습뿐이다. 왜냐하면 자신의 지성의 정도에 따라 사람들은 타인을 이해할 수 있기 때문이다"라고 쇼펜하우어가 말했듯이 우리는 외부와 타자로부터 내 안으로 들어온 것 중 내가 이해된 것만을 받아들이고 진정한 타자성이라 할 낯선 것들은 무시하는 경향이 있다. 그리고 이러한 사실로부터 인간간의 진정한 커뮤니케이션은 실현 불가능하다는 결론이 도출된다. 만약 내가 나를 아는 만큼만 타인을 이해할 수 있다면 타인에게 관심을 기울이는 것이 무슨 소용이 있을까? 오히려 나 자신에 대해 더 연구하는 것이 낫지 않을까?

타인과의 진정한 대화가 불가능하고, 몰이해는 인간의 실존조건이라는 견지에서 많은 현대 작가들은 고독을 작품의 주된 주제로 택했다. 특히 개성이 강한 예술가들은 대중의 이해를 갈구하면서도 자신의 독창성을 포기할 수 없었기에 스스로 이해받기를 포기한 경우도 있다. 예를 들어 스탕달은 동시대인들로부터 인정을 받기엔 너무도 독특하고 탁월한 천재들이 타인으로부터 인정받기 위해 인위적으로 노력한다면 절대로 자기 안의 능력을 발휘할 수 없을 것이기에 그들에게는 자발적인 고독과 이기적 삶이 더 어울린다고 주장하기도 했다. 타인의 평가에 신경쓰지 않고 자신의 세계를 발전시키는 것이야말로 위인의 특징이며 권리라는 것이다.

타인에 대한 이해는 가능하다

타인은 나와 같은 세상에 살고 있는가? 아니면 그는 결국 이방인일 뿐인가? 타인에 대한 이해는 공감이라는 특수한 인식양태를 통해서 가능하다. 이러한 공감은 어려운 상황에 처한 친구나 가족의 아픔을 함께하는 과정에서 발견된다. 인간이라는 공통점을 통해 우리는 전혀 모르는 제삼자의 고통에 공감하기도 한다. 공감한다는 것은 타인의 상황과 나의 상황을 비교하는 과정에서 동질감을 느낀다는 것이다. 사르트르는 타인의 시각이 지옥이라고 말했지만, 시각은 갈등의 야기점인 동시에 공감과 나눔의 기원이 되기도 한다. 시각을 통해 우리는 의사소통을 할 수 없는 외국인과도 수많은 감정을 나눌 수 있다. 아이는 어머니의 따뜻한 미소를 보고 자신이 사랑받고 있음을 확신한다. 실제로 비언어적인 많은 표현들은 타인을 이해하는 데 많은 도움을 준다. 신체언어는 내재된 사고의 또 다른 표현이며 인간은 신체언어를 통해 억압된 자신의 무의식을 드러내기도 한다.

한편 타인과의 진정한 소통과 이해는 논리적·이성적 분석을 통해서가 아니라 사랑, 우정 등의 정서적 경험을 통해 가능하다고 말하는 이들도 있다. 이미 성 아우구스티누스는 "우정에 의하지 않으면 아무도 알지 못한다"고 피력했고, 막스 셸러는 공감이 의사소통의 특권적인 형태라는 이론을 전개했다. 여기서 중시할 것은 공감이란 감정이 결코 수동적인 것이 아니라는 점이다. 막스 셸러에 따르면 참된 공감은 단순한 감정전파, 감정이입과 확연히 구별된다. 감정이입은 다른 사람의 감정에 수동적으로, 무의식적으로, 무의지적으로 참여하는 것이다. 예를 들어 다른 사람이 웃고 노래하고 즐거워할 때 나는 그런 행복한 감정에 나도 모르게 감염된다. 마찬가지로 공포에 사로잡힌 군중이 도망치는 장면을 보게 될 경우 나 역시 공포에 휩싸여 도망칠 준비를 하게 될 것이다. 반면 참된 공감은 인격적 활동이다. 타인을 인격체로서 인정할 때 우리는 고통이나 즐거움의 체험과 다른 공감이라는 감정을 갖게 되고 이로부터 타인과 나 사이엔 본질적 관계가 형성된다.

이 본질적 관계의 성립에 있어 결정적인 역할을 하는 것이 바로 대화이다. 위에서 우리는 대화를 통해서도 이해하기 힘든 부분이 존재함을 지적했다. 그러나 우리가 대화를 통해 얻고자 하는 것은 단순히 '그는 누구인가'라는 인식론적 답변이 아니다. 대화를 한다는 것은 내가 그에게 관심을 갖고 있다는, 즉 사랑한다는 것을 의미한다. 어쩌면 제대로 이해했느냐 아니냐는 부차적인 질문일 수 있다. 타인이 나를 둘러싼 나무나 의자와 다른 것은, 그와 내가 의식과 감정을 교환할 수 있기 때문이다. 그리고 이 교환에 있어 언어는 결정적인 역할을 한다. 만약 항상 함께 있더라도 대화가 없다면 부부는 외로울 수밖에 없다. 대화는 모든 원초적 폭력성의 정지를 의미한다. 물론 이 경우 대화는 상호성을 전제로 해야 한다. 강요와 독선이 있는 대화는 폭력적 상황의 지속이기 때문이다. 평등성을 기본으로 한 대화를 통해 나와 너는 마치 다른 두 색깔의 실로 천이 만들어지듯 서로 융화된다. 성행위가 두 인간의 육체가 하나가 되는 완벽한 융해를 지향한다면, 융화란 타자의 차이를 인정하는 가운데 조화를 이루는 것이다. 서로의 다른 관점과 취향은, 서로 어울려 다른 문양을 만들고 그것이 조화되었을 때 더욱 풍요롭고 완벽한 모습으로 나타나게 된다.

동정심과 타자의 얼굴

"자연으로 돌아가자"는 유명한 구호가 상징하듯이 루소는 자연적인 것을 선으로, 사회적인 것을 악으로 간주했으며 자연인 역시 동정심을 지닌 선한 존재로 상상하였다. 루소에 따르면 권력투쟁과 불평등, 위선 등에 의해 타락한 문명사회를 버리고 자연으로 돌아 갔을 때 타자와 나는 가면을 벗고 근본적으로 유사한 존재가 된다. 그리고 기본적으로 같은 욕망과 감정을 지닌 타자와 나는 서로에 대한 친밀감과 동정심을 느끼게 된다. 루소는 모성애를 닮은 가장 자연적인 정서는 동정심이며 그것을 통해 나와 타인의 관계가 유지 된다고 말했다. 더 나아가 동정심이 없었다면 인류는 멸망했을 것 이라고 주장하기까지 했다. 물론 이 같은 루소의 주장에 대해 많은 철학자들은 그런 이상적 자연상태는 한번도 존재한 적이 없으며 동 정심 가득한 인간에 대한 상상은 순전히 이론적·낭만적 개념일 뿐 이라고 반박한다. 타자와 나의 관계는 동정이 아닌 경쟁에 의해 규 정된다고 홉스 등의 철학자는 강조하기도 했다. 그러나 현대 프랑 스 철학자 레비나스는 얼굴의 윤리학을 통해 나와 타자의 관계를 다시금 윤리적 관계로 전환하고, 타인에 대한 두려움을 극복할 것 을 촉구하였다.

　인간의 역사는 타인에 대한 잔인성으로 점철된 듯해 보이나, 인 간의 잔인성 뒤에는 윤리적인 인간관계를 지향하는 정신적 갈망이 있다고 레비나스는 확신한다. 또한 인간관계를 자아와 타자의 차이 를 인정하고, 있는 그대로의 타자를 받아들이는 과정으로 이해한 다. 레비나스에 따르면 타자와의 차이를 인정함으로써만이 자아는 타자를 진정으로 사랑할 수 있는데 이러한 관점은 타자성을 소멸시 키려 했던 전통 서구철학의 관점과 정반대되는 것이라고 볼 수 있 다. 레비나스의 윤리학에서 특히 중요한 것은 타자의 얼굴이다. 레비나스에 의하면 타자의 얼굴은 절대윤리성을 지닌 타자성의 표현으로서 나는 타자의 얼굴과 그 표정에 대해 책임을 지는 '채무자'와 같다. 타인의 얼굴은 우리의 도움을 구하고 간청하는 목소리다. 타자의 얼굴에는 신이 내재해 있으며 타자의 얼굴은 발가벗은 모습으로 내 앞에 나타나 '너는 살인하지 말라', '자신을 버리라'고 명령한다. 그렇다면 레비나스의 윤리학에서 타인은 체험되는 존재이지 결코 분석되거나 비교되는 인식대상이 아니라고 할 수 있다. 레비나스의 주장에 따르면 절대적인 타자를 나의 기준으로 이해하려고 하는 것 자체가 이미 타자에 대한 폭력이다. 레비나스의 윤리학에서는 자기에 대한 관심(souci de soi)은 거부되고 그 대신 고통받는 타인에 대한 대가 없는 책임과 사랑이 강조된다.

    레비나스가 주장했듯이 타인을 나의 관점으로 이해하려고 애쓰기보다는 있는 그대로 받아들이고 사랑할 때 우리는 타자와 보다 평화로운 관계를 갖게 되지 않을까? 물론 '이해하지 않고도 사랑할 수 있는가' 하는 의문이 제기될 수 있다. 타인을 이해하고자 하는 것은 인간의 이기적 본능에 불과하므로 타인을 이해하기보다는 무조건 받들라는 명령(자신의 살과 피, 시간과 노력을 내어주는 것)은 현실적으로 불가능해 보일 수도 있다. 그러나 분명한 것은 타인을 이해하고자 하면 할수록 무한자로서의 타자는 내게서 멀어져 간다는 사실이다. 타인을 이해하고자 하는 욕망은 결국 외부세계의 모든 다양성을 사유의 대상으로 변화시키면서 자기화하는 작업에 불과하다. 위에서 지적했듯이 타인을 이해하고자 하는 노력이 결국 나 자신을 확인하는 작업이 되는 것은 얼마나 허망한 일인가? 타인을 이해하고

자 하는 피상적 노력과 타인의 고통에 대한 우리의 연민이 허구나 값싼 뻔뻔함이기를 그치게 하기 위해 우리가 할 수 있는 일은 무엇보다 앞서 사랑이라는 의무를 수행하는 것이다.

결론

우리는 더 잘 이해하는 사람과 도저히 이해할 수 없는 사람이 있으며 내게 가까운 사람일수록 더 잘 이해한다고 말하곤 한다. 그러나 아무리 타자에 대해 잘 안다고 해도 과연 있는 그대로의 그, 그의 무의식과 과거마저 이해할 수 있을까? 타자는 끊임없이 변하는 존재이기에 타자를 이해한다는 것은 고정된 사물을 이해하는 것과는 근본적으로 다른 성격의 것이다.

타인에 대한 나의 이해는 결국 나의 가치관과 시각에 의해 왜곡된 착각에 불과할 수 있다. 그러나 타인을 설명한다는 것과 이해한다는 것은 다른 문제이다. 타인을 이해한다는 것은 그도 나와 같은 인간이라는 사실을 인정하는 동시에 나의 이해력으로는 포착할 수 없는 그만의 신비로움, 그의 특이성 역시 받아들이는 것이다. 만약 한 개인이 무엇인지를 절대적인 방식으로 규정하고자 한다면 그것이야말로 타자의 존엄성을 무시하는 오만한 폭력일 수 있다. 나는 타인에 대한 무한한 사랑과 동정심, 공감을 통해 타인을 이해할 수 있으며 바로 그런 정서적 소통이 가능하기에 우리는 고독을 피할 수 있다. 인간은 타인과의 관계 안에서만 삶의 의미를 찾을 수 있기에 타인을 이해하는 것은 곧 나를 이해하고 사랑하는 것이기도 하다. 그렇다면 타인을 좀더 잘 알기 위해 대화를 시도하는 것은 분명

헛된 노력이 아니며 보다 의미 있는 삶을 위해 반드시 필요한 도전이라고 볼 수 있다.

바칼로레아의 질문들

- 우리는 자신에게서 출발하지 않고 타자를 생각할 수 있는가?
- 타자와의 관계에서 언어가 가장 중요한가? (1993)
- 완전히 내가 무관심할 수 있는 사람이 존재하는가? (1996)
- 우리는 유사한 타자를 존경하여야 하는가, 아니면 우리와 다른 타자를 존경하여야 하는가?

더 생각해 봅시다 ❶

타인을 그의 외양만으로 평가할 수 있는가?

우리는 흔히 사람을 그 외양만으로 평가해서는 안 되며 이미지는 거짓일 수 있다고 말한다. 즉, 한 사람을 제대로 이해하기 위해선 외적인 것보다는 내적인 것, 성격이나 취향, 가치관 등에 더 관심을 기울여야 한다고 강조한다. 실제로 우리는 친절하고 선량해 보이는 사람의 위선을 얼마나 많이 경험했던가? 타인은 가면, 화장, 성형수술, 미소 등 인위적인 방식으로 우리를 속이고 착각에 빠뜨릴 수 있다. 그러나 외양이 내면을 반영하는 경우도 있기에 너무 빠른 일반화 역시 위험하다. 건강하고 행복한 사람의 외양은 병자의 그것과 확실히 구별된다. 오랫동안 덕을 쌓은 현자나 성인의 평화로운 모습에서 우리는 그의 내면세계를 읽기도 한다. 그렇다면 외양이 단순히 내면과 상반된 것이라고는 말할 수 없다.

한편 한 사람의 외양은 그 사람이 어떤 사회나 문화에 속해 있는지를 알려주는 지표가 된다. 옷차림이나 말투 등도 그 사람의 개성과 인격을 나타낸다. 중요한 것은 꾸며진 인위적 외양과 내면을 담은 외양을 구분할 줄 아는 통찰력 있는 시야를 갖는 것이다. 외양만으로 설명되지 않는 본질적으로 내면적인 것이 있는지, 있다면 무엇인지에 대해 토론해 보자.

더 생각해 봅시다 ❷

정열이 배제된다면 타인을 더 잘 이해할 수 있을까?

정열적 사랑에 빠져 있을 때 우리는 그 정열의 대상에 온 관심을 기울이고 상대방의 모든 것을 알고자 하므로 연인이야말로 사랑의 대상을 가장 잘 알 수 있을 것이라는 생각을 할 수 있다. 그러나 이해라는 것은 단지 대상에 관심을 기울이는 것만을 의미하지 않는다. 무엇인가를 잘 이해하기 위해선 그것에 접근하는 방식이 이성적이고 체계적이어야 하는데, 정열이란 비이성적인 감정 그 자체이다. "눈이 멀게 된다"는 표현처럼 정열적 사랑에 빠질 때 우리는 상대방의 좋은 면만을 보게 되고 그것을 극단적으로 미화시킴으로써 그의 단점에 무심하게 된다. 그러므로 연인은 결코 자신이 사랑하는 사람을 잘 알 수 없다.

그러나 인간은 다른 사물과 달리 단순한 관찰의 대상이 아니라는 반론도 가능하다. 냉정하고 객관적이기만 한 분석을 타인에게 가하는 것이 가능할까? 그보다 더 이상적인 이해란 사랑과 애착을 얼마간 포함한 앎이 아닐까? 진정 타인을 이해하기 위해선 그를 진심으로 사랑해야 하는가? 아니면 반대로 정열은 이해를 방해하는가? 상대방에 대한 정열에 이해가 첨가되었을 때 진정한 사랑이 되는 것이 아닐까? 정열과 이해가 양립할 수 있는지에 대해 생각해 보자.

더 생각해 봅시다 ❸

타인의 존재는 우리를 덜 고독하게 하는가? (1998)

일반적으로 우리는 가족 없이 혼자 사는 사람을 고독한 사람이라고 생각한다. 그러나 혼자 살더라도 정신적인 독립이 가능하고, 친구나 그외 사회적인 유대관계를 갖는다면 그는 충분히 행복한 삶을 보낼 수 있다. 반면 가족과 함께 살더라도 가족관계가 원만치 않다면 그는 훨씬 더 큰 고독을 느끼게 될 것이다. 정신적 친밀감을 결여한 타자의 존재는 하나의 신체에 불과하다. 군중 속의 고독이 시사하듯 단지 타인이 곁에 있다는 것만으로 우리는 결코 고독에서 벗어날 수 없다. 우리의 고독을 해소시켜 줄 수 있는 것은 나를 진심으로 이해해 주는 자의 애정이다.

물론 아무리 친구와 가족의 애정이 돈독하다 해도 실존적 고독을 피할 수는 없다. 나의 아픔과 병, 죽음을 대신해 줄 수 있는 자는 아무도 없기 때문이다. 한편 고독이 반드시 부정적인 것만은 아니다. 타인이 나의 진정한 모습을 알 수 없다는 사실은 실존적 고독의 원인이기도 하지만, 그 고독은 내 성의 방어벽이 되어주기에 누구도 나의 영역을 침범할 수 없고 나 스스로가 내 인생의 주인공일 수 있다는 자유의 근거가 되기도 한다. 고독의 긍정적인 면과 부정적인 면에 대해 논의해 보자.

찾아보기

ㄱ

《계몽주의란 무엇인가》 80
《고르기아스》 25, 212, 251
《공리주의》 171
《공화국》 111
과소비 35
《광기예찬》 150
귀요(Marie Jean Guyau) 182
그린(Graham Greene) 316

ㄴ

《남성지배》 191
노우이(Lecomte de Nouy) 180
니체(Friedrich Nietzsche) 97, 213, 287
《니코마코스 윤리학》 159, 256, 270, 307

ㄷ

데카르트(René Descartes) 26, 135
《도덕과 종교의 두 원천》 291
도스토예프스키(Fyodor Mikhaylovich Dostoevskii) 233
돌토(Françoise Dolto) 19

《두려움과 떨림》 95
들뢰즈(Gilles Deleuze) 28, 30, 36

ㄹ

라로슈푸코(François VI, duc de La Rochefoucauld) 174
라마르틴(Alphonse de Lamartine) 24
라보에시(Etienne de La Boétie) 76
라브뤼예르(Jean de La Bruyére) 154
라신(Jean-Baptiste Racine) 135
라이프니츠(Gottfried Wilhelm von Leibniz) 134
라이히(Wilhelm Reich) 192
라캉(Jacques (Marie Emile) Lacan) 20
레비(Primo Levi) 316
레비나스(Emmanuel Levinas) 32, 117, 328
루소(Jean-Jacques Rousseau) 31, 61, 69, 82, 140, 171, 177, 236, 321, 327
루크레티우스(Titus Lucretius Carus) 19
《리바이어던》 211

ㅁ

마르크스(Karl Marx) 96, 241, 257
말브랑슈(Nicolas Malebranche) 98
《메네세에게 보내는 편지》 16
모스(Marcel Mauss) 179
몽테뉴(Michel Eyquem de Montaigne)

101
몽테스키외(Montesquieu) 78
《문제의 근거》 19316
문화상대주의 285
미셸(André Michel) 198
미셸(Jules Michel) 221
밀(John Stuart Mill) 159, 171

ㅂ

바타유(Georges Bataille) 20
《법의 정신》 78
베르그송(Henri Bergson) 291
벤담(Jeremy Bentham) 179
보부아르(Simone de Beauvoir) 187, 188, 195
부르디외(Pierre Bourdieu) 191, 195
《부모의 학교》 19

ㅅ

《사기》 223
사드(Donatien-Alphonse-François, Comte de Sade) 65, 135
사르트르(Jean-Paul Sartre) 32, 79, 129, 237
《사회계약론》 31, 82, 88
《삶의 기술》 306
세네카(Lucius Annaeus Seneca) 161, 254

셸러(Max Scheler) 320, 326
쇼(George Bernard Shaw) 196
쇼펜하우어(Arthur Schopenhauer) 22, 135, 153, 181, 222
《스완의 사랑》 132
스탕달(Stendhal) 175, 325
스피노자(Benedict de Spinoza) 22, 27
《신(新) 엘로이즈》 140

ㅇ

아도르노(Theodor Wiesengrund Adorno) 66
아렌트(Hannah Arendt) 69
아리스토텔레스(Aristoteles) 161, 256, 272, 277, 307
《악의 일반화》 69
《앙티 오이디푸스》 28, 30
에라스무스(Desiderius Erasmus) 150
《에밀》 69, 190
에피쿠로스(Epicouros) 16, 119
엘베시위스(Claude-Adrien Helvνttius) 276
《우정론》 267, 272
《위험한 관계》 65
《윤리학》 27, 178
이리가레이(Luce Irigaray) 199
《인간불평등 기원론》 171, 321

ㅈ

《자발적 복종》 76
장켈레비치(Vladimir Jankélévitch) 219
《저주받은 부분》 21
《전체성과 무한》 32
《젊은 히피아스》 57
《정치학》 161, 256
《제2의 성》 188
《존재와 무》 32, 85, 129
《종교의 자연사》 151
주인과 노예의 변증법 45
지드(André Gide) 216
지라르(René Girard) 170

ㅋ

칸트(Immanuel Kant) 80, 83, 111, 178, 234, 251
코제브(Alexandre Kojève) 31
콩도르세(Marquis de Condorcet) 190
콩트(Auguste Comte) 267
키르케고르(Søren Aabye Kierkegaard) 95
키케로(Marcus Tullius Cicero) 267

ㅌ

《타르튀프》 216

ㅍ

파이어스톤(S. Firestone) 199
《페드르》 135
프랑스(Anatole France) 181
프로이트(Sigmund Freud) 19, 96, 303
프롬(Erich Fromm) 101
프루스트(Marcel Proust) 132
플라톤(Platon) 24, 111
플로베르(Gustave Flaubert) 171
《피타고라스》 28
필리아(philia) 47

ㅎ

《향연》 24
허치슨(Francis Hutcheson) 49
헤겔(Georg Wilhelm Friedrich Hegel) 45, 241
《헤겔 독해 입문》 31
호주제 205
홉스(Thomas Hobbes) 24, 211
《환상의 미래》 303
흄(David Hume) 151, 180, 294

세계의 교양을 읽는다 4- 윤리학편

1판 1쇄 발행일 2006년 1월 2일
1판 8쇄 발행일 2019년 4월 22일

엮은이 최영주

발행인 김학원
발행처 (주)휴머니스트출판그룹
출판등록 제313-2007-000007호(2007년 1월 5일)
주소 (03991) 서울시 마포구 동교로23길 76(연남동)
전화 02-335-4422 **팩스** 02-334-3427
저자·독자 서비스 humanist@humanistbooks.com
홈페이지 www.humanistbooks.com
유튜브 youtube.com/user/humanistma **포스트** post.naver.com/hmcv
페이스북 facebook.com/hmcv2001 **인스타그램** @humanist_insta
편집주간 황서현 **기획** 이재민 **편집** 이명애 **디자인** AGI 윤현이 이인영 신경숙
조판 새일기획 **디지털POD** 테크디앤피

ⓒ 최영주, 2006

ISBN 978-89-5862-086-0 03100

- 이 책은 저작권법에 따라 보호받는 저작물이므로 무단 전재와 무단 복제를 금합니다.
- 이 책의 전부 또는 일부를 이용하려면 반드시 저자와 (주)휴머니스트출판그룹의 동의를 받아야 합니다.